朝淸國境問題硏究

李 花 子

集文堂

머리말

한중관계사 연구를 시작한 것이 연변대학교 석사과정 때였다. 지도교수이신 황용국 교수님과 김구춘 교수님의 지도하에 압록강·두만강 이북지역에서 전개되었던 한민족 독립운동사에 관한 논문을 썼다. 이것이 기회가 되어 조선족 이주사에 관심을 갖게 되고 그 이전 시기인 조선 후기 월경문제를 다루게 되었다.

한중 국경문제 연구는 공부하면 할수록 책임감이 느껴지는 분야이다. 현 시점의 북한·중국 국경은 역사적인 조청 국경과 밀접한 관련이 있으며, 이전 시기 국경선의 연장이며 그 기초 위에서 형성된 것이다. 국경선 변화의 역사적 연원과 과정을 객관적이고 정확하게 밝혀내는 것은 역사학도로서 마땅히 해야 할 책임이고 의무이다.

한중 양국 학계의 국경사 연구에는 많은 문제점이 노출되며, 첨예하게 대립되는 부분도 적지 않다. 그러나 사료에 입각하여 객관적으로 분석하고 특히 연구에서 민족 감정이나 자국 중심주의를 배제하게 되면 궁극적으로 견해차를 좁히고 역사의 진실에 이를 수 있으리라 믿는다.

역사적으로 조청 양국은 동아시아 조공책봉질서 속의 사대자소 관계를 유지해 왔다. 조선은 청에 대해 사대의 예의를 지키고 청은 조선을 보호해 주는 관계였다. 이러한 관계는 피차 변민의 월경이나 정계(定界) 문제 처리에서도 나타났다. 전근대 국경문제 연구에서 이러한 기본 틀을 떠나 연구를 행할 경우 역사의 진실에서 멀어질 우려가 크다. 전통적인 동아시아 국제관계는 개항을 계기로 서서히 변화가 생기게 되고 국경문제 처리 원칙도 변하였다. 국경사 연구에서 두 시기를 잘 구별하고 과도기를 파악해 내는 것도 필요한 작업이다.

21세기 글로벌 시대의 새로운 국제질서 형성에 즈음하여, 동아시아 인접 국가로서 한중 양국은 서로를 어떻게 인식하고 또 자신의 위치를 어떻게 정립시킬 것인가라는 문제를 안고 있다. 확실한 것은 한중 양국은 평화공존의 동아시아 국제질서 속에서 경제·문화 교류와 협력관계를 강화하고 있으며 서로 떼려야 뗄 수 없는 관계에 이르렀다는 점이다. 역사문제, 역사적인 국경문제 및 기타 문제점들을 현명하고 지혜롭게 처리하여, 21세기 동아시아를 함께 이끌어 가는 동반자 관계를 유지할 수 있으리라 믿는다.

이 책은 저자의 박사학위논문을 기초로 하고 또 중국사회과학원 역사연구소 연구교수로 있는 동안 연구한 3편의 논문을 부록으로 실었다. 잘못 다뤘거나 소홀히 다룬 부분에 대해서는 전문가 여러분의 아낌없는 질정을 바란다.

이 책을 펴내면서 지금까지의 연구에 이르도록 이끌어 주신 석사과정 지도교수이신 황용국 교수님과 김구춘 교수님, 한국에서의 유학 기회를 제공해 주신 중앙대학교 김호일 교수님, 박사과정 지도교수이신 서울대 국사학과 이태진 교수님과 최승희 교수님, 규장각에서의 자료수집과 공부할 기회를 주신 정옥자 교수님, 책 출판에 도움을 주신 노태돈 교수님, 학문 연구의 방법이나 주의점을 옆에서 일깨워 주신 중국사회과학원 역사연구소 여태산(余太山) 선생님과 이금수(李錦繡) 선생님 이하 모든 분들께 진심으로 감사드린다.

끝으로 이 책의 출판을 흔쾌히 승낙해 주신 집문당출판사의 임경환 사장님과 영업부의 김대영 부장님, 글을 깨끗이 다듬어 주신 성인숙 편집 상무님께 진심으로 감사드린다.

2007년 10월

李花子

차 례

제3장 조선인 월경문제에 대한 청의 유화책

제4장 강희연간 조청간의 사계와 정계 교섭

제5장 중국인의 월경과 변경문제에 대한 교섭

제6장 통순회초제 및 유조변 연장에 관한 교섭

제7장 가경~동치연간 조선인 월경문제

서 론

서 론

1. 연구사 정리

본서는 월경문제를 둘러싼 조청 양국의 상호 교섭을 주된 연구 대상으로 하였다. 월경이란 자국 경계를 넘어 상대국의 경내로 들어가는 것을 말한다. 월경은 범월(犯越)이라고도 칭한다. 상대방의 경내로 넘어가는 죄를 범했다는 뜻이다. 월경교섭에는 조선인이 중국 경내로 넘어가는 것과 중국인이 조선 경내로 넘어오는 것이 포함된다.

조선인의 월경 목적은 채삼·수렵·벌목과 잠무역에 있었다. 월경문제는 17세기 초부터 제기되어 19세기까지 줄곧 존재하였으며, 1860년대 이후에는 대규모 월경 개간으로 변모하였다. 조선인의 월경문제는 조청 월경교섭의 주요 내용을 구성하며, 양국은 오랜 교섭과정에서 일련의 사건 처리방식과 처벌원칙이 형성되었다.

중국인이 압록강·두만강 이남 조선 경내로 넘어가는 것은 상대적으로 늦게 나타났다. 1644년 청조의 거족적인 중원 입관과 더불어 압록강·두만강 일대에서 살던 만주족이 대부분 중원으로 철거하고 강북은 인적이 드물고 삼림만 울창한 무인지역으로 변하게 되었다. 강희(康熙) 중후기 중국 관내(關內)지역 인구팽창에 따른 만주로의 인구 유입과 채삼 열조의 흥기로 인하여 중국

내지 채렵(採獵)자들이 압록강・두만강 일대로 몰려들기 시작하였다. 옹정(雍正)・건륭(乾隆)연간 압록강에는 채렵자들이 마상선(馬尙船)을 타고 줄지어 강을 거슬러 올라가는 광경이 펼쳐졌다.

조청 양국 정치관계의 변화 속에서 월경문제를 둘러싼 교섭양상과 사건 처리방식의 역사적 추이를 살펴봄으로써 조청관계의 흐름에 대한 총괄적인 이해와 함께 그 변화상을 구체화할 수 있을 것이다. 동시에 전통적인 조공책봉(朝貢冊封) 관계에 대한 이해를 깊이 할 수 있고, 나아가 전근대 동아시아 국제관계의 본질을 밝히는 데도 일조할 수 있다.

유교문화권의 동아시아는 농경사회를 기초로 평화공존하는 유교문화적인 국제질서를 형성하고 있었다.[1] 조청관계 역시 이러한 유교적인 예의(禮儀) 질서 속의 사대자소(事大字小) 관계였다. 약소국인 조선이 강대국인 청에게 사대의 예의를 지키고 강대국인 청이 약소국인 조선을 회유(懷柔)하고 보호해 주는 관계였다. 비록 그 성립과정은 막강한 군사력을 가진 청에 의해 조선이 굴복하여 군신관계를 맺는 형식으로 나타났고, 차등적인 국제관계임이 틀림없지만 이는 근대 제국주의의 힘의 논리에 의한 종속관계를 의미하지는 않는다. 이 점에 대해서는 근현대 서양의 열강들도 의아해 하였다. 서양인들은 조청 양국은 "서로 책봉과 조공의 예를 교환하지만 내정과 외교에 대해서는 서로 간섭하지 않는 종속(宗屬)관계"라고 해명하였으며, 조선과 청의 '종속'관계를 전통적인 동양문화의 맥락에서 이해되어야 할 특수한 관계로 이해할 수밖에 없었다.[2]

전근대 예의 질서 속에서 독립적인 국가 관계를 유지하고 있

1) 정옥자, 『조선후기 조선중화사상연구』, 일지사, 1998, 9쪽.
2) 김한규, 『한중관계사』 I, 아르케, 1999, 25・28쪽 참조.

던 조청 양국이 주요 현안이었던 월경문제를 처리하는 과정에서 나타낸 국경의식 및 백두산정계비 수립과의 관련성 등을 밝혀내는 것은 국경문제 연구에도 필요한 작업이다.

조청 양국의 변경일대에서 발생한 월경문제는 양국의 변경지역에 대한 관리, 변경정책과 직결되어 있다. 청의 조상 발상지로 간주되는 만주에 대한 보호정책과 월경문제와의 상호 관련성, 한때 조청간의 중대한 이슈로 떠올랐던 조선인의 월경문제 및 변경정책에 미친 영향 등을 검토하는 것은 양국의 변강 정책사·개발사 연구에 필요한 작업이다.

지금까지 조청관계사에 대한 연구는 정치·외교 및 경제·문화교류 등 영역에서 많은 성과를 거두었다.[3] 본 연구와 관련되는 정치·외교 관계사에 대한 연구를 살펴보면, 정묘(丁卯)·병자호란(丙子胡亂)을 거치면서 입관 전까지 청의 군사력에 의하여 조청간에 조공책봉 관계가 확립되는 시기에 대한 연구가 집중적으로 이루어졌다. 즉 정묘호란과 병자호란 시의 양국 관계,[4] 양란 이후의 심옥(瀋獄), 피로인(被擄人) 쇄환(刷還), 포로의 매매, 세자의 입질(入質), 징병(徵兵)·징량(徵糧) 등 현안문제에 관한 연구가 한중일 삼국 연구자들에 의해 이루어졌다.[5] 입관 후 조

---

3) 조청관계사에 대한 연구사 정리는 김한규의 『한중관계사』 II, 1133~1140쪽과 학계의 최근 연구 성과를 참조하였다.

4) 鴛淵一, 「淸初に於ける淸鮮關係と三田渡の碑文」(上·中·下), 『史林』 13-1·2·3·4, 1928.

전해종, 「丁卯胡亂의 平和交涉에 대하여」, 『아세아학보』 3, 1967; 「倭亂胡亂時의 劉海와 劉興祚」, 『趙明基華甲論叢』, 1965.

劉家駒, 「崇德改元與太宗伐朝鮮之役」, 『沈剛伯八秩論文集』, 1976; 「天聰元年阿敏等伐朝鮮之役與金國朝鮮兄弟之盟」, 『食貨月刊』 7~10, 1978-1.

張存武, 「丁卯和議後金兵的撤退」, 『東方學志』 18, 1978.

5) 田川孝三, 「瀋獄問題について」, 『靑丘學叢』 17, 1934; 「瀋館考」, 『小田頌壽論集』, 1934.

박용옥, 「丁卯亂 朝鮮被擄人 刷贖還考」, 『사학연구』 18, 1964; 「丁卯亂被擄

청 양국의 조공책봉 제도에 관해서는 1950년대 중기 이후부터 1970년대까지 대만의 이광도(李光濤)·장존무(張存武) 및 한국의 전해종(全海宗)·김성칠(金聖七) 등에 의해 이루어졌다.[6] 이 밖에 입관 후 조청 양국의 각종 교섭안에 대한 연구 예컨대 나선(羅禪) 정벌, 조청간의 혼구(婚媾)문제, 중국 사서(史書)에 대한 조선의 변무(辨誣) 요구 등에 대한 연구가 이루어졌다.[7]

人贖還考」, 『사총』 9, 1964.
森岡康, 「丁卯の亂後において贖還問題」, 『朝鮮學報』 32, 1964; 「第二次淸軍入寇後朝鮮人捕虜の買賣」, 『朝鮮學報』 109, 1984.
김종원, 「初期 朝淸關係에 대한 一考察－丙子胡亂時의 被擄人問題를 중심으로－」, 『역사학보』 71, 1976.
최소자, 「淸廷에서의 昭顯世子」, 『전해종박사화갑기념논총』, 1979.
劉家駒, 「淸初朝鮮助兵攻陷皮島始末」, 『食貨月刊』(復刊) 11-5, 1981; 「淸初徵兵朝鮮始末」(上·下), 『食貨』 12-10·11·12, 1983; 「淸初朝鮮世子等入質瀋陽始末」, 『中韓關係史國際硏討會論文集』, 1983; 「淸初徵糧朝鮮始末」, 『食貨』 14-1, 1984; 「淸初朝鮮潛通明朝始末」(上·下), 『食貨』 12-10·11·12, 1983.

6) 李光濤, 「記淸代的朝鮮國表箋程式」(上·下), 『大陸雜誌』 12-4·5, 1945; 「朝鮮國表文」, 『傳記及外國史硏究論集』, 1960.
김성칠, 「燕行小攷－韓中交涉史의一齣－」, 『역사학보』 12, 1960.
전해종, 「淸代韓中朝貢關係考」, 『진단학보』 29·30, 1966; 「淸代韓中關係의 一考察－朝貢制度를 통하여 본 淸의 態度의 變遷에 대하여」, 『東洋學』 1, 1971.
張存武, 「淸韓朝貢關係之制度性分析」, 『食貨』(復刊) 1-4, 1971; 「淸韓關係(1936~1644)」(上·下), 『故宮文獻』 4-1·2, 1972~1973; 「朝鮮對淸外交機密費之硏究」, 『中央硏究院近代史硏究所集刊』 4下, 1976.

7) 董萬倉, 「關于十七世紀中葉朝鮮派兵配合淸軍痛擊羅刹的探討」, 『中俄關係史論文集』, 1979.
박태근, 「淸初參與黑龍江剿俄的朝鮮軍－申瀏『北征日記』解說」, 『한국학보』 1, 1981.
楊昭全, 「十七世紀五十年代中期中朝軍民御俄戰爭」, 『史學月刊』, 1982-4.
劉家駒, 「淸初與朝鮮締結婚媾及朝鮮進獻侍女考」, 『食貨』 12-3, 1982.
이성규, 「明淸史書의 朝鮮'曲筆'과 朝鮮의 '辨誣'」, 『李公範停年論叢』, 1993.
최소자, 「淸代 韓中 通婚考: 義順公主에 대하여」, 『명청시대중·한관계사 연구』, 이화여자대학교출판부, 1997.
한명기, 「17·8세기 韓中關係와 仁祖反正－朝鮮後期의 '仁祖反正 辨誣'문제」, 『한국사학보』 13, 2002.

국경문제에 대한 연구에는 월경교섭, 백두산 정계, '무인지대(無人地帶)'설, 고종대 감계(勘界)담판, 근대 간도교섭안 등으로 세분할 수 있다. 이 분야에 대한 연구는 일제시대 일인 학자들이 연구한 기초 위에서 1960년대 이후 한국 학자들에 의해 본격적으로 이루어져 많은 성과를 냈다.8) 이 밖에 중국 대만 학자인 장존무, 대륙 학자인 양소전(楊昭全)·손옥매(孫玉梅) 등에 의한 연구 성과가 있다.9)

---

8) 幣原坦, 『間島の國境問題』, 東洋協會調査部, 1909.
篠田治策, 『白頭山定界碑』, 東京: 樂浪書院, 1938.
稻葉君山, 「朝鮮國境の史的考察(1)~(5)」, 『朝鮮史學』 1-3, 2-4, 3-5~7.
이선근, 「白頭山과 間島問題」, 『역사학보』 17·18합집, 1962.
이한기, 『韓國의 領土』, 서울대학교출판부, 1969.
조 광, 「朝鮮後期의 邊境意識」, 『백산학보』 16, 1974.
김경춘, 「朝鮮朝 後期의 國境線에 대한 一考」, 『백산학보』 29, 1974.
박용옥, 「백두산정계비建立의 再檢討와 間島領有權」, 『백산학보』 30·31 합집, 1985.
양태진, 『韓國邊境史硏究』, 법경출판사, 1989.
노영돈, 「北方政策과 間島領有權問題」, 『如山 韓昌奎博士華甲紀念 現代公法의 諸問題』, 1993.
강석화, 「1712년의 朝·淸 定界와 18세기 朝鮮의 北方經營」, 『진단학보』 79, 1995; 『조선후기 함경도와 북방영토의식』, 경세원, 2000.

9) 張存武, 「淸代中韓邊務問題探源」, 『中央硏究院近代史硏究所集刊』 2, 1971; 「淸韓陸防政策及其實施－淸季中韓界務糾紛的再解釋－」, 『中央硏究院近代史硏究所集刊』3, 1972.
楊昭全·孫玉梅, 『中朝邊界史』, 吉林文史出版社, 1993.
崇 實, 「歷史上以圖們江爲東段邊界的考察-駁日帝蓄意製造的 '間島'謬說」, 『社會科學戰線』, 1993-6.
徐德源, 「長白山東南地區石堆土堆鑿設的眞相」, 『中國邊疆史地硏究』, 1996-2; 「穆克登碑的性質及其鑿立地點與位移述考－近世中朝邊界爭議的焦點」, 『中國邊疆史地硏究』, 1997-1.
刁書仁, 「康熙年間穆克登查邊定界考辨」, 『中國邊疆史地硏究』, 2003-3.
李花子, 「17·18世紀中朝圍繞朝鮮人越境問題的交涉」, 『韓國學論文集』 제13집, 北京大學韓國學硏究中心, 2004; 「淸代中朝圍繞關內流民在鴨綠江地區活動的交涉」, 『登州港與中韓交流國際學術討論會論文集』, 山東大學出版社, 2005; 「康熙年間中朝査界交涉與長白山定界」, 『歐亞學刊』 제5집, 中華書局, 2005; 『淸朝與朝鮮關係史硏究－以越境交涉爲中心』, 延

본서의 주 연구 대상인 월경교섭에 관해서도 연구가 이루어졌다. 김성균(金聲均)의 「조금간범월쇄환문제응수략고(朝金間犯越刷還問題應酬略考)」(『사학연구』 18, 1964)는 누르하치 시기로부터 청 태종 천총(天聰)연간까지 조선인의 월경문제에 대한 조선과 후금 간의 교섭 상황을 간략하게 살펴본 첫 논문이다. 이홍열(李洪烈)의 「삼도구사건(三道溝事件)과 그 선후책」(『백산학보』 제5호, 1968)에는 조선인 월경문제를 둘러싼 양국간의 교섭이 중하게 다뤄진 삼도구사건의 경위 및 조선의 월경 방지책이 상세히 서술되어 있다. 김혜자(金慧子)의 「조선후기 북변월경문제연구」(『이대사원』 18·19, 1982)는 백두산정계비 수립 전후 월경문제의 역사적 추이를 살피고 특히 백두산정계비 수립 이후 청인의 월경문제에 대한 조선의 적극적인 대비책을 밝혀 연구의 영역을 크게 확대시킨 공로가 인정된다.

이 밖에 일인 학자인 시노다(篠田治策)의 『백두산정계비』(낙랑서원, 1938), 김경춘의 박사학위논문인 「압록·두만강 국경문제에 관한 연구」,[10] 강석화의 『조선후기 함경도와 북방영토의식』(경세원, 2000) 등에서 백두산 정계의 직접적인 원인 또는 배경으로 월경문제를 다루었다. 이 중 김경춘은 일련의 논문에서 조선인의 월경 및 청인의 월경에 대한 조선의 대비책을 상세히 다뤘다. 김춘선(金春善)은 「조선후기 한인(韓人)의 만주로의 '범월'과 정착과정」에서 봉금기(封禁期) 한인의 만주 월경을 소수인에 의한 유동적이고 단기적이지만 한인 만주 이주의 최초 이주형태라는 데 주목하였다.[11]

邊大學出版社(香港亞洲出版社), 2006.

10) 김경춘, 「朝鮮後期의 國境線에 대한 一考－無人地帶를 中心으로－」, 『백산학보』 29호, 1984; 「朝·淸國境問題의 一視點－犯越을 中心으로－」, 『경주사학』 제6집, 1987; 국민대학교 국사학과 박사학위논문, 1997.

국경문제 연구에서 중요한 비중을 차지하는 또 하나의 문제가 강희연간 청조의 변경조사와 백두산 정계이다. 이는 국경문제 연구의 중점이자 난제로서, 한중 양국 학계의 견해차가 매우 크다. 논쟁의 초점은 토문강(土門江)[12]과 두만강(豆滿江) 1강설과 2강설이다. 중국 학계에서는 토문강과 두만강이 같은 강이며 한중 양국의 호칭이 다를 뿐이라고 주장하는 반면, 한국 학계에서는 토문강과 두만강이 부동한 강이며, 정계비상에 '동위토문(東爲土門)'이라는 토문이 송화강(松花江) 상류를 가리키며 두만강과는 별개의 강이라고 주장한다. 최근 한국 학계에는 이와는 좀 다른 주장이 나와 있다. 강석화는 『조선후기 함경도와 북방영토의식』에서 정계 당시 조청 양국은 토문강과 두만강이 동일한 강임을 인정하였지만, 이와는 별도로 두만강과 구별되는 토문강이 있는 줄은 몰랐다. 그 이후 지리 지식의 증진 특히 북방 영토의 개발과 더불어, 19세기 후기에 이르러서야 그 사실을 알게 되었다고 보았다. 그는 여전히 2강설을 따랐다. 배우성은 『조선후기 국토관과 천하관의 변화』(일지사, 1998년)에서 조선후기의 지도를 주 연구대상으로 하였다. 그는 정계 당시 조선은 토문강과 두만강이 같은 강임을 인정하였을 뿐더러 정계 이후 조선에서 토문강을 송화강과 연결되는 물줄기로 가정하거나 혹은 분계강(分界江)을 따로 설정하고 또 두만강으로 흘러드는 해란강을 분계강이라고 칭하는 것 등은 정계 이후 분출된 영토의식의 일단을 보여 주지만 사실과는 거리가 먼 것이라고 주장하였다.[13] 즉 그는 토문강과 두만강이 동일한 강이라는 사실의 문제와 조선후기 확대된

---

11) 김춘선, 「1880~1990년대 청조의 '移民實邊'정책과 한인이주민 실태연구－북간도 지역을 중심으로」, 『한국근현대사연구』 제8집, 1998.

12) 중국에서 도문강(圖們江)이라고도 하는데 토문강(土門江)과 발음이 같다.

13) 배우성, 『조선후기 국토관과 천하관의 변화』, 일지사, 1998, 241·264·266쪽.

영토의식 즉 인식의 문제를 구별하였다.

중국 학계에는 '정계비 암이(暗移)'설과 '순시비(巡視碑)'설이 존재한다. '정계비 암이'설에 의하면, 목극등이 최초로 비를 세운 지점이 압록강과 두만강의 진정한 분수령인 소백산(小白山) 정상이었는데, 조선인에 의해 몰래 천지 남쪽으로 이동되었으며, 이는 영토 확장을 위해서였다고 보고 있다.[14] '순시비'설에 의하면, 목극등이 백두산에 비를 세운 것은 청조 자국 내 변경조사이지 조청 양국의 정계가 아니며, 이 비를 순시비 또는 목극등비(약칭 목비)라고 칭해야 한다고 하였다.[15] 기실 이 두 문제는 1970년대 대만 학자 장존무와 1990년대 대륙학자 양소전·손옥매 등에 의해 논의된 바 있다. 이들은 목극등이 비를 세운 지점은 백두산 천지 남쪽 10여 리에 있으며 위치 이동설은 성립되지 않는다. 목극등이 비를 세운 것은 조청 양국의 정계이며 청조 자국 내 변경조사가 아니다라고 주장하였다.[16]

'정계비 암이'설이든 '순시비'설이든 최근에 나온 새로운 주장이라고는 보기 어렵다. 광서(光緒)연간 을유(1885년)·정해(1887년)감계 때 청측 대표인 진영(秦煐), 그리고 좀 뒷시기 연길변무방판(延吉邊務邦辦)을 지냈던 오록정(吳祿貞) 등이 똑같은 의문을 제기한 바 있다.[17] 다만 현대 학자들이 주장하는 '정계비 암이'설은 사료 증거가 부족하다는 지적을 피하기 어렵다.

조청 국경문제 연구에서 제기되는 또 다른 문제점은 한국 학계에서 주장하는 이른바 압록강·두만강 이북에 '중간지대'가 존

---

14) 徐德源·刁書仁의 앞 논문.

15) 徐德源, 「穆克登碑的性質及其鑿立地點與位移述考－近世中朝邊界爭議的焦點」, 『中國邊疆史地研究』, 1997-1.

16) 張存武, 「淸代中韓邊務問題探源」; 楊昭全·孫玉梅의 앞책.

17) 吳祿貞, 『延吉邊務報告』.

재한다는 설과 '레이지선(線)'에 관한 것이다. 이는 최초 일인 학자 나가이(永井勝三)(『북선간도사(北鮮間島史)』, 오음회문고, 1925년)와 시노다(篠田治策, 『백두산정계비』)에 의해 제기되었으며, 프랑스 선교사 레이지가 그린 '조선왕국도'에 근거를 둔 것이었다.[18] 이 지도에서 레이지가 압록강·두만강 이북 가까이에 점선을 그었는데, 이 점선을 '레이지선'이라고 불렀다. 시노다에 의하면, 유조변(柳條邊)과 이 점선 사이에 무인지대가 존재하며, 이는 조청 양국 어느 한쪽에도 속하지 않는 무주지(無主地) 또는 '중간지대'라고 하였다. 한국 학계는 나가이와 시노다의 '중간지대' 설과 '레이지선' 주장을 그대로 받아들였다. 김성균이 「조선조북경관방정초략고(朝鮮朝北境關防定礎略考)」(『백산학보』 제15호, 1973년)에서 부록 형식으로 양 강 이북에 '무인지대'와 '완충지대'가 존재함을 밝힌 데 이어, 김혜자가 「조선후기 북변월경문제 연구」에서, 김경춘이 「조선후기의 국경선에 대한 일고－무인지대를 중심으로－」와 「압록·두만강 국경문제에 관한 연구」에서 위 주장을 따랐다.

중국 학계에서도 압록강·두만강 이북에 무인지역이 존재하는 사실에 주목하였다. 장존무는 「청한(清韓) 육방(陸防)정책 및 그 실시－청대 중한 계무(界務)분규에 대한 재해석－」(『中央研究員近代史研究所集刊』 3, 1972)에서 양 강 이북에 무인지역이 형성된 원인이 조선에서 한쪽만 비워 두는('片面甌脫'이라고 칭함) 육방(陸防)정책을 실시한 결과라고 지적하였다. 또한 청조의 조선 변경에 대한 회유정책으로 말미암아 강북에 무인지역이 형성되었고, 조선 변민의 대규모 월경개간이 이루어졌으며, 양국간의

---

18) Du Halde, *The general history of China*, London, 1741.

국경분쟁이 일게 되었다고 주장하였다. 이 밖에 일부 학자들은 청의 봉금책 실시로부터 이 문제에 접근하였다. 장걸(張杰)은 「청대 압록강유역의 봉금과 개발」(『중국변강사지연구』, 1994년 제4기)에서 건륭·가경(嘉慶)연간 봉금정책이 지속된 이유는 조선의 무리한 간섭과 청조의 일방적인 타협과 양보 때문이며, 이로써 압록강 유역의 개발이 지연되는 결과를 초래했다고 주장하였다. 이상으로 보아 압록강·두만강 이북에 무인지역이 형성된 원인은 매우 복잡하므로 여러 방면의 종합적인 연구를 요한다.

2. 본서의 주요 내용

조청 국경문제에 대한 연구는 위와 같은 성과를 축적했음에도 불구하고 다음과 같은 문제점을 남기고 있다. 첫째, 월경교섭 및 사건 처리방식에 대한 전면적이고 객관적인 고찰이 미흡하다. 기존 연구는 조선인의 월경문제에 있어서는 청의 위압적인 면이 부각된 반면, 조청관계가 안정기에 들어가면서 청의 유화정책에 따른 교섭양상이나 처리방식의 변화를 간과하였다. 중국인의 월경문제에 있어서는 조선의 적극적인 대응책이 부각된 반면, 청의 조선 변경에 대한 회유정책의 일면이 간과되었다. 따라서 월경문제를 둘러싼 교섭양상과 사건 처리방식의 단계적인 특징 파악과 함께 월경교섭에 대한 통시적인 고찰이 필요하다.

둘째, 백두산 정계에 대한 한중 양국 학계의 평가가 매우 부정적이다. 중국 학계의 경우 조선의 기만책으로 여진에 속했던 백두산 천지 남쪽 땅을 잃었다고 보며, 한국 학계의 경우 청의 주도하에 이루어진 정계라는 점을 부각시켜 조선에서 불이익을 당했다고 본다. 그러나 이 문제는 종국적으로 양국간의 조공책봉 체제라는 기본 틀 안에서 평가되어야 한다. 백두산 정계 시 청의 정계 근거, 조선의 정계 목표, 백두산 정계의 의의 및 영향에 대한 객관적인 평가를 요하는 시점에 이르렀다.

셋째, 백두산정계비 수립 이후 압록강·두만강 국경 가까이에 중국인이 접근하지 못하도록 하고 또 청에서 군사·행정시설을 연안에 설치하지 못하도록 하는 이른바 '간광(間曠)지대 존중' 원칙에 따른 문제점이 있다. 즉 다시 말하여 양 강 이북에 무인지역이 형성된 원인을 청의 만주에 대한 봉금책의 결과로만 간주하고, 그 성격을 조청 양국 어느 한쪽에도 속하지 않는 근대 국제법상의 무주지 또는 중간지대로 간주하는 데 따른 문제가 있다. 위와 같은 국경 원칙의 형성 경위, 특히 조선에서 국경 근처의 청 경내에 완충지대를 설치하고자 하였던 의도, 청에서 그러한 요구를 들어 준 이유 등에 대한 해명을 통해 무인지역의 성격 규명을 기대해 본다.

넷째, 동치(同治)연간 압록강 이북에 대한 양국의 공동금단체제가 붕괴되는 역사과정 및 양국의 변강정책에 미친 영향에 대한 고찰이 미흡하다. 양국의 변강정책의 상호 관련성에 대한 파악과 함께 1860~70년대 조선인의 대규모 월경개간의 배경을 알아보고 월경사건에 대한 전통적 교섭·처리방식의 종식에 대해 알아보고자 한다.

위와 같은 문제의식을 바탕으로 각 장의 연구 방향을 다음과 같이 설정한다. 제1장은 청의 중원 입관 전 조선인의 월경문제를 둘러싼 교섭양상과 처리방식을 양국의 정치관계 변화 속에서 살펴보려 한다. 정묘호란 시 후금과 조선 간의 '각수봉강(各守封疆)' 원칙에 대해 살펴보며, 월경교섭 양상을 정묘호란 이후와 병자호란 이후 두 시기로 나누어 살펴보려 한다.

제2장은 입관 초 조선인의 월경문제를 둘러싼 교섭양상과 사건 처리방식에 대해 살펴보려 한다. 조공책봉 체제의 형성과 더불어 월경사건 처리의 제도화, 삼번(三藩)의 난(亂) 시 양국 관계의 양상, 월경교섭을 통해 본 양국의 국경의식 등을 알아보고자 한다.

제3장은 1685년 '삼도구사건'과 그 이후 조선인 월경문제에 대한 청의 유화정책에 대해 살펴보려 한다. 조선인 월경문제가 조청간의 이슈로 떠올랐던 '삼도구사건'의 경위와 이를 계기로 한 조선의 적극적인 월경 방지책에 대해 알아보며, 삼번의 난 이후 청의 유화책에 대해 알아보려 한다.

제4장은 청의 여러 차례 사계(査界) 시도가 1712년 백두산정계비 수립으로 이어지는 경위와 조선의 대응책에 대해 살펴보려 한다. 임신사계(1692년)와 위원사건 조사를 구실로 한 청의 사계 및 조선의 저지, 백두산 정계 시 청의 정계 근거, 조선의 정계 대책과 목표, 백두산정계비 수립의 의의와 영향에 대해 알아보려 한다.

제5장은 중국인의 월경문제를 둘러싼 교섭에 대해 살펴보려 한다. 중국 채렵자들의 변경 일대에서의 활동양상, 조선의 금지 요구, 청조의 금단조치 및 양국의 공동금단체제의 형성에 대해 알아보며, 중국인이 두만강변에서 작사간전(作舍墾田)하는 데 대한 조선의 철회 요구, 망우초설신(莽牛哨設汛)과 유조변외 황지 개간에 대한 조선의 저지를 통해, 조선에서 양 강 이북에 무인지대를 유지하려 한 의도 및 청의 변강정책에 미친 영향에 대해 알아보려 한다.

제6장은 동치연간 압록강 이북에 대한 양국의 공동금단체제가

붕괴되는 과정에 대해 살펴보려 한다. 도광(道光)연간 통순회초(統巡會哨)제로부터 동치연간 유조변 연장을 둘러싼 교섭, 청의 압록강 유역에 대한 봉금의 종결과 개발의 실시에 대해 살펴보려 한다.

제7장은 동치연간 조선인이 압록강·두만강 이북으로 월경 개간하게 되는 내외적 원인에 대해 살펴보려 한다. 특히 조선 서북지역 인구증가 요소, 양국의 공동금단체제의 붕괴에 초점을 맞추며, 『강북일기』의 관련 기록을 통해 압록강 이북에 잠입한 조선인의 수, 생활 양상 등을 살펴보려 한다.

본서의 연구 시기는 1620년대부터 1870년대까지이다. 연구의 상한을 정묘호란으로 설정한 것은 이때로부터 청의 전신인 후금과 정식으로 교섭이 시작되고 국경에 관한 합의가 이루어지기 때문이다. 연구의 하한을 1870년대로 설정한 것은 조선인의 대규모 월경개간이 시작됨과 동시에 변경문제에 대한 전통적인 교섭·처리방식이 종식되기 때문이다.

본서는 한중 양측 사료를 종합적으로 이용하기 위해 노력하였다. 조선의 대청 교섭 문서의 집성본인 『동문휘고(同文彙考)』에는 청제의 조칙(詔勅), 청 예부자문(咨文)뿐만 아니라 조선의 표(表)·자(咨)·주(奏)문이 수록되어 있어 본서의 연구에 풍부한 자료를 제공하였다. 국가의 외교 행동 배후의 정책적 본질을 알아보기 위하여 본서는 조청 양국의 연대기 사료인 『명실록』『명사』『청실록』『청사고(淸史稿)』『강희기거주(康熙起居注)』『조선왕조실록』『비변사등록』『승정원일기』 등을 참고하였다. 국경문제의 연구는 역사지리학 지식이 필요하기 때문에 양국의 지리지와 지도를 참고하였다. 『대명일통지』『대청일통지』『성경통지』『황여전람도(皇輿全覽圖)』『세종실록지리지』『동국여지승람』『평안도읍지』『함경도읍지』『대동여지도』『청구도』『해동지도』『동국지도』『서북계도』『서북피아양계만리일람지도(西北彼我兩界萬里一覽之圖)』 등을 참고하여 연구의 정확성과 과학성을 높이고자 하였다.

제 1 장

입관 전 조선인 월경문제

1. 후금과 조선의 변경상황
2. 정묘호란 이후 월경교섭
3. 병자호란 이후 월경문제
4. 두만강변 월경문제

제1장 입관 전 조선인 월경문제

1. 후금과 조선의 변경상황

1) 누르하치 시기 변경상황

조선 초기 세종대에 서북계와 동북계에 사군·육진을 개척한 이후 조선은 압록강·두만강 이남 지역을 강역으로 확보하게 되었다. 그러나 당시 두만강 중하류 지역과 백두산 이남 및 압록강 상류지역에는 많은 여진인이 살고 있었다. 이들은 명나라와 조선 양쪽에 동시에 공물을 바치고 직첩을 받아 가며 필요한 생활자료를 양쪽에서 공급받아 생활을 영위해 나갔다. 조선은 이들을 가리켜 번호(藩胡)라고 칭했는데 조선에 복속했음을 뜻한다. 이들이 때때로 조선 변민을 침입하고 약탈행위를 자행하여 세종은 무력으로 이들을 소탕하기도 하고 또 위무하기도 하는 이중책을 실시하였다. 조선을 놓고 보면 번호들은 조선 변경의 울타리와 같은 존재였다. 이들을 잘 안집하고 위무하게 되면 변경이 안정되지만 반대로 이들이 소요를 일으킬 경우 변경이 불안하였다. 단종·세조대의 경우 이들이 불시에 변민을 침범하여 작게는 인축을 약탈하고 크게는 성보(城堡)를 공략하여 사군에서 주민을 철수시킨 일도 있었다. 이른바 폐사군의 형성이다.

16세기 말 건주좌위(建州左衛)의 누르하치(努爾哈赤)가 흥기하여 여진 부족을 통합하면서 점차 조선과 경계를 접하게 되었다. 1583년 누르하치는 부(父)·조(祖)의 원수를 갚는다는 명의로 유갑(遺甲) 13부로 기병(起兵)하여 건주여진 본부를 통일하였고 1593년까지 장백산 3부 즉 눌은(訥殷)·주사리(朱舍利)·압록강부를 병합하여 건주여진에 귀속시켰다. 이에 앞서 1587년에는 허투아라성(赫圖阿拉城, 興京 老城)을 쌓고 국가 형태를 갖추기 시작하였다. 1598년 1월 왈커(瓦爾喀)를 공격하기 시작하여 10년간 후룬(扈倫) 4부[1]와 두만강 유역을 집중적으로 공격하여 하다(哈達, 1599년)·휘파(輝發, 1607년)를 차례로 멸망시켰고 오라(烏喇)의 부잔타이(布占泰)를 대패시키는 전과를 올렸다. 이로부터 두만강 유역 및 길림 일대에 걸쳐 누르하치와 부잔타이가 패권을 겨루다가 1613년 1월 드디어 오라를 멸망시켰다. 그리고 1616년 후금을 세우고 연호를 천명(天命)이라 하였다.[2] 이러한 일련의 정벌 과정을 통해 후금 강역은 서남쪽으로 명나라와 조선에 접하였고 동쪽으로 바다에 이르렀으며 쓰룬(索倫) 여러 부를 정복한 후 북쪽 강역이 멀리 흑룡강 밖에 이르렀다.[3]

한편 누르하치는 통일전쟁 과정에서 두만강 중하류 지역과 백두산 이남 지역에서 살던 여진인 장정들을 대거 징병하여 흥경(興京) 지방으로 집중시켰다. 그리하여 위 지역에서 살던 여진인이 현저히 줄어들었다. 이는 조선에서 압록·두만 양 강 이남과 백두산 이남 지역을 강역으로 공고히 하는 데 유리하였다. 1623년 6월 함경감사는 육진 번호가 모두 깊이 철거하여 형편이 전과 다르다고 조정에 보고한 바 있다.[4]

---

1) 조선에서는 홀라온(忽喇溫)이라고 불렀다. 해서(海西)여진 즉 葉赫·哈達·輝發·烏喇를 가리킨다.

2) 『한국사』 29, 국사편찬위원회, 1995, 217~223쪽 참조.

3) 顧頡剛·史念海, 『中國疆域沿革史』, 商務印書館, 1999, 201쪽.

이 밖에 1624년 4월 단도(椴島, 중국에서는 皮島라고 칭함)에 주둔하여 요동(遼東)을 노리고 있던 모문룡(毛文龍)이 회령·종성 건너편에 있는 여진인 부락을 습격하겠다는 구실로 함경도에서 군량을 무입(貿入)하려 할 때 국왕은 건너편에 호종(胡種)이 있다는 소식을 들어 본 적이 없으며 군사를 동원하는 것은 무익한 일일 것이라고 권고하였다.[5)]

두만강 이남 육진지역에서 살던 여진인뿐만 아니라 강 이북에서 살던 여진인도 별로 없었다. 같은 시기 국왕이 육진 건너편에 번호가 몇 호나 되는가고 묻는 말에 호조판서 심열(沈悅)이 답하기를, 회령 건너편에 호인 20여 호가 있고 경흥 건너편에 30여 호가 있으며, 5·6일정(日程)을 가야 여진부락이 많다고 답하였다.[6)] 즉 두만강 이북 대부분 지역이 인가가 드물고 삼림만 울창한 무인지역으로 변하였다.

이와 동시에 압록강 상류지역과 백두산 이남에서 살던 여진인도 홍경지방으로 철거하였다. 1624년 9월 함경감사 이창정(李昌庭)이 북변 형세에 대해 다음과 같이 치계(馳啓)하였다.

> 신이 삼수에 가서 순찰할 때 관방 형세를 살펴보았더니, 백두산과 장백산(경성경내의 장백산)은 모두 눈앞에 있었습니다. 부로(父老)에게 물으니, 백두산은 우리 국경에서 4·5일정이고 장백산은 더욱 가깝다고 하였습니다. 옛날에는 고미평(古未坪)·한민평(韓民坪) 등 호인부락이 있었는데, 무오년(1618)부터 노추(奴酋, 누르하치)가 모두 데리고 가서 양산 이남에 사는 호인이 없습니다. 백두산에서 노추의 소굴까지는 13일정입니다.[7)]

---

4)『인조실록』 권2, 인조 원년 6월 임오.
5)『인조실록』 권5, 인조 2년 4월 정해.
6)『인조실록』 권5, 인조 2년 4월 기해.

즉 1618년경에 고미평·한민평 등 여진부락이 홍경지방으로 철수해 간 이후로 백두산 이남에 사는 여진부락이 없다는 것이다.

2) 홍타이치 시기 조선과의 '각수봉강(各守封疆)'원칙

누르하치 시기 후금은 명나라의 요동을 주 공격목표로 삼고 있었고, 그 배후세력이 될 수 있는 조선을 견제하기 위하여 조선과의 우호관계를 맺고자 안간힘을 썼다. 그러나 1626년 누르하치가 영원성(寧遠城)을 공격하다가 명나라 요동순무(巡撫) 원숭환(袁崇煥)의 강한 저항을 받아 중상을 입고 죽은 후 그의 아들 홍타이치(皇太極, 1627~1643년 재위)가 즉위하면서 상황은 급변하였다. 1627년 1월 조선은 후금군의 불의의 침략을 받게 되었다. 이것이 정묘호란이다. 홍타이치가 정묘호란을 일으킨 원인은 조선과 명나라 간의 사대관계를 차단하고 단도에 주둔하고 있던 모문룡을 습격하여 제어하고 조선에서 군량을 얻어 중원 진출을 도모하기 위해서였다.[8)]

아민(阿敏)이 영솔한 3만 팔기병이 조선에 쳐들어온 지 얼마 안 되어 곧 화해를 요구하였다. 조선 내지로 깊이 들어갈 경우 공급로의 문제, 명나라의 기습을 받을 우려가 있기 때문이었다. 조선 측도 군비가 미비한 상태에서 적극적인 항전이 곤란하여

7) 『인조실록』 권7, 인조 2년 9월 을묘.
臣巡到三水 審視關防形勢 則白頭·長白兩山皆在眼前 問於父老 則白頭去我境僅四五日程 長白則尤近 舊有胡人部落古未坪·韓民坪 自戊午年盡爲奴酋所捲歸 兩山以南今無所住之胡 自白頭至奴穴僅十三日程.

8) 김종원, 『근세 동아시아관계사 연구-朝淸交涉과 東亞三國交易을 중심으로-』, 혜안, 1999, 113쪽 참조.

후금의 강화 제의에 응하였다. 1627년 2월 후금 군이 중화(中和)에 쳐들어와 조선에 화호를 청하자 2월 8일 조선은 강인(姜絪)을 적진에 파견하여 국서를 전달하였다. 그 내용인즉 후금 군이 원인 없이 군사를 일으켜 조선 경내로 침입해 온 행위를 힐책하고 '각수봉강(各守封疆)' 즉 각자 봉강을 지키며 후금 군으로 하여금 조선에서 철거할 것을 요구하였다.[9]

그 후 또 원창군(原昌君) 이구(李玖)를 왕제(王弟)로 가칭하여 아민이 있는 적진에 보내어 강화(講和)의 서약을 맺었다. 조선의 국서 내용은 다음과 같다.

> 왕제 원창군 구를 군전(軍前)에 보내 공동으로 약서를 맺는다. 귀국은 군사를 철퇴하며 우리 경내에 남아 있어서는 안 된다. 지금부터 양국 병마(兵馬)는 압록강을 한 발자국도 넘지 못하며, 각수봉강하고 각자 금약(禁約)을 지키며, 백성을 안착시키고 군사를 멈추며, 부자·부부를 보존해야 한다. 맹약을 위반할 경우 천지신명이 죄벌을 내릴 것이다.[10]

즉 압록강을 경계로 각자 봉강을 지키는 상호 불침범 맹약을 맺을 것을 제의하였다. 그 이후 강화 과정에서 쌍방은 국왕의 서약형식, 조선에서 명의 연호를 사용하는 문제를 둘러싸고 치열한 논쟁을 벌였지만, 각자 양보하여 타협을 이루었다. 같은 해 3월 아민이 파견한 후금 사신 류흥조(劉興祚) 등이 조선의 행궁인 강화도에 이르러 국왕과 맹서(盟誓)를 거행하였다. 서약문에는 강

9) 『인조실록』 권15, 인조 5년 2월 임인.
10) 『인조실록』 권15, 인조 5년 2월 임자.
茲遣弱弟原昌君玖往赴軍前 共定約誓 貴國便可退師還去 毋留我境 自今以往 兩國兵馬更不過鴨綠江一步地 各守封疆 各遵禁約 安民息兵 父子夫婦各相保存 有渝盟約 天地神明卽降罪罰.

화를 이룬 후 화호를 위배하고 군사를 일으킬 경우 하늘이 화(禍)를 내릴 것임을 강조하였다. 조선은 약서에서 '각수봉강'을 재차 강조하였다.[11]

이상 정묘호란 시 조선과 후금 간의 '각수봉강'원칙은 압록강을 경계로 상호 불침범할 것을 다짐한 내용이다. 즉 후금 군으로 하여금 하루빨리 조선에서 철거하고 다시는 압록강을 넘지 못하도록 하기 위한 의지의 반영이었다. 한편 홍타이치가 정묘호란을 일으킨 목적이 조선의 영토를 강점하기 위한 것이 아니었기에 후금 군은 약속대로 7월 17일부터 조선에서 철수하기 시작하여, 8월 9일까지 최종 3천여 기(騎)의 군사를 압록강 이북 후금 근거지로 철수하였다.[12]

그 이후 '각수봉강'원칙은 조선에서 후금의 재침을 막기 위한 근거로 이용되었고, 후금은 조선인의 빈번한 월경채삼을 문제 삼았다. 예컨대 1631년 6월 후금 군 12,000여 명이 단도에 주둔하고 있던 모문룡을 공격하기 위해 압록강을 건너 선(宣)·정(定)·가(嘉)·철(鐵)로 진군하였다.[13] 이때 조선은 추신사(秋信使)를 파견하여 강화맹약에서 '각수봉강'하며 피차간에 강(압록강)을 넘지 않을 것을 약속했는데, "이유 없이 군사를 일으켜 선박을 약탈하였고, 우리 인민을 쫓아내고 위협했으며, 우리 창고를 열었다"고

11) 『인조실록』 권15, 인조 5년 3월 경오.
12) 『인조실록』 권17, 인조 5년 8월 무술·임자.
13) 1631년(인조 9) 6월 후금은 단도(椴島)의 명나라 도독 류홍치(劉興治)가 장도(張燾)에게 피살되고 단도가 혼란에 빠진 기회를 틈타 갑기(甲騎) 12,000여 명을 파견하여 단도를 공격하였다. 이에 앞서 후금 태종은 박중남과 만월개를 파견하여 조선에서 배를 빌리고 군량을 얻고자 하였으나 국왕은 명나라는 아버지 나라와 같으므로 도울 수 없다고 거절하였다. 후금 군은 조선에서 선박 11척을 탈취하여 단도를 공격하였으나 참패를 당하고 철거하였다.

항의하였다.[14] 이에 후금 사신 골자(骨者)·만월개(滿月介)·박중남(朴仲男) 등이 국서로써, 정묘년에 단도의 한병(漢兵)이 상륙할 경우 용납하지 않겠다고 하였는데, 얼마 후 조선에 거주하는 것을 용납하여 식량을 공급했으며, 단도의 관민들이 후금에 귀속하려 할 때 조선에서 또 식량을 주어 귀속을 막았으며, 후금 군이 조선에서 선박을 빌리려고 했으나 빌려주지 않았다고 항의하고 이어 조선인의 월경채삼에 대해 다음과 같이 항의하였다.

올 5월 귀국인 10명과 말 9필이 우리나라 부르하투(卜兒哈兎) 지방에 와서 수렵하다가 4명이 잡히고 말 9필을 돌려보냈으며 나머지 6명이 도망갔다. 9월에 귀국인이 휘파(灰扒) 지방에서 삼을 캐다가 우리 사람들과 대전하여 귀국인 5명이 피살되었다. 같은 9월에 귀국인과 도인(島人, 단도의 漢人)이 관전(寬奠)에서 삼을 캐다가 우리 사람에게 잡혔는데도 동남명(東南明, 朴仲男)에게 우리나라에 도망간 자들이라고 말했다. 맹약을 맺고 강화를 실시한 이래 귀국인이 누차 경계를 넘어 일을 일으켰지, 우리나라에서 한 사람도 경계를 넘은 일이 있는가?[15]

즉 후금이 단도를 공격할 때 군사를 파견하여 함부로 조선 경내로 들어온 것은 '각수봉강'원칙을 어긴 행위라고 항의하자 후금은 조선인의 월경채삼 사례를 들어 오히려 조선에서 이 원칙을 위배한 것이라고 반박하였다.

---

14) 『인조실록』 권24, 인조 9년 6월 병인, 권25, 11월 신유.

15) 『인조실록』 권25, 인조 9년 윤11월 신유.
今年五月內貴國十人九馬至我國卜兒哈兎地方行獵 彼札怒捉住四人 九馬放回 其六人逃散 九月內貴國人來灰扒地方挖蔘 與我人對戰 貴國五人被殺 又於九月內貴國人同島人來寬奠挖蔘 被我人捉得 反對東南明說 此人逃在我國 自盟好以來 只有貴國人屢屢越界生事 我國曾有一人越界否.

2. 정묘호란 이후(1627~1636) 월경교섭

1) 조선인의 월경채삼상황

조선인이 후금 경내로 넘어가는 목적은 채삼과 수렵 특히 채삼에 있었다. 16세기 말 17세기 초 조선인이 월경채삼한 일로 인하여 누르하치가 조선에 교섭해 온 기록이 보인다. 1605년 11월 11일자로 된 호서(胡書)와 12월 조선의 답호서(答胡書)가 그것인데, 이는 월경문제에 관한 조선과 누르하치 사이의 최초의 교섭사례였다. 누르하치가 조선인의 만주 범월과 도삼(盜蔘)을 엄금할 것을 요구한 데 대해 조선에서 이에 동의하고 만주의 다른 부족들 예컨대 오라를 잘 설득하여 조선의 변경을 침범하지 않게 해 달라고 부탁하였다. 이 국서는 조선과 누르하치 사이에 최초로 왕래된 것이며 피차간에 경계를 엄수할 데 관한 일정한 협의가 이루어졌음을 알 수 있다.[16]

당시 인삼은 중국에서뿐만 아니라 조선에서도 약용가치와 경제가치가 매우 높았다. 인삼 이익을 추구하는 것은 변민들의 경제활동에서 중요한 부분이었다. 서북 변민은 우선 명나라 사신을 위한 상공(常貢)의 부담을 져야 했다. 명나라 사신의 주구로 말미암아 상공의 부담이 점점 커져 강변 토병(土兵)은 십중팔구 도망갔다 한다.[17] 변민들은 조선 경내에서 채삼하는 것이 힘들어지자 위험을 무릅쓰고 호지(胡地)로 들어갔다.

인삼은 한중일 삼국 국제무역의 중요한 상품이었다. 인삼 교

---

16) 『事大文軌』 만력 33년 11월 11일 · 12월(김성균, 「朝金間犯越刷還問題應酬略考」, 『사학연구』 18, 1964, 330쪽 참조).

17) 『인조실록』 권2, 인조 원년 5월 기미.

역은 여러 경로를 통하여 행해졌다. 첫째, 명나라 사행에 편승한 사무역이었다. 명은 원래 건주여진과 마시(馬市)를 통해 인삼을 무역했는데 후금이 요동을 점령한 후 후금과의 관계가 악화되어 마시가 폐지되고 인삼 내원이 끊기게 되자 조선에 대한 징구의 수위를 높였으며 명나라 인삼 수요의 증가는 조선 사행을 통한 인삼 사무역을 조장하였다. 둘째, 단도를 점거하고 있던 모문룡이 공공연히 조선 상인들을 끌어들여 사무역을 조장하여 인삼 가격이 등귀하였다.[18] 조선과 후금 간에 회령개시에서 교역된 인삼 값은 처음에 한 근당 16냥으로 정했으나 그 후에 9냥으로 떨어졌다. 이에 비해 단도에서 20냥에 교역된 것은 단도의 인삼 교역이 얼마나 호황을 누렸는지 짐작할 수 있다.[19] 모문룡은 조선 상인들뿐만 아니라 중국 등주(登州)·천진(天津)의 상인들을 불러 모아 상거래를 시켰으며 단도는 국제무역항으로 크게 번창하였다.[20] 셋째, 동래 왜관을 통한 인삼의 공무역과 사무역이었다.

이처럼 인삼무역의 통로가 열림에 따라 인삼 이익을 추구하기 위해 지방관들은 변민들을 사주하여 후금 경내에 들어가 인삼을 캐오게 하였고 변민들은 생활고를 덜기 위해 죽음을 무릅쓰고 월경채삼을 일삼았다. 정묘호란 이후 조선 변민들이 월경채삼·수렵을 행하다가 후금에 의해 잡히거나 구축되고 피살된 사례를 열거하면 다음과 같다.

① 1631년 5월 부르하투(卜兒哈兎)[21]에서 10명이 수렵하다가 6

---

18) 『인조실록』 권7, 인조 2년 11월 임자.

19) 『청태종실록』 권15, 천총 7년 9월 계묘; 천총 9년 12월 병신.

20) 張存武, 「淸入關前與朝鮮的貿易: 1627-1636」, 『東方學志』 21, 1979, 190쪽 참조.

21) 여기서 부르하투(卜兒哈兎)란 홍경 서쪽 120리 혼강에 흘러드는 부르하투하(布爾哈圖河)를 말한다. 이 밖에 두만강에 흘러 들어가는 부르하투하가 있는데, 당시 여진인의 철거로 두만강 이북 대부분 지역이 무인지역으로 변

명이 도망가고 4명이 잡혔다.[22]

② 같은 해 9월 휘파(灰扒)[23]에서 채삼하다가 5명이 피살되었다.[24]

③ 같은 달 관전(寬甸)에서 채삼하다가 후금에 잡혔다.[25]

④ 같은 해 윤11월 청성(靑城) 사람들이 월경채삼하다가 후금에 잡혔다.[26]

⑤ 같은 해 만포 사람들이 월경채삼하다가 구축되었다.[27]

⑥ 1633년 7월 부르하투에서 수렵하던 보행자 2명과 기마자 3명 중, 기마자 3명이 도망가고 보행자 2명이 송환되었다.[28]

⑦ 같은 해 9월 만포·강계·상토 사람들이 월경채삼하다가 잡혀 송환되었다.[29]

⑧ 1635년 7월 변민들이 후금 경내에 들어가 채삼하다가 참살되는 사건이 연속 발생하였다. 채삼자 10명이 흥경성장에게 잡혀 참살되었고,[30] 다른 4명이 투라이뉴루(圖賴牛錄)에게 잡혀 참살되었다.[31]

⑨ 같은 해 12월 위원 사람 36명이 월경 채삼하다가 후금에 잡혔다.[32]

한 것을 고려할 때, 여기서는 흥경 서쪽에 있는 부르하투를 말함을 알 수 있다(『嘉慶重修一統志』, 興京, 6쪽; 吉林, 22쪽, 中華書局, 1986년 참조).

22) 『인조실록』 권25, 인조 9년 윤11월 신유.
23) 흥경(興京)지방의 휘파(輝發)를 가리킨다(篠田治策, 앞책, 21쪽 참조).
24) 『인조실록』 권25, 인조 9년 윤11월 신유.
25) 위와 같음.
26) 『인조실록』 권25, 인조 9년 11월 계해.
27) 『청태종실록』 권15, 천총 7년 9월 계묘.
28) 『인조실록』 권28, 인조 11년 7월 을해.
29) 『인조실록』 권28, 인조 11년 9월 임자.
30) 『청태종실록』 권23, 천총 9년 7월 갑인.
31) 『청태종실록』 권24, 천총 9년 7월 경신.
32) 『인조실록』 권10, 인조 3년 12월 병인.

〈표 1〉 정묘호란 이후(1627~1636) 조선인 월경 사례

<table>
<tr><th>내용
연대</th><th>월경사건</th><th>월경
목적</th><th>후금의 교섭</th><th>조선의 처리</th><th>연강</th></tr>
<tr><td>1631년</td><td>부르하투에서 10명이 수렵함</td><td>수렵</td><td rowspan="3">국서로 항의</td><td rowspan="3">–</td><td rowspan="3">압록강</td></tr>
<tr><td>1631년 9월</td><td>휘파에서 채삼하다가 6명이 피살됨</td><td>채삼</td></tr>
<tr><td>1631년 9월</td><td>관전에서 채삼함</td><td>채삼</td></tr>
<tr><td>1631년 윤11월</td><td>청성인들이 채삼하다가 잡힘</td><td>채삼</td><td>호차(胡差)가 항의함</td><td>호차 앞에서 청성첨사를 참수함</td><td>압록강</td></tr>
<tr><td>1633년 7월</td><td>부르하투에서 5명이 수렵함</td><td>수렵</td><td>월경자 송환</td><td>–</td><td>압록강</td></tr>
<tr><td>1633년 9월</td><td>만포·강계·상토인들이 채삼함</td><td>채삼</td><td>월경자 송환</td><td>–</td><td>압록강</td></tr>
<tr><td>1635년 7월</td><td>홍경에서 50~60리 떨어진 곳에서 채삼함</td><td>채삼</td><td>국서로 엄금요구</td><td>송환된 채삼자 14명을 주살함</td><td>압록강</td></tr>
<tr><td>1635년 12월</td><td>위원인 36명이 채삼하다가 잡힘</td><td>채삼</td><td>국서로 항의</td><td>위원군수·수구비첨사·벽단만호를 주살함</td><td>압록강</td></tr>
</table>

<표 1>을 통해 정묘호란 이후 조선인의 월경 양상을 살펴보면, 첫째, 변민들에 의한 집단 월경이 잦았으며, 둘째, 월경 지점이 주로 압록강 이북 후금 근거지였으며, 셋째, 월경 목적이 채삼·수렵 특히 채삼에 있었음을 알 수 있다. 이는 당시 후금 측 삼산이 주로 압록강 이북 홍경지방에 집중되었고 이 지역으로의 월경채삼이 자주 발생하여 후금의 항의가 끊이지 않았음을 말해준다. 두만강 일대의 월경교섭이 적게 나타난 것은 강 이남에 거주자가 많지 않고 강북 역시 인가가 드물었기에 조선인이 월강하더라도 쉽게 발각되지 않기 때문이라고 생각된다.

2) 인삼, 개시(開市)와 월경채삼문제

인삼은 후금에 있어서도 매우 중요한 재원이었다. 후금은 원래 명나라와 마시(馬市)를 통해 인삼을 교역하였고 필요한 생활자료를 수입했는데 후금이 요동을 점거한 후 명의 봉쇄로 극심한 경제난에 부딪히게 되었다. 그 타결책으로 정묘호란을 일으켰고 호란이 끝난 후 조선에 개시(開市)를 강요하였다. 중강개시와 회령개시에서 인삼은 후금의 가장 중요한 수출품목이었다. 후금은 주로 은과 인삼을 가지고 와서 조선에서 단필(緞匹)·면직물·쌀·소·종이·후추·소목(蘇木) 등을 바꿔 갔다. 이 중 단필은 단도 또는 명나라 사행을 통해 구입하였고 후추·소목은 동남아 산으로 왜관을 통해 교역해 온 것이었다.[33]

정묘호란 이후 후금은 공식적으로 조선에 변민들의 빈번한 월경 채취 활동을 엄금할 것을 요구하였다. 1628년 5월 후금 태종은 조선에 국서를 보내 양국 인민이 사사로이 월경하여 수렵하는 자가 있을 경우 반드시 엄히 조사하고 금할 것을 제의하였다.[34] 그 이듬해 2월 사신 만월개·아지호(阿之好)를 보내 조선인이 월경채삼·수렵한 일에 대해 항의하였다.[35]

한편 후금은 개시를 통해 인삼과 은으로 조선에서 필요한 생활품을 교역하려 하였으나 청 상인들의 횡포와 조선 상인들의 개시 회피 및 조선의 비협조로 개시가 여의치 않고, 특히 개시에서 인삼가를 제대로 받지 못하게 되자 조선에 대한 불만이 점점

---

33) 김종원, 앞책, 126~127쪽 참조.

34) 『청태종실록』 권4, 천총 2년 5월 을유.
先是 以書遺朝鮮國王李倧 諭以兩國人民有私自越境捕獵者宜嚴察禁止 以滋釁端 至是 使臣偕其使者賫回書至云 嚴守疆界禁絶越境之言敬聞命矣.

35) 『인조실록』 권20, 인조 7년 2월 신해.

커져 조선인의 월경 채취를 더욱 문제 삼아 항의하였다. 1633년 9월 후금은 영아이대(英俄爾岱, 龍骨大)와 이손(伊孫)을 파견하여 다음과 같은 내용의 국서를 전달하였다.[36)]

> 화호를 강한 이래 짐(朕)은 원래 1년에 4회 호시(互市)를 행하려 하였으나 귀국(조선)에서 허용하지 않고 가을과 봄만 행하기로 하였다. 그 후 의주에서 2회 행하려고 하였으나 또 약속을 어기고 중지하였다. 전에 인삼가를 16냥으로 정했는데 귀국은 인삼이 쓸데없는 물건이라고 하여 9냥을 주었으며, 그대로 하지 않을 경우 교역을 멈추겠다고 하였다. 이처럼 약속을 어기고 감가하려는 까닭은 무엇인가? 인삼이 무용지물이라면 귀국인이 해마다 변경을 넘어 우리 강토에 들어와 죄를 두려워하지 않고 인삼을 캐가는 이유가 무엇인가? 신미년(1631) 만포성 사람 방뉴(邦鈕)가 뭇사람들을 이끌고 도적질하다가 우리 변민에게 쫓겼다. 오늘 만포성 신경나길(申景那吉)이 17명을 이끌고 우리 경내로 들어왔으며, 강계·상토 사람들도 들어왔다. 이 세 성의 사람들은 모두 자기 경내를 넘어서 우리 경내로 들어왔으며, 세 길로 나누어 채삼하였다. 내가 아는 것이 이것인데 알지 못하는 것이 얼마나 되겠는가? 귀국은 전의 맹약을 잊고 우리 경내에 잠입하여 수렵하고 채삼하는 것이다. 귀국 지방에 범과 표범이 있다 하여 우리나라에서 한 사람이라도 월경하여 사냥한 자가 있는가?[37)]

즉 조선이 개시에 대한 태도가 소극적이고 인삼가를 낮추며,

---

36) 김종원, 앞책, 154~155쪽.

37) 『청태종실록』 권15, 천총 7년 9월 계묘.
自和好以來 朕原欲於一歲中四季互市 貴國不允 定以春秋二季 後止在義州互市二次 仍負約中止 曩定蔘價一十六兩 貴國云人蔘我國無用 止給九兩 否則止之 豈非又背前約而爲此減價之言乎 貴國旣言人蔘無用 乃每年出爾邊界 入我疆土 不顔罪戾 採此無用之蔘何爲乎 辛未年滿蒲城人邦鈕率衆竊取 爲我邊人逐去 今又有滿蒲城申景那吉率十七人來入我境 又剛季・章土之人亦曾來此 此三城人皆出爾境入我界 三路採蔘 予所知者止此 其不知者何可盡量耶 貴國違棄前盟 潛入我境 獵獸採蔘 如貴國地方有虎豹 我國何曾有一越境獵取者乎.

변민을 사주하여 월경채삼을 일삼고 있으며, 이는 강화맹약의 '각수봉강'원칙을 위배한 것이라고 항의하였다.

같은 해 10월 조선은 답서를 통해 후금의 비난에 다음과 같이 항변하였다.

> 개시 요구에 대하여 우리나라에서 고의적으로 거절하는 것이 아니다. 우리나라 토산은 다만 사(絲)·마(麻)·속(粟)·미(米)뿐이며, 이는 백성들의 의식용으로서 상인들이 마음대로 파는 물건이 아니다. 청포(靑布)·채색 비단은 본래 중국산이며, 우리나라에서도 무역해 온다. 이는 귀국에서 다 아는 사실이다. 근래 중국에서 물화를 엄금하고 국경을 넘는 것을 허용하지 않기에 우리나라도 한화(漢貨)가 끊겨 개시를 열려고 해도 교역할 물건이 없다.…인삼가가 높고 낮은 것은 우리나라에서 약속을 어긴 것이 아니며 고금의 물가는 변하지 않는 도리가 없다. 먼저 비싸졌다가 후에 싸지고 없어졌다가 다시 많아지는 것은 자연지세(自然之勢)이다. 인삼가도 우리나라에서 일부러 높이거나 낮추는 것이 아니라 귀천에 따라 비싸지거나 싸지는 것이다. 변민을 놓고 보더라도, 간사하고 무식하며 기한(飢寒)을 이기고자 지척의 이익을 도모하여 아침·저녁 끼니를 때우려 한다. 이들이 어찌 인삼가가 낮다고 하여 채삼을 멈추겠는가? 이들이 금령을 어기고 월경한 것은 마땅히 처벌해야 하며, 이로써 삼가의 높고 낮음을 증명하려는 생각이 전혀 없다. 지난해 청성첨사(靑城僉事) 안덕간(安德幹)이 3품관으로서 금령을 어기자 극형에 처했다. 이는 귀국의 사신도 목격한 사실이다. 우리나라는 이같이 법에 의해 금해야 하는 일에 대해서는 마음을 다했다. 만약 죄를 범했다면 법이 스스로 다스려질 텐데 어찌 이를 아끼겠는가?[38]

---

38) 『청태종실록』 권16, 천총 7년 10월 을유.
第開市之請 敝邦非故欲相拒也 敝邦土産只有絲麻粟米 爲百姓衣食之用 初非商賈轉販之資 靑布綵緞本出中國 我國亦僅貿用 此貴邦所明知 近來中國嚴禁物貨不許出境 國內漢貨今已乏絶 卽開市亦無可交易者…至於蔘價高下 亦非敝邦有所違負 古今物價原無一定不易之理 如前貴而後賤 或舊乏而今饒 自然之

즉 개시가 여의치 않은 것은 조선에서 고의로 거절한 것이 아니라 다른 원인이 있으며, 삼가가 높고 낮은 것은 시장의 법칙에 따라 움직이며, 3품관인 청성첨사를 극형에 처한 사례를 들어 월경 단속에 결코 소홀히 하지 않았음을 항변하였다.

개시무역이 잘 이행되지 않고 또 1631년 후금이 12,000여 명의 군사를 동원하여 단도를 공격할 때 조선에서 배와 군량을 지원해 주지 않은 탓으로 후금의 원망이 점점 커졌다. 1632년에 이르러 후금은 조선의 세폐를 문제 삼기 시작하였다. 조선의 춘신사(春信使)가 가져간 예물의 수가 적다며 크게 꾸짖었고, 9월에는 추신사 박난영(朴蘭英) 편에 보낸 방물과 국서를 받지 않고 사신을 접견하지 않은 채 돌려보냈다. 이듬해 정월에 조선에서 다시 신득연(申得淵)을 보내 본국의 어려운 사정을 알리는 동시에 세폐를 받지 않은 이유를 묻는 국서를 전했지만, 역시 받지 않고 다만 국서를 사신에게 전달할 뿐이었다.[39] 1633년 3월 조선은 부득불 대폭 증액된 세폐를 바치되 앞으로 예물은 1년 1차로 한정시키기로 하였다.[40] 그 이후 양국 관계는 소강상태로 들어갔다.

1635년에 이르러 조선인의 월경채삼문제가 다시 수면 위로 떠올랐으며 후금의 압박이 강해졌다. 이는 정치적인 이유 때문이었

勢也 此蔘價亦非我有意增損 不過視一時貴賤而定高下耳 至於邊民奸濫無識 迫於飢寒 圖尺寸之利以資朝夕 豈肯以蔘價減少使自知止耶 其冒禁越境本自可罪 若執此以證蔘價之高下 無乃未之思乎 往年靑城僉事安德干係三品官 一犯此禁使置極刑 此貴使所目睹者 敝邦於此法禁亦云盡心 若明知犯罪法自必行 有何顧惜.

39) 『청태종실록』 권11, 천총 6년 정월 을사; 권12, 9월 기해; 권13, 7년 정월 신축; 『인조실록』 권28, 인조 11년 정월 정사.

40) 『인조실록』 권28, 인조 11년 2월 갑자, 3월 무신(김종원, 앞책, 124쪽에서 재인용).

다. 1635년 2월 후금은 몽고 차하르를 평정하고 원나라 전국옥새(傳國玉璽)를 얻었다. 이에 홍타이치가 칭제·등극을 준비하여 조선으로 하여금 몽고 여러 부와 함께 후금과 군신관계를 맺을 것을 요구하였다. 이때에 이르러 월경채삼문제는 후금이 조선에 대한 정치적 압박을 강화하는 구실로 이용되었다. 같은 해 7월 후금에서 두 차례에 걸쳐 월경채삼자 14명을 압송하였는데 모두 참살되었다.41) 같은 달 또 사신 동득귀(董得貴)·달배(達拜)를 파견하여 조선인 월경채삼을 엄히 질책함과 동시에 공격의 목표를 대신들에게 돌렸다. 후금의 국서 내용은 다음과 같다.

> 귀국 인민은 우리 경내에 몰래 들어와 인삼을 캐갔으며, 우리 순졸이 옛 거주지인 흥경성으로부터 50~60리 되는 곳에서 여러 번 (이들을) 만났다. (우리 순졸이) 붙잡으려고 하자 이들이 저항하여 칼과 화살에 맞아 죽거나 상한 자가 없지 않으며, 간혹 도망한 자도 있다. 이는 왕의 인민이 법을 무시한 것으로서 두 나라가 화호를 강하는 좋은 뜻에 어긋난다. 왕은 마땅히 엄금해야 한다. 귀국은 인삼이 무용지물이라고 하여 개시에서 값을 낮추려 하지만, 이처럼 죽음을 무릅쓰고 월경 채취하는 까닭은 무엇인가? 이처럼 소요하는 것이 어찌 왕이 고의로 방종한 것이겠는가? 이는 모두 대신들이 이익을 탐내어 군주의 총명을 가렸기 때문에 그들이 자행(恣行)하는 것이다. 자고로 신하가 국권을 마음대로 행사하면 사(私)가 강해지고 공(公)이 약해지며 정사(政事)를 그르쳐 국가가 반드시 화를 입게 되는 법이다. 지금 귀국은 권력이 신하에게 쏠려 마음대로 행하는 것이니 왕은 마땅히 심사숙고하라.42)

---

41) 『청태종실록』 권24, 천총 9년 7월 갑인·경신.

42) 『청태종실록』 권24, 천총 9년 7월 계유.
貴國之民潛入我界採取人蔘 距我故居興京城五六十里 我國巡卒處處遇之 將欲擒執彼輒抵拒 是以刀箭之下不無殺傷 亦間有逃出者 是王之人民亂法者多 恐非兩國和好之美事也 王宜嚴禁之 且貴國動謂人蔘無用 每市減價 夫旣屬無用

즉 변민들이 월경채삼을 일삼는 것은 대신들이 이를 탐내 국왕을 속인 것이라고 비난하였다.

이어 같은 해 10월 후금 국서에는 국왕이 '각수봉강' 맹약을 어기고 변민들을 방종하여 월경채삼을 행하게 하였다고 비난의 수위를 높였다. 이 점은 조선에서 가장 우려하는 것이었다. 재차 조선을 침입하는 구실로 이용할 수 있기 때문이다. 조선은 월경자 및 소속 지방관을 엄벌로써 다스리지 않을 수 없었다. 같은 해 12월 국왕은 신하들의 반대에도 불구하고 위원군수 허상(許詳), 수구비첨사 이만기(李萬基), 벽단만호 김진(金進) 등 세 명을 주살하도록 하였다.[43] 이와 동시에 '강변채삼사목'을 정하여 매년 4월에서 9월 채삼 철에 5일 점고제(點考制)를 실시하고 또 차사원을 불시에 파견하여 별점제(別點制)를 실시하였다. 강변에 파수를 설치하여 기찰을 강화하는 한편, 봄가을 채삼 철에 요해처 또는 첩경에 정탐을 매복하여 월경자를 색출해 냈다.[44] 이 밖에 인삼 세(稅)가 너무 낮고 이익이 크기 때문에 변민들이 죽음을 무릅쓰고 월경채삼을 행하는 것이라고 판단하여 삼세를 올리고 한동안 인삼 사무역을 금하였다.[45]

요컨대 정묘호란 이후 조선인의 월경채삼문제는 후금과 조선 간의 중요한 현안이었다. 후금이 끊임없이 조선에 교섭과 항의를 제기한 것은 경내의 인삼자원을 보호하기 위한 것도 있겠지만,

---

復舍死輕生越境採取者何故 如此擾亂 王豈有明知故縱之理 皆由大臣貪圖利賄蔽主聰明 故爾妄行耳…自古臣下擅掺國柄 强私弱公 妨害政事者 國家必受其禍 今貴國權委臣下 任其施爲 王宜審思之也.

43) 『인조실록』 권31, 인조 13년 12월 병인.

44) 『청태종실록』 권25, 천총 9년 12월 병술; 『현종실록』 권17, 현종 10년 10월 경진.

45) 『인조실록』 권31, 인조 13년 11월 병진; 『비변사등록』 제5책, 인조 16년 정월 30일.

조선과의 개시에서 인삼교역이 잘 이루어지지 않고 조선을 통해 전략적 물자를 얻고자 하였으나 목적을 달성하지 못하게 되자 불만이 점점 커져 월경채삼문제로써 조선을 압박하였다. 즉 다시 말하여 조선인의 월경채삼문제는 개시문제와 함께 후금이 조선에 대해 경제적 수탈과 정치적 압박을 가하는 구실로 이용되었다.

3. 병자호란 이후(1637~1644) 월경문제

1635년 홍타이치는 몽고 차하르부를 평정하고 원나라의 전국옥새를 얻은 후 이듬해 1636년 국호를 청(淸)으로 고치고 황제위에 올랐다. 이에 앞서 후금은 조선에 사신을 보내 몽고·만주 여러 패륵(貝勒)과 함께 홍타이치에게 제호(帝號)를 올리도록 요구하였다. 소식이 전해지자 조선 조정은 들끓기 시작하였다. 홍문관과 사간원 유신들은 사신을 참하고 명조에 주문하며 후금을 공격할 것을 청하였다. 국왕도 일시의 의분을 못 이겨 후금의 요구를 거절하고 팔도에 유지를 내려 충의지사(忠義之士)를 모아 함께 난관을 극복할 것을 호소하였다. 마침 국왕이 평안도 관찰사에게 보낸 유문(諭文)이 후금 사신 손에 들어갔다. 이는 홍타이치가 재차 조선을 침입하는 구실이 되었다.

1636년 12월 홍타이치는 12만 대군을 이끌고 조선 침입을 위한 군사를 일으켰다. 이것이 병자호란이다. 청병은 10여 일 만에 서울에 육박하여 왕실의 일부가 강화도로 피병하고 인조를 위시한 백관이 남한산성으로 피신하였다. 40여 일의 혹한과 기아 속에 포위당해 있던 인조는 명에 원조를 청했으나 실패하고 강화도마저 함락되어 1월 30일 삼전도(三田渡)에서 성하지맹(城下之

盟)을 맺음으로써 청에 항복하고 청과의 군신관계를 받아들였다.[46] 이로써 조청간에 조공책봉관계가 맺어졌다.

병자호란은 비록 한 달 남짓한 짧은 전쟁기간이었으나 그 피해는 임진왜란에 버금가는 큰 것이었으며, 조선으로서는 일찍이 당해 보지 못한 일대 굴욕으로 결말을 맺었다. 한편 청군은 철수하는 도중 4월에 단도의 동강진(東江鎭)을 공격하여 붕괴시켰다.[47]

병자호란 이후 조선은 전화로 인한 서북 양도의 피폐함을 극복하고 정부의 세원을 늘리고 왜관무역을 활성화하기 위해 인삼 사무역을 허용하기에 이르렀다. 따라서 변민들의 월경 채취 활동이 다시 활기를 띠게 되었다. 1638년 인삼 사무역을 허용할 데 관한 호조의 계사는 다음과 같다.

> 당화(唐貨, 중국 물품)가 끊긴 이후로 왜관의 매매인이 오지 않아 왜인들이 이익을 잃는 일이 허다합니다. 우리나라에는 다른 물산이 없고 인삼만 있는데 금물(禁物)로 취급되어 사사로이 판매할 수 없습니다. 상고배들이 간혹 몰래 매매를 하여도 준가를 받지 못합니다. 이로 인하여 인삼이 죽은 물건이 되고 관가에서 세금을 거두지 못합니다. 당시 법을 세워 금단한 뜻을 진실로 알 수 없습니다. 금후에는 매매를 허용하고 과조를 엄하게 하여 세금을 거두게 되면 왜인들이 개시의 이득을 얻게 되고 우리나라 물산도 폐장(閉藏)되는 걱정이 없어집니다.[48]

---

46) 최소자, 『명청시대 중・한관계사연구』, 이화여자대학교출판부, 1997, 105쪽; 이장희, 「병자호란」, 『한국사』 29, 국사편찬위원회, 1995, 266~300쪽 참조.

47) 이장희, 앞 논문, 293쪽.

48) 『비변사등록』 제5책, 인조 16년 정월 30일.
一自唐貨不來之後 倭館買賣之人斷絶 倭人之失利落寞極矣 我國無他所産 只有人蔘 而作爲禁物不許私賣 商賈等雖或潛商買賣而不受準價 以此 人蔘之爲死貨 而官家不得收稅 當初立法禁斷之意殊未可曉也 自今以後 許令買賣 而嚴立科條 以收其稅 則倭人有開市之利 而我國所産亦無閉藏之患.

즉 병자호란 이후 단도가 함락되고 명나라 사신도 조선에 오지 않자 왜관의 중원 물화가 끊기고 또 조선의 금삼(禁蔘)정책으로 왜관에서 인삼교역을 할 수 없어 왜관무역이 쇠퇴되었음을 지적하고 인삼 사무역을 허용하여 왜관무역을 활성화하고 또 세금을 거두어 재정을 보충하자는 것이었다.

호조의 위 건의가 받아들여져 인삼 사무역이 허용되었고 변민들의 채삼활동이 활기를 띠게 되었다. 중앙 또는 지방의 관부들이 인삼교역을 통한 식리에 뛰어들어 삼상에게 자본을 제공해주었다. 그들에게 공문을 발급해 주는가 하면 삼가를 미리 갖다주기도 하였다. 모리배들은 공가의 명의를 빌려 사리를 추구하기에 급급하였으며 화포(貨布)를 강변 열읍에 수송하여 인삼을 무역하였다. 수령 변장들까지 세금을 거둬 이득을 취하고자 채삼에 가담하였다.[49]

변민들은 조선 경내에서 채삼하는 것으로 만족하지 않았다. 압록・두만강 이북 지역은 인구가 희소하고 인삼이 많기 때문에 월경 채삼의 주목표가 되었다. 지방관의 묵인 또는 조직하에 몇십 명씩 무리를 지어 무기를 소지하고 월경채삼하는 것은 흔히 볼 수 있는 일이었다. 1642년 2월 길주・갑산민들이 월경채삼하다가 65명이 청에 붙들렸다. 이는 길주목사・갑산부사가 호조에 인삼을 납부한다는 명의로 월경채삼을 묵인한 것이었다. 청에서는 월경자 65명 중 죄상이 경한 47명을 먼저 돌려보내고 얼마 후 수창자(首倡者) 13명도 돌려보냈다. 조선은 이들을 모두 결장(決杖)하여 극변에 유배하였다. 한편 지방관이 소홀히 한 책임을 물어 길주목사・갑산부사에게 장(杖) 100대를 치고, 월강처 지방

49) 『인조실록』 권37, 인조 16년 9월 정축.

관인 운총만호・서북만호・사하서북권관(斜下西北權管)을 심문한 후 정배하였다.[50]

1643년 9월 강계 사람들이 상토・외괴・이동에서 압록강을 건너 채삼하다가 40여 명이 청에 붙들렸다. 같은 해 강계에서 50여 명이 강을 건너 채삼하다가 청인과 충돌하여 청인 2명이 강계민이 발사한 포와 화살에 맞아 죽었다. 그리고 월경자 36명이 청에 붙들렸다. 이들 중에 강계부 전령패(傳令牌)를 휴대한 자가 있어서 청은 50여 명이 일시에 월경한 것은 강계부사의 사주에 의한 것이라고 보고 관원 용골대와 박씨(博氏)를 세자관에 보내 세자에게 항의하였다. 이에 세자는 사죄의 뜻을 보이지 않을 수 없었다. 결국 월경자 36명을 세자관 농군으로 삼도록 하고 단속을 소홀히 한 상토첨사・외괴권관・이동권관을 평양에 구금하도록 하여 청사가 평양에 도착한 후 직접 처분할 것이라고 하였다.[51]

병자호란 직후 청은 조선에 대한 압박의 수위를 높였다. 월경사건 처리에 있어서 조선은 항변의 권리가 전혀 없었다. 1641년 11월 청사가 안주에 도착했을 때 월경 채삼자들을 경상에 효시할 것을 강요하자 조선은 그대로 따랐다.[52] 이에 앞서 1639년 회령・만포 사람들이 월경채삼한 일에 대하여 청태종은 강압적인 태도를 보이며 "캐어 간 인삼과 인삼을 도적질한 자들을 속히 찾아내고 붙잡아 오라"고 명하였다. 조선에서 채삼자들을 찾아내지 못했다고 답하자 청태종은 "금후에는 군대를 그곳에 파견하여 월경채삼자를 죽이거나 붙잡게 되면 그들(조선)이 거짓말을 한 죄는 반드시 면치 못할 것이며, 죄가 한층 더해질 것이다"라

50) 『동문휘고』 별편 권3, 범월 35~36쪽.
51) 『인조실록』 권44, 인조 21년 9월 임자.
52) 『인조실록』 권42, 인조 19년 11월 무술.

고 강하게 비난하였다.[53)]

병자호란 이후 중원 입관 전까지의 시기는 청의 조선에 대한 정치적 압박이 가장 심한 때였다. 청은 명과의 결전을 앞두고 있었기에 배후세력이 될 수 있는 조선을 완전히 복종시킬 의도에서 압박을 가했다. 병자호란이 끝난 후 오달제(吳達濟)·홍익한(洪翼漢)·윤집(尹集) 등 조선의 척화 3신을 심양에 연행하여 죽였고, 그 이후에도 일련의 심옥(瀋獄, 심양에서의 옥사)사건을 일으켰다. 예컨대 1640년에는 세자를 대신하여 원손을 심양에 인질로 보내는 것을 반대하고 또 청의 주사(舟師) 조발을 반대하여 상소한 척화파 대표 인물인 김상헌(金尙憲), 전 지평 조한영(曺漢英), 함평(咸平) 유생 채이항(蔡以恒)을 심양에 연행하여 투옥시켰다.[54)] 또 1642년에는 승려를 파견하여 명과 연통한 영의정 최명길(崔鳴吉)과 평안감사 임경업(林慶業)을 심양에 연행시켰다. 임경업이 중도에서 도망가고 최명길이 심양에 투옥되었다.[55)] 이 밖에 명과 연통할 때 자문을 작성한 전 판서 이명한(李明漢), 논의에 참여한 전 참판 허계(許啓), 시론을 주도한 동양위(東陽尉) 신익성(申翊聖),

---

53) 『동문휘고』 별편 권3, 범월 32~33쪽.
會寧滿浦二處屬民 出邊數里將蔘挖去 今雖兩國一家 我大淸國人民亂去彼國採取土物亦可行否 如此亂行採取土物殊非小事 將挖去蔘斤 並盜蔘一夥人犯作速查出綁縛來.
會寧滿浦等處係是邊遠地方 爲因連接上國疆界 不許邊氓冒禁攙越 常加嚴斷去後 今準來咨欽奉事意 潛行犯法委屬痛駭 另差的當官員前往會寧·滿浦等處 查驗實跡 務要緝捕該犯人.
朝鮮國王來咨云 採蔘之人竟無此事 若然 是我國有意尋隙故作妄語也 朝鮮邊民私入我境 凡住歇採蔘之處明明見之 欲彼查出以懲擅越者 故令爾部移咨 今旣云無 自此以後 發兵到彼處 若有入境採蔘之人 或殺或捉 彼說謊之罪固不能免 更增一罪矣.

54) 『인조실록』 권41, 인조 18년 11월 을유·갑오, 12월 갑인·병인; 권42, 인조 19년 1월 경진.

55) 『인조실록』 권43, 인조 20년 10월 병진, 11월 임신.

기자묘 제사에 참여한 신익전(申翊全), 청의 연호 사용을 거부한 전 정승 이경여(李敬輿) 등 다섯 신하를 심양에 투옥시켰다.[56]

이 시기 조청 양국은 성하지맹을 통해 군신관계를 맺었으며, 청은 조선의 정기적인 세폐·방물을 통해 경제적 욕구를 어느 정도 충족할 수 있었다. 그리고 중강·회령·경원개시를 통해 필요한 생활물자를 공급받았으므로 인삼교역에 대한 의지도가 떨어졌다. 따라서 조선인의 월경채삼문제는 그 이전 시기처럼 재침의 우려 또는 구실로 이용될 소지가 없어졌다.

4. 두만강변 월경문제

두만강변 월경문제는 조선 육진지역과 후춘(後春) 여진부락 사이에서 발생한 것이었다. 후춘 일대가 고아라(庫雅喇)[57]의 중심 취락으로 발전한 것은 1639년 이후의 일이다. 이해에 고아라의 추장 가합선(加哈禪)이 반란을 일으키자 청에서 군사를 파견하여 이들을 정벌함과 동시에 조선에 명하여 서수라로부터 주사(舟師)를 내어 이들을 정복하였다. 그리고 이들 중의 일부분을 심양에 데리고 가서 팔기의 피갑(披甲)에 보충시켰고 나머지는

56) 『인조실록』 권43, 인조 20년 12월 병자·정축·을유; 권44, 인조 21년 2월 을해.

57) 庫雅喇는 庫爾喀·庫爾哈이라고도 칭한다. 동해여진의 일부로서 훈춘 동부 연해 일대에서 살다가 청초 청에 정복되었다. 1640년 청은 延楚·也春·台音薩哈 등 세 개의 嘎山 조직을 설치하고, 세 명의 嘎山達(鄕長)을 임명하여 打牲丁을 거느리고 海獺·海豹를 수렵하여 공납하도록 하였다(李澤權, 「古代琿春地區行政機構沿革」, 『長白山地理論文集』, 연변대학출판사, 1991, 302~303쪽; 張博泉 등 저, 『東北歷代疆域史』, 吉林人民出版社, 1981, 307쪽 참조).

후춘 일대에 머물러 살게 하였다.[58] 그 이듬해 2월 청은 조선에 국서를 보내 동부 연해 각 섬에서 포획한 고아라 500여 구(口)를 경원·경흥 건너편 야춘(也春)에 이주시킬 예정이니 이들에게 식량을 공급해 줄 것을 요구하였다. 이에 조선은 북병사로 하여금 창미(倉米)를 내주도록 하였다.[59]

그러나 그 후에도 청나라 병민(兵民)에 의한 토색이 끊이지 않았다. 심양에서 나왔다는 청 장령 사을규(沙乙糾)가 경흥에 넘어와 고아라 천여 명을 야춘에 더 이주시킬 예정이므로 식량·종자 등 곡물 3,400여 석(石)을 보내 줄 경우 봉황성 세폐미에서 감할 것이라고 하였다. 경흥부사가 이는 청의 문서에 없는 말이고 또 조정에서 분부한 일도 아니기에 따를 수 없다고 거부하였다. 이에 사을규가 노하여 부사를 쫓아내고 창고를 열어 속(粟) 50여 석을 약탈해 가고 더 운반해 오지 않을 경우 자의로 약탈할 것이라고 위협하였다.[60]

함경도관찰사의 보고를 통해 위 사실을 알게 된 후 1641년 1월 청에 자문을 보내 야춘지역 청 병민의 월경 소요를 금할 것을 요구하였다. 조선의 자문내용은 다음과 같다.

> 의정부 장계에 "신들이 건너편 거민(居民)들을 살펴보았더니, 대조(大朝)의 군민임이 틀림없습니다. 함부로 강계를 넘어 왕래하면서 토색하기에 연변 진(鎭)이 소요가 끊이지 않습니다. 공사(公私)가 모두 어려운 이때에 처리할 길이 없습니다. 앞의 사정을 당해 부에 이자(移咨)하여 금약을 강조하고 함부로 강을 건너오는 것을 금하게 되면 더욱 편리하고 유익합니다."고 하였습니다. 이에 근거하여 살펴보

58) 『인조실록』 권38, 인조 17년 정월 무자; 李澤權, 앞 논문 참조.
59) 『인조실록』 권40, 인조 18년 2월 병진.
60) 『인조실록』 권40, 인조 18년 2월 계해.

> 건대, 소방과 대조는 의로 말하면 한집안과 같지만, 피차간에는 강장(疆場)의 계한이 있습니다.…지금 만약 이처럼 마음대로 하고 금약을 지키지 않을 경우 강역의 구분이 없어지고, 변진(邊鎭)이 불안해집니다. 귀부(병부)에서 자문의 사정을 헤아리고 지금부터 공간(公幹)으로 문서를 소지한 자를 제외하고는 금약을 지키며, 함부로 월경하는 것을 금하여 변민을 안정시키고 후폐를 없애기 바랍니다.[61]

위 자문에서 "함부로 강을 건너오는 것을 금할 것" "강장(疆場)의 계한" "강역의 구분" "함부로 월경하는 것을 금함"이라고 하고 있는데, 이는 두만강 이북 후춘에 사는 여진부락이 두만강 이남 경원·경흥에 대한 소요에 관한 것임을 고려할 때, 강 또는 "강장의 계한" "강역의 계한"이란 두만강을 가리킨다는 것을 알 수 있다. 즉 후춘에 있는 청 병민으로 하여금 두만강 경계를 넘지 말 것을 요구하였다. 병자호란 이후 조선의 국경의식이 일층 강화되었음을 말해 준다.

청태종은 조선의 요구를 받아들여 변경 소요를 금할 것을 명하였다. 청 호부(戶部)[62] 자문의 내용은 다음과 같다.

> 월강한 병민이 가합선(加哈禪) 무리에 불과하다. 종전에 조선에서 이들을 용납하고 받아들인 탓으로 조선 국경을 마음대로 다니는

---

61) 『청태종실록』 권54, 숭덕 6년 정월 병술.
因又據議政府狀啓 臣等竊照 越邊居人雖實係大朝軍民 而任意擅越疆界 往來需索 沿邊列鎭在處騷擾 當此公私板蕩之時 瓣應無策 合無備將前因移咨該部申加禁約 不許擅自過江 尤爲便益等 因據此爲照 小邦與大朝雖義同一家 而彼此疆場自有界限…今若任其所爲 不爲禁約 恐疆域無別 邊鎭不安 煩乞貴部曲察咨內事理 自今以後 除有公幹賫持文憑外 令行禁約 不許越境擅行 以安邊民以祛後弊.

62) 1644년부터 조선에 대한 교섭을 6부에서 각각 분담하였다. 월경 사건은 주로 호부 또는 형부에서 주관하였는데, 1653년부터 예부에서 전담하였다(『清會典事例』 권511, 조공 금령 1; 『동문휘고』 원편 권50, 범월 1쪽 참조).

> 것이다. 짐이 조선 주사(舟師)로 하여금 (이들을) 붙잡도록 하였고 또 각 섬에 숨어 있는 자들도 군사를 파견하여 붙잡도록 하였다. 이들이 망행(妄行)하는 것은 전적으로 조선에서 이들을 그렇게 하게 하였으며, 지금까지 그치지 않는 것이다. 사람을 파견하여 엄금하라.63)

즉 월강한 병민은 조선에서 전에 받아들였던 가합선 무리임을 지적하고 월강 소요를 엄금하겠다는 태도를 보였다.

이 밖에 육진 변민에 의해 여진부락인이 살해되는 사건이 발생하였다. 1638년 후라도(厚羅島)에서 살던 여진인 7명이 니응고태(尼應古太)부락과 합류하기 위하여 두만강 연안을 따라가다가 유원 사람들에게 살해되었다. 조선은 이 사건을 즉시 청에 통보하여 다음과 같은 내용의 자문을 보냈다.

> 대조(大朝)가 산천・초목을 재조(再造)한 이래 일시지인(一視之仁)의 은혜를 받았습니다. 연강 일대는 강역의 구분이 있어 자주 금단하여 넘지 못하도록 했는데도 무지하고 간사한 무리들이 물건의 이익을 얻고자 몰래 나쁜 마음을 먹고 사사로이 넘어가 살해하였으니 분통하지 않을 수 없습니다. 범인 김유선(金惟善) 등을 경상(境上)에 효시하여 다른 자들을 경계하겠습니다.64)

이는 사료 상에 나타난 두만강변 월경사건에 관한 최초 기록

---

63) 『청태종실록』 권54, 숭덕 6년 정월 병술.
渡江兵民不過加哈禪等黨類耳 非有他也 向者加哈禪等爲朝鮮國容留 曾在彼境內妄行 朕已有旨令朝鮮舟師收捕 其餘潛居各島者 朕又遣兵收捕 此等妄行皆朝鮮使然 故至今不已 著遣人嚴行禁止.

64) 『동문휘고』 별편 권3, 범월 30~32쪽.
自蒙大朝之再造山川草木 無不囿於一視之仁 而至於沿江一帶疆域有截 常加禁斷 不容踰越 不期無知奸細之徒利其物件 潛生歹心 擅越殺害 委屬痛駭 除將犯人金惟善等梟示境上以警他人外…

이다. 그 이후 1639년 3월 훈융·경원 사람들이 월강하여 여진 부락의 사냥도구와 사냥한 짐승을 빼앗은 일이 있었다. 이에 대한 조선의 자문 내용은 다음과 같다.

> 대개 양국 강계는 띠와 같은 강을 사이 두고 있어 겨울에 얼음이 얼게 되면 육지와 같습니다. 무지한 변민들이 국법을 두려워하지 않고 몰래 넘어가는 자가 없다고 할 수는 없습니다. 순찰이 없는 황량한 곳이고, 이목이 닿지 않으며, 또한 금령이 극히 엄한 때라 사람마다 죽을지언정 승인하지 않기에 범인을 찾고자 해도 찾을 길이 없습니다. 지방관이 평소 엄칙하지 못한 죄도 면할 수 없습니다.[65]

즉 띠와 같은 두만강을 사이에 두고 있고 겨울에 강이 얼게 되면 더욱 금하기 어렵다는 점을 강조하고 지방관을 문책하겠다는 태도를 표명하였다. 이에 대한 청태종의 답변은 다음과 같다.

> 종래 강을 경계로 하므로 비록 날아가던 꿩이 땅에 떨어졌다 하더라도 넘어가서 취해서는 안 된다. 그러나 지금 오히려 변경을 나가 도적질하고 있다. 독수리는 비록 작은 물건이지만, 이처럼 작은 데로부터 큰 데에 이르며, 점차 난계(亂階)가 생길까 우려된다. 마부달(馬夫達)로 하여금 조사하여 주문하도록 하라.[66]

---

65) 『동문휘고』 별편 권3, 범월 33~34쪽.
大槪兩國疆界只隔一衣帶水 而當冬氷合便成陸地 邊民無知不畏國法 間或潛行攙越 不敢保其必無此理 而絶徼荒野耳目所不及 況當禁令方嚴之時 人人抵死牢諱 雖欲查得犯人其亦末由 而地方官常時不能嚴飭之罪在所難免.

66) 위와 같음.
從來以江爲界 縱見倦雉墮地 亦無越取之理 今反出邊偷取 但鵰乃微物 恐由小及大 漸成亂階 故令馬夫達查審回奏 云云.

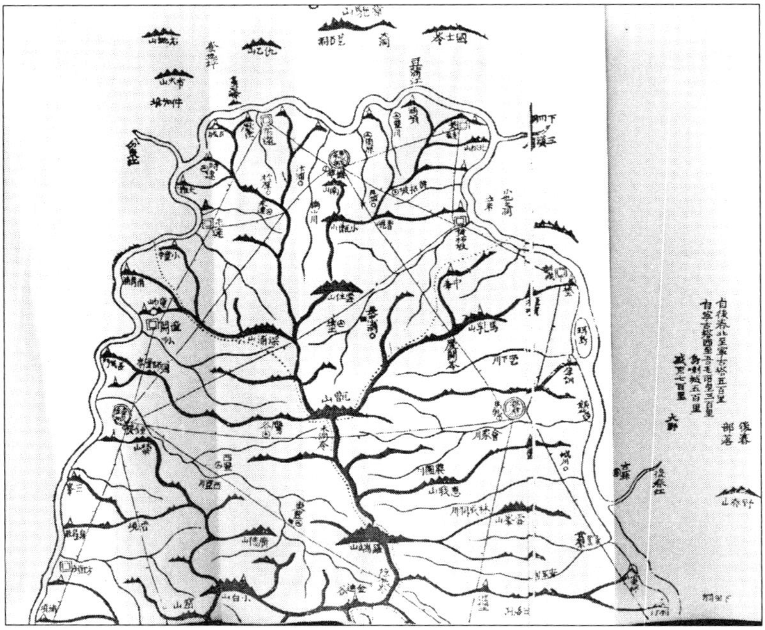

〈지도 1〉 대동여지도 온성 · 경원 · 종성도

즉 조청 양국이 종래로 두만강을 경계로 함을 인정하고 청사 마부달로 하여금 사건을 조사하여 주달하도록 하였다.

이상은 현존하는 사료에 보이는 조청간의 두만강변 월경교섭 사례이다. 정묘호란 시 압록강을 경계로 '각수봉강'한다는 원칙을 정한 데 이어, 두만강변 피차 변민의 월경교섭을 통하여 두만강 국경을 지킬 데 대한 합의를 보았음을 알 수 있다. 특히 조선이 정묘 · 병자 두 차례 호란을 겪으면서 국경 보호의식이 강화되었으며, 압록강 · 두만강 경계에 대한 보호의식으로 나타났다.

제 2 장

입관 초 조선인 월경문제

1. 청조의 입관과 만주에 대한 보호정책
2. 순치연간 조선인 월경문제
3. 삼번의 난과 청의 강경책
4. 청과 조선의 국경의식

제2장 입관 초 조선인 월경문제

1. 청조의 입관과 만주에 대한 보호정책

1644년 4월 7일 섭정왕 도르곤(多爾袞)은 대학사 범문정(範文程)이 속히 중원에 쳐들어가 유구(流寇, 李自成)와 천하를 다투라는 권고를 받아들여 14만 대군을 이끌고 명나라 정벌에 나섰다. 4월 15일 산해관(山海關) 수비를 담당하고 있던 명나라 장령 오삼계(吳三桂)가 항복 의사를 전달해 옴으로써 청병의 입관이 더욱 용이해졌다. 4월 22일 도르곤이 14만 청병을 이끌고 산해관에 이르렀을 때 오삼계의 4만 병사가 합세하여 18만 대군이 파죽지세로 북경으로 향하였다. 4월 30일 이자성 군대가 북경성을 뒤로 하고 섬서(陝西)로 도주하자 청군은 5월 2일 북경성에 진입하였다. 5월 11일 도르곤은 여러 왕・패륵(貝勒)과 함께 북경으로의 천도를 결정하여 중원 통일의 기반을 마련하고자 하였다. 8월 20일 순치제(1644~1661)가 성경(盛京)을 떠나 북경으로 향함으로써 천도가 실시되었다.[1)]

『조선왕조실록』에는 청조의 천도과정이 상세히 기록되어 있다. 1644년 8월 국왕이 청에 사신으로 다녀온 이래(李秾)에게 청인의 이주 상황에 대해 묻자 이래가 답하기를 "가족을 거느리고 이주

1) 『청세조실록』 권4, 순치 원년 4월 신유・갑자・을축・임신・을묘・신사; 5월 기축・정묘; 8월 을해; 戴逸 주편, 『簡明清史』(上), 人民出版社, 2004, 106쪽.

하는 행렬이 끝없이 이어졌고 봉황성(鳳凰城) 호인들까지 이주하였습니다. 사람들은 대개 땅에 안주하고 이사하는 것을 싫어합니다. 하물며 심양에 풍년이 들어 많은 사람들이 원성이 높았습니다."[2)]

같은 해 9월 세자를 배동하여 북경으로 향하던 빈객 임광(任絖)이 요하(遼河) 일대에서 다음과 같이 보고하였다.

> 황제의 일행이 앞에서 가고 여러 왕과 팔고산(八高山) 및 그들 가족의 짐수레가 뒤를 이어 길을 가득 채웠습니다. 양궁(세자와 세자빈)은 맨 뒤에서 천천히 전진하고 있었습니다. 이로써 계산하면, 앞에 아직도 1,600여 리가 있는데 한 달간에는 도착할 수 없을 것 같습니다. 밖에 노출되고 산을 넘고 강을 건너며, 윗사람과 아랫사람이 모두 힘겨워하는 모습은 형언하기 어렵습니다.[3)]

청황실과 귀족, 그들의 가족들, 그리고 조선의 세자 일행이 노숙하면서 힘겹게 전진하는 모습을 그리고 있다.

청조가 천도를 시작한 세 번째 해에도 이주가 계속되었다. 1646년 2월 회환 동지사가 의주에서 치계하기를 "심양 농민들이 모두 북경으로 이사하였으며, 산해관으로부터 광녕(廣寧)에 이르는 10여 일정에 남녀가 서로 부추기고 차바퀴가 서로 마주쳤습니다"고 하였다.[4)]

---

2) 『인조실록』 권45, 인조 22년 8월 무인.
率其家屬搬移者相續 而並與鳳凰城胡人而遷之 人皆安土重遷 且瀋中禾稼頗登故多有怨苦者云.

3) 『인조실록』 권45, 인조 22년 9월 신묘.
帝行在前 諸王八高山及其家屬輜重繼之 彌滿道路 兩宮之行最在於後 寸寸前進 以此計之則前路一千六百餘里 一朔之內似難得達 暴露跋涉 上下艱苦之狀有難盡言.

4) 『인조실록』 권47, 인조 24년 2월 임진.
瀋陽農民皆令移居北京 自關內至廣寧十餘日程 男女扶攜 車轂相擊.

이상에서 본 것처럼 청의 중원 입관은 황실·귀족뿐만 아니라 팔기 관병과 그 가족·노복, 그리고 일반 농민을 총망라한 거족적인 대이동이었음을 알 수 있다. 청은 극히 적은 수의 팔기병을 만주에 배치하였다. 1644년 만주의 팔기 관원이 103명, 병사가 1,500명이었다.[5)]

입관 후 청은 통일전쟁에 여념이 없었기 때문에 만주를 돌볼 겨를이 전혀 없었다. 이자성 농문군의 잔여부대를 소멸하고 남명정권을 차례로 멸망시킨 후 근본지로서의 만주를 충실히 할 필요성을 느꼈다. 명청간 수십 년의 전쟁으로 황폐해진 요동의 경제를 복구하고 후방을 공고히 하기 위하여 1653년부터 '요동초민개간령(遼東招民開墾令)'을 반포·실시하였다. 그 상세한 내용은 다음과 같다.

① 요동에 한인(漢人) 100명을 초래하여 땅을 개간한 자에 대해서는 문관일 경우 지현(知縣)을 제수하고 무관일 경우 수비(守備)를 제수한다.

② 60명 이상을 초래한 자에 대해서는 문관일 경우 주동(州同)·주판(州判)을 제수하고 무관일 경우 천총(千總)을 제수한다.

③ 50명 이상을 초래한 자에 대해서는 문관일 경우 현승(縣丞)·주부(主簿)를 제수하고 무관일 경우 백총(百摠)을 제수한다.

④ 한인을 초래한 수가 더 많은 자에 대해서는 100명당 1급씩 올려 준다.

⑤ 초래된 한인에 대해서는 1구에 매달 양곡 1두, 땅 1쌍에 종자 6승, 백 명당 소 20마리를 준다.[6)]

요컨대 한인을 초래한 자에 대해 관직을 제수하고 초래된 한인에 대해 구량·종자·소 및 기타 농기구를 주는 우대정책을 실시하

---

5) 佟冬 주편, 『중국동북사』 제4권, 1987, 1496쪽.
6) 『성경통지』 권23, 호구, 1736, 1쪽.

여 요동지역의 땅을 개간하여 청의 후방을 충실히 하고자 하였다.

이와 동시에 한족 민호를 관리하기 위하여 청조는 요동과 요서지역에 행정기구를 설치하였다. 1653년에 요양부(遼陽府)를 설치하여 요양·해성(海城) 두 현을 관할하게 하였다. 1657년 요양부를 없애고 봉천부(奉天府)를 개설하였으며 요양현을 요양주(州)로 승격하였다. 1662년 요서의 금주(錦州)에 금현(錦縣)을 설치하였다. 1664년 요동지역에 승덕(承德)·개원(開原)·철령(鐵嶺)·개평(開平) 4현을 설치하였다. 요서지역에는 광녕부(廣寧府)·광녕현(廣寧縣)·영원주(寧遠州)를 설치하고 얼마 후 광녕부를 없애고 금주부를 개설하였다. 그리하여 강희연간까지 요서의 1부 3주현(금주부·금현·광녕현·영원주)과 요동의 1부 6주현(봉천부·요양주·해성·승덕·개원·철령·개평)의 행정체계를 이루었다. 이와 같은 민치기구는 봉천부윤(奉天府尹)의 관할하에 두었다. 그리하여 봉천장군이 군정을 총괄하고 봉천부윤이 민정을 관할하는 이원체제를 형성하였다.[7]

왕조의 발흥지인 만주지역을 타 민족으로부터 격리시키고 만주의 초(貂)·삼의 이익을 독점하기 위하여 입관 초 또 하나의 중요한 조치가 유조변을 조성하는 것이었다. 유조변은 성경노변(老邊)과 길림신변(新邊)으로 나뉘며, 전자가 순치대(1644~1662)에 조성되었고 후자가 강희대(1662~1722)에 조성되었다. 순치대에 조성된 성경 노변은 또 동단과 서단으로 나뉘며, 서단이 산해관으로부터 개원 동북쪽 위원보(威遠堡)에 이르고, 동단이 위원보로부터 봉황성을 거쳐 바다에 이르렀다.[8] 성경노변과 길림신변은 위원보에서 만나 '인(人)'자형을 이루었다.

7) 『중국동북사』 제4권, 1281~1293쪽.
8) 楊樹森, 『淸代柳條邊』, 遼寧人民出版社, 1978, 34~35쪽.

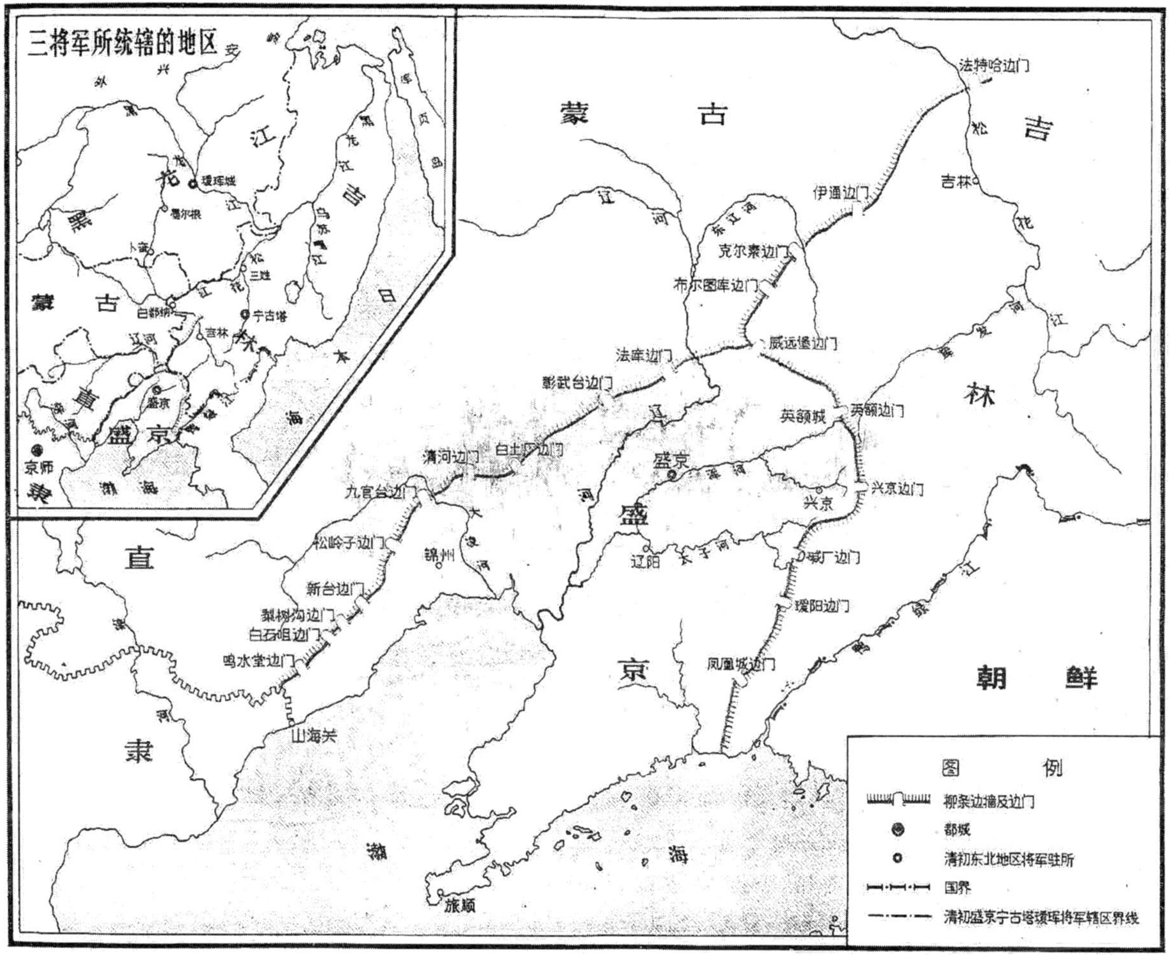
三将军所统辖的地区
蒙古
吉林
朝鲜
盛京
直隶
法特哈边门
伊通边门
克尔素边门
布尔图库边门
威远堡边门
法库边门
彰武台边门
白土厂边门
清河边门
九官台边门
松岭子边门
新台边门
梨树沟边门
白石咀边门
鸣水堂边门
英额城
英额边门
兴京边门
兴京
碱厂边门
瑷阳边门
凤凰城边门
盛京
辽阳
锦州
吉林
山海关
旅顺
图例
柳条边墙及边门
都城
清初东北地区将军驻所
国界
清初盛京宁古塔瑷珲将军辖区界线
瑷珲城
宁古塔
京师

〈지도 2〉 유조변 표시도[9]

성경노변 서단이 1651년에서 1654년경에 조성되었으며 몽고 유목민이 요동의 농경지대로 들어오는 것을 막기 위해서였다. 노변 동단은 청태종 시 1638년부터 명대의 요동 변장(邊牆)을 이용하여 봉황성으로부터 함창(鹹廠) 변문까지 수선한 것을 1658년·1659년경에 다시 개원 위원보까지 수축하여 누르하치 흥기 시 최초 근거지인 흥경과 조상의 능인 영릉(永陵)을[10] 유조변 내에 포함시켰다.[11]

노변 동단은 북쪽으로부터 위원보문·영액문(英額門)·흥경문·함창문·애양문(靉陽門)·봉황성문 등 여섯 변문이 설치되었고 변문에 갑사 10여 명을 두어 인삼과 초피를 사사로이 협대하는 자를 조사하였다.[12] 노변 동단은 조선 변경과 가까이 있어 조선인들이 압록강 이북 유조변 내로 잠입하는 것을 막는 역할도 했다.

유조변 조성과 함께 청조는 유조변 밖에 있는 삼장, 채주하(採珠河, 진주를 채취하는 하천), 특산물이 산출되는 공산(貢山) 등을 보호하기 위하여 봉퇴(封堆)를 세워 금지지역으로 획정하고 한인(漢人)은 물론, 조선인의 잠입을 엄금하였다. 유조변에는 변문 갑사가 출입자를 검색하였을 뿐만 아니라, 계절에 따라 유조변 밖에 병사를 파견하여 사사로이 인삼을 캐거나 초피 또는 녹용을 채취하는 자를 단속하고 위반자를 처벌하였다.[13] 인삼 투채자의 경우 『청회전(淸會典)』에 두목을 참살하고 수종자를 처벌

9) 楊樹森, 앞책에서 재인용.

10) 영릉(永陵)은 흥경성 서북쪽 10리 지점인 계운산(啓運山)에 있다. 처음에는 누르하치의 부와 조부가 묻혀 흥경릉이라고 칭했는데, 1658년 누르하치의 증조와 6세조를 이곳에 부장(附葬)한 후 그 이듬해 영릉이라고 개칭하였다(『嘉慶重修一統志』, 興京, 3~4쪽).

11) 楊樹森, 앞책 34~35쪽; 『중국동북사』 제4권, 1393쪽 참조.

12) 『중국동북사』 제4권, 1390~1391쪽 참조.

13) 李治亭 주편, 『東北通史』, 中州古籍出版社, 2003, 490쪽.

한다고 규정하였다.14)

순치연간 인삼 채취는 관(官)에 의한 채취 즉 관채(官採)만 허용되고 민간인의 채취 즉 민채(民採)가 허용되지 않았다. 관채는 타생오라(打牲烏喇)를 통한 채삼, 팔기병사를 동원한 채삼, 왕공귀족의 채삼 등 세 가지 형태가 있었다. 팔기귀족의 채삼을 감독하기 위하여 인표제(印票制)와 분산제(分山制)를 실시하여 상호간에 경계를 넘지 못하도록 하였다. 『유변기략(柳邊紀略)』(楊賓)에 의하면, 각 기(旗)는 무려 104처의 채삼지가 있으며 두 개 이상의 기가 한곳에서 동시에 채삼하는 경우를 고려하면 80여 처의 삼산이 있다고 하였다. 이러한 삼산은 대부분 노변 동단에서 백두산 사이에 집중되었으며, 다음으로 길림지역과 영고탑에서 삼성(三姓) 사이에 집중되었다.15)

지나친 채취로 성경·영고탑의 자연삼이 곧장 고갈되었으며 삼장이 점차 동북쪽으로 이동되었다. 1680년대 우수리강 중상류 지역에서 새로운 삼원이 발견되면서 해마다 수만 명에 달하는 채삼자가 유조변 밖에 있는 삼장으로 향하였다. 이들 중에는 많은 사채자가 끼어 있었다. 청조는 부득불 민채를 허용하기에 이르렀다. 인표를 발급하고 대신 인표당 인삼 10냥을 납부토록 하였다. 이와 동시에 인표 없이 인삼을 투채하는 것을 막기 위하여 형벌을 강화하였다. 강희연간 인삼을 투채한 포두(鋪頭)를 교감후(絞監候)에 처하며, 돈을 내어 많은 사람을 모아 인삼을 투채한 자에 대해서는 수창자(首倡者)의 예에 따라 참하고 가축 등을 관에 몰수하였다. 이 밖에 1714년에 반포한 황지(皇旨)에는 인삼을 투채한 수창자는 양쪽 힘줄을 끊어 버리고 수종자는 한쪽 힘

14) 『光緒大淸會典事例』 권233.
15) 『중국동북사』 제4권, 1577쪽.

줄을 끊어 버린다고 규정하였다.[16] 자료에 의하면, 1723년 영고탑에 가서 인삼을 투채한 이선장(李先章) 등 18명에 대해 양쪽 힘줄을 끊어 버렸고, 이대(李大) 등 76명에 대해 한쪽 힘줄을 끊어 버리는 혹형을 실시하였다.[17]

위장(圍場)에 들어가 수렵하는 것도 허용하지 않았으며, 상응하는 처벌 조례를 정하였다. 1721년 위장에 들어가 사슴을 사냥한 자에 대해 가호(枷號) 3개월, 편(鞭) 100에 처했다.[18] 1827년에 편찬된 『길림외기(吉林外記)』에 의하면, 위장에 들어가 생축 10마리 이상을 수렵한 자는 장 100을 치고 유(流) 3,000리에 처하며, 20마리를 수렵한 자는 신강(新疆) 우루무치(烏魯木齊) 등지에 유배하여 농사를 짓게 하며, 30마리 이상을 수렵한 자는 우루무치 등지에 유배하여 병정의 노로 삼으며, 1~5마리를 수렵한 자는 장 100을 치고 도(徒) 3년에 처하며, 5마리 이상을 수렵한 자는 가호 1개월을 더한다고 정하였다.[19]

한편 1667년 청에서 '요동초민개간령'을 폐지한 것을 만주에 대한 봉금의 시작으로 간주해야 하는지에 대한 학계의 의견이 서로 엇갈린다. 한국학계의 경우 이를 봉금의 시작으로 간주한다. 그러나 중국학계의 경우 여러 가지 부동한 설이 있다.[20] 첫째, 1649년(순치 6)설이다. 이해에 "한인(漢人)을 구외(口外, 내몽고지역)로 데리고 나가는 것을 금한다"고 규정한 것을 봉금의 시작으로 간주한다. 둘째, 순치말년설이다. 순치말년에 유조변 서단을 산해관 장성과 연결시켜 놓은 것을 봉금의 시작으로 간주

16) 『중국동북사』 제4권, 1574~1579쪽 참조.
17) 『宮中檔雍正朝奏摺』 제2책, 臺北國立故宮博物院, 1977, 172~173쪽.
18) 『雍正朝漢文朱批奏摺彙編』 제1권, 中國第一歷史檔案館 정리, 429쪽.
19) 薩英額, 『吉林外記』 권5, 85쪽 참조.
20) 張杰, 「試論淸前期的東北封禁」, 『社會科學輯刊』, 遼寧社會科學院, 1994년 5기.

한다. 셋째, 1667년(강희 6)설이다. '요동초민개간령'을 폐지한 것을 봉금의 시작으로 간주한다. 넷째, 1740년(건륭 5)설이다. 병부시랑(兵部侍郎) 서혁덕(舒赫德)이 황명을 받들고 관내지역 한인이 육로 또는 해로를 통해 봉천으로 들어가는 것을 금하는 8조항을 내놓은 것을 봉금의 시작으로 간주한다. 본서 역시 1740년설을 따르고 있음을 미리 밝혀 둔다.

이처럼 1667년(강희 6)설을 따르지 않고 1740년(건륭 5)설을 따르게 된 것은 다음과 같은 이유에서이다. 1667년 청조가 '요동초민개간령'을 폐지한 것은 황지개간의 성적에 따라 관직을 제수하는 데 따른 폐단이 너무 심하기 때문이었다. 그 결과 요동뿐만 아니라 중국 내지 사천(四川)·섬서(陝西) 두 성(省)을 제외한 모든 성에서 초민개간령이 폐지되었다. 그러나 관내 한인이 요동에 들어가 땅을 개간하거나 거주하는 것을 완전히 막지 않았으며, 초민(招民) 개간의 기존 정책에는 변함이 없었다. 관내 한인들이 산해관을 거쳐 요동으로 나가려고 할 경우 사전에 본 지방 아문에서 인표를 얻어 산해관에 기록을 남기면 나갈 수 있었다. 『유변기략』에 의하면 기인(旗人)은 만문표(滿文票)를 가지고 화돈대북아(和敦大北衙)에 가서 기록하고 한인은 한문표(漢文票)를 가지고 통판남아(通判南衙)에 가서 기록하고 나갔다 한다.[21]

강희중기 이후 특히 삼번의 난이 평정된 이후, 전국의 형세가 점차 안정되고 사회경제가 회복·발전되면서 인구가 늘어나고 게다가 토지겸병·자연재해 등으로 인하여 토지를 상실한 농민들이 유민으로 전락하였다. 관내지역 유민들은 인구가 희소한 만주지역으로 유입하게 되었고 따라서 만주의 민호(漢人을 일컬음)

---

21) 楊賓, 『柳邊紀略』 권1, 5쪽.

수가 늘어났다. 1683년 봉천 민적(民籍)에 편입된 민호가 28,724정(丁) 143,620구(口)였고, 1734년에는 47,476정 237,380구였다. 60년간 배가 불어난 셈이다. 그러나 이 수치는 입적한 민호에 한하며 입적하지 않은 자들까지 고려할 경우 더 많은 한인이 봉천지역으로 유입되었음을 알 수 있다.[22)]

비록 산해관·유조변·유조변외 카룬에서 행인을 검사한 것은 사실이지만, 이는 인삼·초피 등 진귀한 특산물을 사사로이 협대하는 자에 한했으며, 한인이 만주에 들어가 땅을 개간하고 정착하는 것을 막지 않았다. 이는 뒷시기 건륭대(1736~1795)의 경우 한인의 만주 유입을 원천적으로 금하는 봉금책과는 구별된다.

2. 순치연간 조선인 월경문제

1) 조선인의 월경 및 교섭상황

청의 압력으로 인조대부터 조선은 월경자 및 지방관에 대한 처벌규정을 정하였다. 월경 수창자는 경상에 효시하고 수종자는 유배하며, 범인 원거주지 지방관과 월경처 지방관을 변지에 유배하며, 관찰사와 절도사를 혁직·강직 또는 벌봉에 처하였다.

현종대에 이르러 강변 토졸배들이 월경채삼으로 인하여 변지에 유배되고 강변 진보가 점차 허술해지자 이를 막기 위하여, 수종자에 대한 처벌규정을 수정하였다. 즉 수종자는 3차 엄형하여 석방하며 재범자는 5차 엄형하여 본진에 두며 3범자는 경상에

22) 刁書仁, 「論淸代東北流民的流向及對東北的開發」, 『淸史硏究』, 1995, 3기, 32쪽.

효시한다고 규정하였다.[23)]

이처럼 엄형으로 월경자를 다스렸지만 서북 양도의 월경 폐단은 쉽게 근절되지 않았다. 서북 변지는 지세가 높고 기후가 한랭하여 농작물 성장에 불리하였으며, 변민들은 주로 수렵과 채삼으로 생계를 유지하였다. 특히 1644년 청조의 거족적인 입관으로 압록강·두만강 이북 대부분 지역이 무인지역으로 변함에 따라 변민들의 월경채삼·수렵활동이 더욱 용이해졌다.

이 시기 『동문휘고』 『조선왕조실록』의 월경 기록을 살펴보면 다음 <표 2>와 같다. 첫째, 조선인이 압록강 이북으로의 월경이 집단 채삼이 위주인 데 비해, 두만강 이북으로의 월경이 집단 수렵 또는 소수인에 의한 채삼으로 나타났다. 이는 이 시기 청 측 삼산이 주로 압록강 일대에 집중된 것과 관련된다.

둘째, 거의 모든 월경사건을 청에서 먼저 조선에 알려 옴으로써 교섭이 이루어졌다. 즉 청의 압력으로 조선에서 피동적으로 조사에 임하고 있음을 말해 준다.

셋째, 사건 조사를 위하여 청에서 여러 차례 사문사(査問使)를 파견하였고 황제가 칙서를 내려 엄금할 것을 요구하였다. 이는 변외(邊外, 유조변 바깥쪽의 약칭)지역에 분포된 삼장을 보호하기 위한 것도 있겠지만, 사건 조사를 빌미로 조선에 대한 감시를 강화하기 위해서였다. 특히 도르곤 집정기가 그러하다. 초기 조선에 파견된 사신들 예컨대 마부달, 용골대, 통관 정명수(鄭命守) 등은 조선의 내정을 감시하는 임무를 맡았다. 통계에 의하면 사신파견 횟수와 빈도가 가장 높은 시기가 순치연간이었다. 순치 2년(1645)부터 광서 6년(1880)까지 조선에 파견된 칙행(勅行)이

---

23) 『현종개수실록』 권25, 현종 13년 정월 임신.

151회, 연평균 0.64회이다. 이 중 순치연간이 43회, 연평균 2.4회이며, 청대 연평균의 4배에 달했다.

〈표 2〉 순치연간 조선인 월경교섭

내용 연대	소속지방	월경목적	청조의 교섭	조선의 처벌	연강
1645년 2월 순치 2	강계	채삼	월경자 압송	강계부사를 가(枷)를 씌워 구류함	압록강
1645년 2월 순치 2	미전·훈융 창성	채삼	월경자 압송	미전첨사·훈융첨사·창성부사 방면	압록강 두만강
1646년 4월 순치 3	갑산부 운총 토병 10명	수렵	자문으로 통보	월경자 7명 절도(絶島)에 정배, 운총만호 혁직	압록강
1647년 2월 순치 4	볼하 3명	채삼	월경자 압송	볼하첨사 곽덕립(郭德立) 효시	두만강
1648년 순치 5	회령 12명 종성 11명	수렵	사문사 파견	병방군관 2명 효시, 월경자 23명 장처(杖處)함	두만강
1649년 1월 순치 6	육진 변민 2명	강북에 있는 뢰달호(賴達胡)에게 음식을 갖다 줌	사문사를 파견하지 않고, 자문으로 통보함	처벌하지 않음	두만강
1652년 1월 순치 9	벽동 23명	채삼	사문사 파견	주창자 3명과 도훈도 효시, 대파아권관 유배, 벽동군수 벌봉(罰俸) 1년에 처함	압록강
1654년 순치 11	경원 아산 90여 명	벌목	사문사 2회 파견, 은사(恩赦) 실시	주창자 3명 효시, 기타 월경자 방면, 도감관·경원부사·함경도 감·병사 혁직	두만강
1660년 12월 순치 17	강계 벌등포 토인 14명	채삼	사문사 파견하지 않음. 은사 실시	월경사건을 청에 통보함. 월경자 11명 면사(免死)됨. 자성강 파수·상토첨사·만포첨사·강계부사 혁직됨.	압록강

2) 월경사건 처리방식의 제도화

청의 중원 입관 후 조청간의 조공책봉관계가 정립되는 속에서 월경사건에 대한 처리방식이 점차 제도화되었다. 이는 다음과 같은 면에서 나타났다.

첫째, 집단적인 월경채삼이나 수렵의 경우 청에서 사문사를 파견하여 국왕 또는 삼공·육경과 함께 월경자 및 소속 지방관에 대해 공동조사를 행하고 상응한 처벌을 정한 후 청에 통보하여 황제의 최종 재가를 얻었다. 사문사를 파견하는 것은 사건조사에 대한 감시를 뜻하며, 조선에 압력을 가하기 위해서였다. 구체적인 사례로써 이를 살펴보기로 하자.

1648년 회령에서 12명이 두만강을 건너 청 경내인 고라호(古喇湖) 지방에 들어가 사냥하다가 순시하던 청 병정에게 잡혔다. 또 종성에서 11명이 강을 건너가 사냥하다가 같은 병정에게 잡혔다. 이 두 사건을 조선에 알리는 청 호부(戶部) 자문의 내용은 다음과 같다.

> 지방은 각기 강계(疆界)가 있으며 월경하여 이익을 도모하는 데 대해 분명히 엄금하도록 자회(咨會)한 지 오래다. 지금 조선인이 함부로 변강을 넘어 사사로이 수렵을 행하고 있으니 법을 무시함이 심하다. 이미 (이들을) 붙들었으므로 (본국으로) 돌려보내 조사하고 조선에 합자(合咨)하여 확실히 조사하여 죄를 정하도록 하라.[24]

호부 자문에 이어 사문사가 곧 나와 조선의 삼공·육경 및 금

24) 『동문휘고』 원편 권49, 범월 3~4쪽.
爲照 地方各有疆界 越境營利明有嚴禁 久已咨會 今該國人乃敢擔越邊疆私行捕獵 蔑法殊甚 旣經捉獲 相應發回查審 爲此合咨貴國 煩爲審明定罪施行 云云.

부・양사 장관과 함께 월경자와 소속 지방관에 대해 공동조사를 행하였다. 조사 결과 병방군관이 부사가 없는 틈을 타서 제사용으로 월경 수렵을 지시한 사실이 드러나 효시되고, 기타 월경자 23명은 장처(杖處)되었다.[25)]

이 밖에 1652년 1월 벽동에서 23명이 압록강을 건너 정백기(正白旗) 삼산인 동아서우이마산(東阿西牛爾蘑山)에 들어가 채삼하다가 붙들렸다. 사문사 파견에 관한 칙서의 내용은 다음과 같다.

> 짐이 생각하건대 이미 정한 지계(地界, 팔기귀족의 지정 삼산)에 함부로 들어가 채삼하고 수렵하는 것을 허용하지 않는다는 금령을 내린 지가 오래다. 지금 심향의(沈向義-벽동 채삼자) 등이 금례를 어기고 월경 채삼한 것은 도리에 어긋난다. 도삼(盜蔘)한 일은 작으나 봉강의 일은 크다. 만약 이를 금하지 않게 되면 범하는 자가 더욱 많을 것이므로 내원학사(內院學士) 소납해(蘇納海), 매륵장경(梅勒章京) 호준(胡俊), 이사관(理事官) 구을마홍(谷兒馬洪, 정명수) 등으로 하여금 월경자들을 데리고 국왕 앞에 가서 조사하고 죄를 정하여 주문하도록 하라.[26)]

즉 사문사 3명을 파견하여 국왕과 함께 월경자에 대한 공동조사를 행한다는 것이다. 월경사건 조사를 위하여 칙서를 내보낸 것이 이번이 처음이다. 이는 다수의 변민들이 팔기의 지정 삼산에 들어가 채삼한 데 따르는 엄중성 때문이겠지만, 그 전해인 1651년에 순치제가 친정한 것과도 무관하지 않다. 이로써 황제의 위

---

25) 『동문휘고』 원편 권49, 범월 4~5쪽; 『비변사등록』 12책, 인조 26년 3월 5일.

26) 『동문휘고』 원편 권49, 범월 6~7쪽.
朕思已定地界 不許擅越採捕 禁令已久 今沈向義等違禁例而越境採蔘 殊不合理 盜蔘事小 封疆事大 若不禁約後犯必多 今差內院學士蘇納海・梅勒章京胡俊・理事官谷兒馬洪等 賫帶被獲之人至王前 訊明擬議具奏 故諭 順治九年十一月初七日.

엄을 보여 주고자 한 것일 수도 있다.

청사가 서울에 도착하자 조선의 삼공・육경・대사헌・지의금・승지 등이 청사가 머문 관소에 나아가 범인에 대한 공동조사를 행하고 상응한 처벌을 정했다. 이어 조선은 사은겸진주사(謝恩兼陳奏使)를 파견하여 황제가 칙서를 내린 데 대해 사은을 표하여 방물(方物)을 진헌함과 동시에 범인의 공사(供辭)와 처벌을 정한 것을 통보하였다.[27] 주창자 류춘립(劉春立) 등 3명과 기타 월경자 및 월경을 묵인한 대파아권관(大坡兒權管)을 사죄에 처하며, 벽동군수를 장배(杖配)하며, 감사와 병사를 파직할 것을 제의하였다.[28] 이에 대해 청조의 형부(刑部)・도찰원(都察院)・대리사(大理寺) 등 삼법사(三法司)의 논의를 거친 후 황제가 최종 재가를 내렸다. 그 결과를 보면, 주창자 3명과 마상선(馬尙船)을 지키던 도훈도(都訓導)를 교형(絞刑)에 처하며, 대파아권관의 사죄를 면하며, 기타 월경자들을 유배하며, 벽동군수를 벌봉(罰俸) 1년에 처하며, 감・병사에 대한 처벌을 면하도록 하였다.[29] 황제의 최종 재가에서 처벌이 경감되었음이 확인된다. 특히 지방관에 대한 처벌이 경감되었다. 이로써 황제의 호생지덕(好生之德)을 보여 주고자 하였다.

둘째, 소수인에 의한 월경벌목이나 수렵에 대해서는 사문사를 파견하지 않고 조선의 독자적인 조사에 맡겨 공사(供辭)를 얻은 후 청에 통보하였다. 이에 대해 청 삼법사의 논의를 거친 황제의 최종 재가가 내렸다. 예컨대 1646년 4월 운총 토병 10명이 영고탑 소속 연목연고(連木連庫) 지방에 들어가 수렵하다가 청 갑군

---

27) 『비변사등록』 15책, 효종 3년 12월 18일; 『효종실록』 권10, 효종 4년 정월 무진, 갑신.

28) 『동문휘고』 원편 권49, 범월 9쪽.

29) 『동문휘고』 원편 권49, 범월 12~13쪽.

에게 잡힌 일, 1649년 1월 육진 변민 2명이 뢰달호(賴達胡)에게 고기와 쌀을 갖다 주기 위해 두만강을 건넌 일에 대해서는 청측 자문과 조선의 회자(回咨)로써 사건을 마무리하였다.[30]

셋째, 월경문제에 대한 청의 태도가 점차 관용적이 되었다. 특히 지방관에 대한 처리가 그러하다. 입관 초만 하더라도 지방관을 효시한 사례가 있었다. 1647년 2월 청사가 월경채삼자 3명을 압송해 오고 이들과 지방관을 서로 대질케 하면서 압력을 가하자 조선은 부득불 월경채삼을 종용한 볼하첨사 곽덕립을 효시하고 월경자들을 유배하였다.[31] 이처럼 변민이 월경한 일로 지방관을 효시한 것은 그 이후의 시기에는 찾아볼 수 없는 것으로서 월경사건 처리의 초기적인 특징이었다. 그 이후에는 지방관에 대한 처벌을 유배, 벌봉 또는 혁직에 그쳤다.

한편 은사(恩赦)제도를 적용하여 월경자와 지방관에 대한 처벌을 경감하였다. 1645년 미전・훈융・창성 사람들이 월경채삼한 일에 대하여, 비록 미전첨사・훈융첨사・창성부사를 추문(推問)하였지만 청의 중원 입관에 따른 대사(大赦)로 방면(放免)하였다.[32] 1649년 육진 변민이 뢰달호에게 고기와 쌀을 갖다 주기 위해 두만강을 건넌 일에 대해서는 누르하치 4대조를 황제로 추존하는 은사에 해당하여 방면하였다.[33] 1660년 8월 벌등포 토인 14명이 월경채삼하다가 청인과 충돌한 사건이 비록 집단적인 월경채삼임에도 불구하고 1661년 정월 9일 강희제가 등극한 사전(赦前)에 해당하여 처벌을 면해 주었다.[34]

---

30) 『동문휘고』 원편 권49, 범월 2~5쪽.
31) 『인조실록』 권48, 인조 25년 2월 경자; 『비변사등록』 11책, 인조 25년 2월 19일, 3월 4일.
32) 『비변사등록』 9책, 인조 23년 2월 24일.
33) 『동문휘고』 원편 권49, 범월 5쪽; 『청세조실록』 순치 5년 11월 8일.

3. 삼번의 난과 청의 강경책

1) 삼번의 난과 양국관계

1644년 중원 입관 후 청은 이자성 농민군의 잔여 세력을 소멸하고 남명정권에 대한 토벌에 여념이 없었다. 1662년 남명 영력(永曆)정권을 붕괴시킨 후 1670년에는 '환우일통(寰宇一統)'을 선포하였다.[35] 그러나 이러한 통일 형세는 오래가지 못하였다. 명나라 투항장이며 내지 정복과정에서 큰 공로를 세웠던 평서왕(平西王) 오삼계, 정남왕(靖南王) 경정충(耿精忠), 평남왕(平南王) 상가희(尙可喜) 등 이른바 삼번(三藩) 왕이 중국 남방을 차지하고 점차 청 조정과 맞설 수 있는 할거세력으로 성장하였다. 1673년 11월 평서왕 오삼계가 강희제의 철번령(撤藩令)에 맞서 운남에서 반란을 일으킨 데 이어, 정남왕 경정충이 복건에서, 평남왕 상가희의 아들 상지신(尙之信)이 광동에서 반란을 일으켰다. 이들에 호응하여 광서 · 귀주 · 사천 · 섬서 · 감숙 · 영하 등 성(省)에서도 반란에 가세하였다. 그리고 대만을 점거하고 있던 정금(鄭錦)이 복건 · 광동 등지로 쳐들어왔다. 삼번의 난(1673~1681)은 중국의 서남 · 동남 · 서북 10개 성의 넓은 지역에 걸쳐 일어났다. 그리하여 청의 중원 통치는 일대 위기에 직면하게 되었다.[36]

삼번의 난의 소식이 조선에 전해온 것이 난이 발생한 다음해인 1674년 3월이다. 같은 해 6월 청나라 고부사(告訃使)가 조선

34) 『동문휘고』 원편 권49, 범월 48~49쪽; 권63, 범금 20~25쪽.
35) 『청성조실록』 강희 10년 9월 3일 신해; 『현종개수실록』 권25, 현종 13년 정월 임자.
36) 王戎笙 주편, 『清代全史』 제2권, 遼寧人民出版社, 1995, 236~254쪽 참조.

에 도착했을 때 군대를 청하러 왔다는 소문이 파다하여 조야 민심이 흉흉하기 짝이 없었다. 난이 일어난 후 청 민심의 불안함도 조선과 별반 차이가 없었다. 심양·북경 일대에서는 조선이 대만의 정금과 합세하여 청을 공격한다는 소문이 떠돌았다.[37)]

삼번의 난은 반청감정이 채 삭지 않은 조선에 있어서 희소식이 아닐 수 없었다. 조선은 청의 국내 형세를 파악하는 데 주력하여 사행원들로 하여금 청 조정의 제주(題奏)·밀보(密報)·당보(塘報)를 얻어 오도록 하였다.[38)] 조정 내에 복수설치를 부르짖는 북벌론이 대두되기도 하였지만 곧 내실을 다지는 온건정책으로 바뀌었고 변경지역에 군비를 강화하였다. 연해지역과 서북변에 진을 설치하고 축성하였다. 국왕은 내장된 전죽(箭竹) 10만 개를 서북 양도에 보내도록 하고 직접 노량에서 열병식을 거행하기도 하였다.[39)]

한편 삼번의 난의 기간 청의 조선에 대한 불신감과 경계심이 증폭되어 강경책으로 일관하였다. 이는 조선의 2회에 걸친 사서변무(史書辨誣) 요구를 거절한 데서 두드러지게 나타났다. 인조반정에 대한 조선의 변무 요구의 발단은 1668년 청에 사행 갔던 복창군(福昌君) 이정(李楨) 등이 북경에서 『진신편람(縉紳便覽)』을 얻어 본 뒤, 청에서 『명사』 찬수에 착수했다는 사실을 알게 되면서부터였다. 이들은 귀국한 뒤 국왕에게 소를 올려, 청에서 『명사』를 찬수할 때 『황명통기(皇明通紀)』 『십육조광기(十六朝廣紀)』 『양조종신록(兩朝從信錄)』 등에 인조반정을 '찬탈'로 기록한

37) 『현종개수실록』 권28, 현종 15년 8월 갑오; 『숙종실록』 권4, 숙종 1년 11월 을해.

38) 『숙종실록』 권1, 숙종 즉위년 11월 병인; 3년 3월 갑오.

39) 『숙종실록』 권4, 1년 9월 신묘; 권5, 2년 4월 을축; 권7, 4년 9월 경술; 권8, 5년 9월 계묘; 권10, 6년 12월 신묘.

내용이 채택되지 않도록 변무를 요구하자고 건의하였다.[40] 이는 국왕의 허락을 받았다. 1676년 조선은 제1차 변무사를 파견하여 『십육조기(十六朝紀)』에 인조반정을 '찬역(簒逆)'으로 기록하고 있으므로 『명사』 편찬 시 이에 대한 서술을 정확히 할 것과 『명사』 인본이 나올 경우 조선에 발급할 것을 요구하였다.[41]

조선의 변무 요구에 대해 청 조정 내 실권파 인물인 색액도(索額圖) 등은 조선이 청의 세가 약한 틈을 타서 허실을 엿보고 있다면서 변무사를 잡아 가두고 사문사를 파견할 것을 제의하였다.[42] 이 건의는 비록 채택되지 않았지만, 청은 조선의 예물을 되돌려 보냈고, 예부는 사서를 구입한 자를 붙들어 엄히 처벌할 것과 국왕에 대해 벌은(罰銀) 5,000냥을 가할 것을 청하였다. 결국 국왕에 대한 벌은이 면해졌고 사금(史禁)을 범한 자도 은사에 해당하여 처벌이 면해졌다.[43]

이로부터 2년 뒤인 1678년 조선은 재차 변무사를 파견하였다. 이에 대해 청은 인조반정에 대해서는 사실에 근거하여 찬수할 것이며, 『십육조기』는 야사에 불과하여 근거로 삼지 않을 것이라고 하면서도, 변무에 대한 확답을 주지 않고 재차 조선의 예물을 되돌려 보냈다.[44]

1726년 조선은 제3차 변무사를 파견하였으며, 사서변무 요구가 드디어 받아들여졌다. 청 예부는 『황명(皇明)십육조기』의 내용이

---

40) 『현종실록』 권21, 현종 14년 2월 신해(한명기, 「17·8세기 韓中關係와 仁祖反正-조선후기의 '仁祖反正 辨誣'문제-」, 『한국사학보』 제13호, 2002, 22쪽 참조); 『동문휘고』 원편 권33, '因購明史陳辨誣巇奏'(김문식, 「조선후기 지식인의 자아인식과 타자인식」, 『대동문화연구』 제39집, 443쪽 참조).

41) 『동문휘고』 원편 권33, 진주(陳奏) 20~24쪽.

42) 『숙종실록』 권6, 숙종 3년 3월 갑오.

43) 『동문휘고』 원편 권33, 진주 20~36쪽.

44) 『동문휘고』 원편 권33, 진주 36~40쪽.

확실히 문제가 있다는 것을 인정하고, 『명사』의 찬수가 끝나기를 기다려 「조선열전」 속에 있는 인조관계 기사를 적어 조선에 주겠다는 방침을 정했다. 황제는 더 나아가 당시 편찬중인 『명사』의 내용 가운데서 조선열전만을 먼저 초록하여 넘겨주라고 지시하였다.45)

이 밖에 청으로부터 저전(低錢)을 무입(貿入)하려는 요구도 "중국에 일이 있는 틈을 타 사단을 일으키려는 것"으로 간주되어 거절당했다. 그 전말을 살펴보면 다음과 같다. 1675년 조선은 재자관(賫咨官)을 파견하여 1656·1657년의 예에 따라 저전을 무입할 것을 요구하였다. 그 상세한 내용은 다음과 같다.

> 본국은 땅이 메마르고 개펄이 많아 재화를 낳을 수 없으며, 금은동석이 없어 무역에 익숙하지 않으며, 구패도폐(龜貝刀幣)의 교시가 없어 의식(衣食)은 다만 포와 곡에 의지합니다. 근래 연속 재해가 들어 곡물이 비싸지고 목화가 부실합니다. 백성은 이익을 얻을 길이 없고 나라의 저축이 경갈되었습니다. 지금의 방도는 다만 전화(錢貨)를 사용하는 데 있으며 이로써 나라가 조금이라도 긴장에서 풀려 날 수 있습니다. 병신(1656)·정유(1657)연간 봉황성 개시에서 저전을 사용하는 것을 허락했으며 (사행이) 귀국할 때 교역할 수 있었습니다. 그러나 얼마 후 폐지되었고 지금까지 청하지 않았습니다. 백성을 위하여 물화를 통하게 하는 것은 매우 급한 일이므로 앞의 사연을 당해 부에 이자(移咨)하며 전화를 무역하는 것을 허락하기 바랍니다. 그럴 경우 더욱 편리하고 이익이 될 것입니다.46)

45) 『청세종실록』 권44, 옹정 4년 5월 기미; 권116, 옹정 10년 3월 무진; 『동문휘고』 원편 권34, 진주 5~8쪽.

46) 『동문휘고』 원편 권45, 교역 27쪽.
本國地磽俗鹵 不産財寶 無金銀銅錫 不慣貿遷 無龜貝刀幣交市 衣食只借布谷而近歲以來連值災荒 穀物轉貴 木花尤枯損不實 民無所資利 國儲益以罄竭 目今通變之計 唯在於試用錢貨 國家少紓 曾在丙申丁酉年間 於鳳凰城開市許用

청 예부는 저전은 국내에서만 사용이 가능하고 외국에서는 사용할 수 없으며, 이는 동(銅)철(鐵)에 대한 금령을 어기는 행위라고 보고 거절하였다. 예부자문의 내용은 다음과 같다.

> 정유연간 부(部)는 내지에서만 제전(制錢)을 마음대로 사용하도록 하였으며, 그들(조선)로 하여금 저전으로 물화를 교역하도록 허용하지 않았다. 하물며 제전의 통행을 금한 지가 오래된다. 또한 『회전(會典)』에 동철 등 금물을 이인(彛人-夷人)에게 팔아 이익을 취하는 자에 대해서는 군기(軍器)를 경외로 유출시켜 사정을 누설한 자에 대해 효시하는 예에 따른다고 정하였다. 지금 국왕이 물화로써 저전을 교역하려는 것은 불가하다.47)

그 이후 대조선 강경론자인 색액도가 이 일에 대해 다음과 같이 평가하였다.

> 조선은 전에 중국에 일이 있다 하여 흔단을 일으키려 하였으며, 차하르부가 반란한 틈을 타서 동을 사들이려 하였으니 그 행동이 괘씸하다.48)

여기에서 차하르부 반란이란 1675년 3월 차하르부 임단한(林丹汗)의 손자 부르니(布爾尼)가 청에 삼번의 난이 일어나고 군비

低錢以便回易 而未久旋廢 迄未再行咨請 爲民通貨事係緊急 合無備將前因移咨該部 許令換貿 尤爲便益.

47) 『동문휘고』 원편 권45, 교역 27~28쪽.
查丁酉年間 部內只許在內地隨用制錢 幷未許將低錢令其交易貿貨 況制錢禁行日久 又會典開載 如將銅鐵違禁等物賣與彛人(夷人)圖利者 此依將軍器出境 因而走洩事情者 梟首示衆等 因擬定在案 今該國王所請貨貿低錢 不便準行.

48) 『강희기거주(康熙起居注)』 강희 19년 7월 10일, 中國第一歷史檔案館 정리, 中華書局, 1981.
朝鮮前因中國有事 意欲生端 遂乘察哈爾部落反叛時 妄希買銅 其情可惡.

가 허술한 틈을 타서 반란을 일으킨 일을 말한다. 비록 한 달도 못 되어 반란이 평정되었지만 청에 있어서 이는 설상가상이 아닐 수 없었다. 이런 때에 조선에서 저전을 무입하려 하였으니 청에서 배신감을 느꼈던 것이다.[49]

위 사실을 통해 삼번의 난의 기간 조선에서 청을 경계하고 방어하였을 뿐만 아니라, 청도 조선을 의심하고 경계했으며, 양국 관계가 경직되었음을 알 수 있다.

2) 1680년 온성인 월경벌목사건

1680년 4월 온성 유원 사람 3명이 두만강을 건너 벌목하다가 청나라 순찰 좌령(佐領)에게 붙잡혔다. 세 사람은 곧 북경에 압송되었고 청에서 사문사를 파견하였다. 이 사건은 기껏해야 변민들이 벌목한다는 명목으로 채삼한 일에 불과하지만 칙서를 내리고 사문사를 파견한 것은 파격적이었다. 같은 해 7월 예부 자문의 내용은 다음과 같다.

> 지금 세 명의 조선인이 금약을 어기고 강을 건너 끈을 만들 나무껍질을 얻고자 한 것은 국왕과 지방관이 정해진 법을 공손히 지키지 않고 아랫사람을 방종하여 금령을 어기고 다니게 하였기 때문입니다. 이는 매우 합당하지 못하며, 국왕도 그 책임을 덜 수 없습니다. …이 일에 대해서도 특별히 관원을 파견하여 (조선에) 가서 국왕과 함께 당해 지방관, 변계관(邊界官)과 범인을 엄히 조사하여 죄를 정한 후 주문하도록 하며, 같은 날 신부(臣部)는 국왕을 아울러 사의(查議)하여 주문하겠습니다.[50]

---

49) 『청성조실록』 권53, 강희 14년 3월 29일 정해; 권54, 4월 7일 을미.

국왕이 소홀히 한 책임을 물어 사의(查議)할 것을 제의한 것은 국왕을 응징하기 위해서였다. 그러나 황제의 태도는 이와 달랐다. 사문사 파견에 관한 칙서의 내용은 다음과 같다.

> 금령을 어기고 월경한 데 대한 규정이 명확하다. 전에 너의 나라 사람이 몰래 물건(유황 범금)을 사서 범금하였고, 또 벌목하고 채삼하였기에 칙서를 내리고 대신을 파견하여 조사하게 하였다. 그러므로 마땅히 스스로 전의 잘못을 깨닫고 더욱 충경을 다해야 한다. 지금 너의 나라 박시웅(朴時雄)·장이립(張以立)·노도소(奴道所)가 금령을 어기고 강을 건너 나무껍질을 도취하다가 영고탑장군이 파견한 순적 좌령에게 붙들렸다. 이는 모두 당해 나라 지방관이 평소에 태만하고 소홀하며 방종하였기 때문이다. 이는 법에 어긋나는 것이며 용서할 수 없다. 지금 특별히 내각학사 겸 예부시랑 희복(希福)·일등시위(一等侍衛) 장니대달이새(壯尼大達爾賽)를 파견하여 너의 나라에 가서 국왕과 함께 금령을 어기고 강을 건넌 자와 지방관이 방종한 사정과 폐단을 상세히 조사하고 확인하여 죄를 정한 후 주문하도록 하라. 이로써 특별히 유시한다.[51]

칙서에는 국왕의 책임을 묻는다는 내용이 없고 다만 지방관이 소홀히 한 책임을 물을 것이라고 하였다. 이는 황제의 최종 재가

---

50) 『동문휘고』 원편 권50, 범월 19~21쪽.
今三名高麗仍違禁過江 討取木皮做繩 俱係該國王該管地方官 不行恪遵定法 縱放下人違禁行走 殊屬不合 朝鮮國王姓某亦難辭咎…今此事亦應特遣官 前往協同朝鮮國王 將該管地方官邊界官及犯人 一竝確行嚴審擬罪 具題之日 臣部將該國王一竝查議具奏.

51) 『동문휘고』 원편 권50, 범월 21~22쪽.
違禁越境定例昭然 向來爾國人盜買犯禁及伐木挖蔘等事 曾經降勅 特遣大臣往勘 自宜痛改前非 益盡忠敬 今爾國朴時雄·張以立·奴道所 違禁渡江盜取木皮被寧古塔將軍差往巡跡佐領拿獲 皆由該國地方官平日怠忽疏縱 有干法紀 難辭其咎 今特遣內閣學士兼禮部侍郎希福·一等侍衛壯尼大達爾賽前往爾國 同王將違禁渡江之人與地方官縱容情弊究審 詳確定罪具奏 特諭.

시 국왕에 대한 처벌을 면하기 위해서였다. 예부의 강경한 입장과 황제의 관대한 태도, 이처럼 엄하면서도 관대함을 보여 주는 것이 청의 대조선 책략의 기본 수법이다.

위 사건은 3명의 조선인에 의한 월경벌목에 불과하지만 청에서 사문사를 파견하고 또 칙서를 내보낸 것은 삼번의 난의 기간 조선의 성의 부족에 대한 응징 조치였다. 이는 대학사 색액도의 아래의 말에서 확인된다. 같은 해 7월 황제가 대신들에게 사문사를 파견해야 할지에 대해 묻자 색액도가 답하기를, "전에 조선은 중국에 일이 있다 하여 흔단을 일으키려 하였으며, 차하르부가 반란한 틈을 타서 허망되게 동(銅)을 사들이려 했으니 그 행동이 괘씸합니다. 응당 징치함을 보여 주어야 합니다. 신은 조사하는 것이 마땅하다고 생각합니다."[52] 즉 사문사 파견을 극력 주장하였다.

삼번의 난의 기간 색액도뿐만 아니라 다른 관원들도 조선의 성의 부족에 불만을 표하였다. 1675년 조선에 사행왔던 청사가 "천하의 형세가 이러하니 동국(東國, 조선)은 반드시 우리를 박대할 것입니다. 오늘 과연 그러합니다"라고 서운함을 표하는가 하면, 청 통관 장효례(張孝禮)는 더 노골적으로 "조선의 일이 괘씸합니다. 오삼계가 반란을 일으킨 후 여러 번(藩)이 모두 조금씩 돕고 있는데 조선만이 전혀 돕지 않습니다.…조선은 모든 요청에 따르지 않고 있으니, 무엇이 아까워서 그러는지 알 수 없습니다"고 말하였다.[53]

같은 해 윤8월 위 사건을 조사하기 위해 청사가 서울에 도착

---

52) 『강희기거주』 강희 19년 7월 10일.
朝鮮前因中國有事 意欲生端 遂乘察哈爾部落反叛時 妄希買銅 其情可惡 今應特示懲創 臣意察審爲是.

53) 『숙종실록』 권3, 숙종 원년 3월 경신 · 신유.

하자 국왕은 남별궁에 나가 청사와 함께 범인에 대한 공동조사를 행하였다. 비록 소수인에 의한 월경벌목에 불과하지만 국왕은 엄벌로써 범인을 처벌할 것을 제의하였다. 월경벌목한 3명을 참형에 처하며, 유원첨사를 혁직 유 3,000리에 처하며, 온성부사를 혁직하며, 함경도 관찰사와 절도사를 강등 5급에 처할 것을 제의하였다.[54] 이에 대해 청 예부에서 국왕이 금단에 소홀히 한 책임을 물어 벌은 만 냥을 가할 것을 청했으나 황제에 의해 면해졌고, 월경자 3명도 면사되어 유배보냈다. 그리고 조선에서 사은의 뜻으로 방물을 보낸 것을 되돌려 보냈다.[55] 사건 발생 당시 강경파의 건의로 사문사가 파견되었지만, 너무 중한 사건이 아니고 또 온건파 명주(明珠) 등이 외국인에 대해 관용적으로 처리하자는 건의가 받아들여져 경하게 처리되었다.[56] 황제의 유연한 태도가 결정적으로 작용했으며, 강경파가 월경사건을 빌려 조선을 징치하려던 목적이 수포로 돌아갔다.

4. 청과 조선의 국경의식

전 근대 조청 양국의 국경의식을 알아보기 위하여 근대 국제법상의 국경 개념을 살펴보면, 국경이란 국가의 영토 범위를 획

---

54) 『숙종실록』 권10, 숙종 6년 윤8월 기해 · 경자; 『동문휘고』 원편 권50, 범월 23~28쪽.

55) 『동문휘고』 원편 권50, 범월 29~32쪽.

56) 『강희기거주』 강희 20년 3월 13일.
刑部議 朝鮮人張以立 · 朴時雄 · 奴道所 因渡江取椵木皮蕨菜 相應立斬 其不行查緝僉事韓時豪等 分別革職流徙降級事 上問曰 此事爾以爲何如 明珠等曰 外國人似可寬免 上又問漢大學士 爾等云何 李霨 · 杜立德 · 馮溥等奏曰 所犯係小事 從寬亦可 上曰 張以立等從寬免死 着減等發落 其餘俱從部議.

정하는 계선으로서 한 국가와 인접한 다른 국가간에 경계를 접하는 곳이다. 국경에는 육지국경·해상국경·공중국경이 있으며, 그중에서도 육지국경이 기초가 되며 기타 국경은 육지국경에 의해 결정된다.[57]

육지 영토의 계한을 나타내는 육지국경선의 형성은 두 가지가 있다. 첫째는 오랜 역사과정을 거치면서 자연적으로 형성된 국경, 즉 자연국경이라고 칭한다. 이는 호수·산맥·하천 등 자연지형에 의해 형성되는 것이다. 이처럼 자연 장애물이 쉽게 경계를 정할 때 이용되는 것은 두 곳을 서로 갈라놓을 수 있고 상대방을 방비하고 진공을 막을 수 있기 때문이다. 그러나 지형을 경계로 하더라도 국제법상 국경은 반드시 선이어야 되므로 구체적인 절차와 협의가 필요하다. 만약 지형적인 특징이 산맥일 경우 산비탈이나 분수령을 경계로 하며, 지형적 특색이 강일 경우 항행 가능한 수로의 중심선을 경계로 한다. 이와 같은 자연국경 외에 인위적으로 경계를 긋는 방법 즉 인위적 국경이 있다. 이럴 경우 조약을 통하여 정식으로 국경을 획정한다.[58]

전근대 국가간의 국경선도 자연적 장애물 예컨대 하천·산맥·도로 등으로 하는 경우와 인위적인 시설물 예컨대 성(城)·책(柵) 등을 설치하여 획정하는 경우가 있다.[59] 이 점에 있어서는 전근대 국경선과 근대 국경선이 크게 다를 바가 없다. 다만 근대 국경선은 반드시 명확하게 선으로 표시되지만, 전근대 국경선에는 모호한 부분이 없지 않다.

조선의 경우 15세기 초·중기 압록강 상류지역에 사군을 설치

---

57) 黃瑤, 『國際法關鍵詞』, 法律出版社, 2004, 70쪽 참조.
58) 유병화, 「國際法上 領土의 概念 및 그 權限」, 『영토문제연구』 창간호, 1983, 76쪽.
59) 방동인, 『韓國의 國境劃定硏究』, 일조각, 1997, 2~3쪽 참조.

하고 두만강 중하류지역에 육진을 설치함으로써 압록강·두만강 이남 지역을 강역으로 확보하게 되었다. 이는 하천이라는 자연 장애물로써 경계를 삼아, 그 이남 지역을 보유하기 위해서였다. 16세기 말 17세기 초 누르하치가 여진을 통일하고 후금을 건립하는 과정에서 압록강 상류·두만강 중하류 및 백두산 이남 지역의 여진인을 흥경 일대로 철수해 감에 따라 위 지역에서 살던 여진인이 현저히 줄어들었다. 이는 조선이 압록강·두만강 국경을 공고히 하는 데 유리하였다. 17세기 초 두 차례의 호란을 겪으면서 조선의 국경 보호의식이 강화되었다. 정묘호란 시 조선은 후금에 압록강을 경계로 '각수봉강'할 것을 요구하였고, 병자호란 이후 두만강 일대 월경문제를 처리하는 과정에서 청나라 병민(兵民)으로 하여금 두만강 경계를 지킬 것을 요구하였다.

청조의 국경의식은 중원 입관 후 강화되었다. 순치초년 청조의 거족적인 입관으로 압록강·두만강 이북 대부분 지역이 무인지역으로 변하였다. 그러나 압록강 이북에는 청조의 삼장(蔘場)뿐만 아니라 조상의 능인 영릉(永陵)이 있었다. 이를 보호하기 위하여 조선인의 월경행위를 엄금하고자 예부 자문 또는 칙서를 통해 강계를 엄수할 것을 요구하였다. 그 상세한 내용은 다음과 같다.[60]

① 1646년 운총 토병 10명이 두만강을 건너 수렵하였다. 호부자문에 "국가는 강계(疆界)가 있는데 어찌 사사로이 넘을 수 있는가?"고 하였다.

② 1648년 회령·종성에서 20여 명이 두만강을 건너 수렵하였다. 호부자문에 "지방은 각기 강계가 있으며, 월경하여 이

60) 『동문휘고』 원편 권49, 범월 2~7쪽.

〈표 3〉 순치연간 청에서 국경을 엄히 지킬 것을 요구한 사례

내용 / 연도	사 건	문서종류	원 문	연강
1646년 순치 3	월경수렵	호부자문	國有疆界 豈容私越	두만강
1648년 순치 5	월경수렵	호부자문	地方各有疆界 越境營利 明有嚴禁	두만강
1649년 순치 6	월경	호부자문	國有一定疆界 豈容私越	두만강
1652년 순치 9	월경채삼	칙서	盜蔘事小 封疆事大	압록강
위와 같음	월경채삼	형부자문	外國之民 不得擅入大國之境	압록강

익을 얻고자 하는 데 대해 명확히 엄금해 왔다"고 하였다.

③ 1649년 육진 변민이 두만강 이북에 있는 여진부락에 쌀과 고기를 갖다 주었다. 호부자문에 "나라는 일정한 강계가 있는데 어찌 사사로이 넘을 수 있단 말인가?"고 하였다.

④ 1652년 벽동에서 23명이 압록강을 건너 채삼하였다. 칙서에 "인삼을 도취(盜取)한 일은 작으나 봉강(封疆)의 일은 크다"고 하였다.

⑤ 위와 동일한 사건임. 형부자문에 "외국 민이 마음대로 대국의 경내로 들어와서는 안 된다"고 하였다.

강희초년 청은 압록강·두만강을 '금강(禁江)'이라 규정하고 월강(越江)은 곧 금령을 어긴 행위로 간주하여 처벌을 면할 수 없음을 내비쳤다. 이 시기 청의 자문과 칙서의 관련 내용을 살펴보면 다음과 같다.[61]

61) 『동문휘고』 원편 권50, 범월 8·20·24쪽; 권52, 범월 16쪽.

① 1662년 의주에서 2명이 압록강을 건너 벌목하였다. 예부자문에 "금령을 어기고 월강하여 우리 경계에 들어와 벌목하고 채삼한 것이 한두 번이 아니다"고 하였다.

② 위와 동일한 사건임. 예부자문에 "오늘도 인문(印文)을 주어 금강을 마음대로 건너와 벌목하게 하였다"고 하였다.

③ 1680년 온성 박시웅 등 3명이 두만강을 건너 벌목하였다. 예부 관원이 범인들에게 "너희들이 자작나무 껍질로 끈을 만들기 위해 강을 건넜다고 하는데, 이는 거짓이며, 다른 원인이 있을 것이다. 다만 금강을 건넌 것이 사실이다"고 하였다.

④ 위와 동일한 사건임. 예부 관원이 심문하기를 "너희들이 나무껍질을 채취하다가 잡혔다는 것은 거짓이다. 어찌 나무껍질을 얻기 위해 금강을 건넌단 말인가?"고 하였다.

⑤ 1685년 삼도구사건. 칙서에 "금령을 어기고 강(압록강)을 건너 채삼하는 인마를 조총으로 살상하고 인삼과 의복을 빼앗아 갔다"고 하였다.

이상과 같이 17세기 조청 양국은 국경에 관한 정식 협약을 맺지는 않았지만, 상대방의 침입을 막는 과정과 월경사건 교섭과정에서 압록강·두만강 자연 장애물로써 경계를 삼는 국경의식이 형성되었음을 알 수 있다. 즉 다시 말하여, 압록강·두만강이 양국의 사실상의 국경선 즉 자연 국경선이 되었음을 말해 준다. 그 이후 1712년 백두산 정계는 청조가 여도를 그리기 위한 우연적인 발상에서 시작된 것이지만, 정계비를 압록강·두만강 발원지인 천지 근처에 세운 것은 결코 우연이 아니었다.

〈표 4〉 강희연간 압록강・두만강을 '금강(禁江)'으로 표현한 사례

내용 / 연도	사 건	문서종류	원 문	연강
1662년 강희 1	월강벌목	예부자문	違禁越江 入我境界 伐木挖蔘 非止一次	압록강
1662년 강희 1	월강벌목	예부자문	今又給與印文 縱放禁江伐木	압록강
1680년 강희 19	월강벌목	예부자문	爾等前供 過江取椴皮作繩是虛 令有他故 過禁江是實	두만강
1680년 강희 19	월강벌목	예부자문	你們口供 討取木皮被人拿住是假 豈爲木皮 違禁過江來麽	두만강
1685년 강희 24	월경채삼 살인	칙서	違禁渡江 將採蔘人馬 用鳥銃傷亡 搶去人蔘衣服等	압록강

제 3 장

조선인 월경문제에 대한 청의 유화책

1. 1685년 삼도구(三道溝)사건
2. 강희중기~옹정연간 유화적인 교섭
3. 건륭연간 유화적인 교섭

제3장 조선인 월경문제에 대한 청의 유화책

1. 1685년 삼도구(三道溝)사건

1) 삼도구사건에 관한 교섭

삼도구사건은 조선인의 월경문제가 조청간의 이슈로 떠올랐던 전형적인 사례이다. 이 사건을 계기로 조선은 적극적인 월경 방지책을 모색하게 되었고 청의 태도도 대폭 완화되어 월경문제에 대한 유화책이 실시되었다.

이 사건의 발단은 1685년 8월 함경도 삼수·강계·함흥, 평안도 희천·안주의 변민과 토병 수십 명이 후주(厚州)에서 압록강을 건너 청 경내에 들어가 채삼하다가 삼도구에서 황명을 받들고 여도를 그리던 청 관병과 충돌한 데서 연유되었다. 청 측 주방협령(駐防協領), 늑초(勒楚) 등 여러 명이 변민이 쏜 조총에 맞아 부상당하고 말 12필이 살상되었으며, 조선 변민 측도 1명이 청인이 쏜 활에 맞아 즉사하고 여러 명이 부상당하였다.[1]

같은 해 9월 청 예부는 속히 범인을 잡아들여 조사에 응할 것을 통보하였다.[2] 곧이어 도착한 칙서에는 국왕이 평소에 엄칙하지 못한 책임을 물을 것이며, 사문사를 파견하여 국왕과 함께 월

1) 『동문휘고』 원편 권51, 범월 3~20쪽.
2) 『동문휘고』 원편 권51, 범월 3~4쪽.

경자와 지방관에 대한 공동조사를 행하며, 아울러 국왕을 찰의(察議)할 것이라는 내용이 들어 있었다. 칙서의 내용을 좀 더 살펴보면 다음과 같다.

> 네가 평소에 엄히 금하지 못하고 공손하고 신중하게 처리하지 못한 까닭은 무엇인가? 호군통령 동보(佟保), 내각학사 겸 예부시랑 단대(丹代)를 특별히 파견하여 너와 함께 불법자와 지방관이 소홀히 한 죄를 엄히 조사하고 명확히 죄를 정해 주문하며, 네가 소홀히 한 과오도 용서할 수 없으므로 동보 등으로 하여금 아울러 찰의(察議)하여 주문하도록 하라.[3)]

변민이 월경한 일 때문에 국왕을 찰의한 것은 전에도 있었지만, 대개는 예부에서 제의한 후 황제에 의해 면해졌다. 그러나 위에서처럼 이를 칙서에 밝힘으로써 조선에 큰 부담을 안겨 주었다.

조선은 청사가 나오기 전에 범인을 잡아들이기에 급급하였다. 이를 위해 당상 문관 2명을 안핵사로 서북 양도에 파견하여 감사·병사와 함께 죄인을 수색하도록 하고,[4)] 포고자(捕告者)에 대해 중상(重賞)을 실시하여 공사천·관노비는 면천하고 군역을 정하지 않으며, 양인은 당상(堂上)에 오르고 출신은 당상에 오른 후 실직을 제수한다는 내용의 포상문을 연변 각 읍에 반포하였다.[5)]

이윽고 범인들이 평안도와 함경도 연변 각 읍에서 속속 서울

---

3) 『동문휘고』 원편 권51, 범월 4쪽.
你平日不嚴加禁飭恪愼之謂何 玆特遣護軍統領佟保·內閣學士兼禮部侍郎丹代前往 同你將前項不法之人與地方官疎縱情罪 嚴察究審 詳確定擬 其你怠忽之愆難爲你貰 卽著佟保等一幷察議以聞 特諭.

4) 『비변사등록』 39책, 숙종 11년 10월 12일.

5) 『비변사등록』 39책, 숙종 11년 10월 14일.

로 압송되었다. 삼수·갑산 변민들이 많이 가담하여 색출의 주목표가 되었다.[6] 함경감사의 장계에 의하면, 범인들이 "앞뒤로 서로 이어지고 변방의 백성들이 놀라고 소란한 것이 마치 새가 도망가듯 물고기가 놀라듯 하다"고 하였다.[7] 총을 쏜 주범들이 거의 다 잡히고 기타 월경자들도 연이어 서울로 압송되자 비변사의 건의에 따라 더 이상 월경자를 색출하지 말도록 하여 흐트러진 변경지역 민심을 수습하고자 하였다.[8] 서울 전옥서(典獄署)에 갇힌 60~70명 외에 경기도와 평안도 안주·평양, 함경도 변읍에서 여러 명이 잡혔다. 함경도에서만 139명이 잡혔다.[9]

월경자뿐만 아니라 월경처 지방관과 범인이 속한 원적지(原籍地) 지방관, 그리고 함경도 감사·병사도 서울로 올라와 대기하도록 하였다. 삼수군수, 인차외 병방군관, 갑산부사, 혜산·운총·동인 등 각 진보의 만호·첨사·권관 등이 서울로 압송되었고,[10] 원적지 지방관인 함흥판관·희천군수·영변부사·강계부사·평안도 관찰사 등이 서울에 와서 대기하였다.[11] 한편 후주의 군관 토병이 연속 자살하고 첨사 조지원(趙之瑗)까지 자결하는 소동이 벌어졌다. 후주에서 월경하는 것을 묵인하고 또 배를 제공한 사실이 드러났기 때문이다.[12]

범인과 지방관이 서울로 압송된 후 조정은 사건 전모를 파악하는 데 주력하였다. 월경자들을 주범과 종범으로 나누고 총을

---

6) 『비변사등록』 39책, 숙종 11년 11월 5일.
7) 『숙종실록』 권16, 숙종 11년 11월 신유.
8) 『숙종실록』 권16, 숙종 11년 11월 신유.
9) 『비변사등록』 40책, 숙종 12년 5월 24일.
10) 『비변사등록』 39책, 숙종 11년 10월 21일, 22일.
11) 『비변사등록』 39책, 숙종 11년 10월 23일; 『동문휘고』 원편 권51, 범월 15~16쪽.
12) 『숙종실록』 권16, 숙종 11년 11월 경신·갑자.

쏜 6명을 주범으로, 동참한 19명을 종범으로, 3명이 도망자이고, 1명이 활에 맞아 죽었고, 2명이 자결한 것으로 드러나, 총 31명이 사건과 관련되어 범인 명단에 올랐다.[13] 또한 미리 범인들의 공술을 일치시켜 지방관이 월경채삼을 묵인한 사실, 선박과 군기를 제공한 사실을 언급하지 말도록 하여 지방관의 책임을 더는 것으로서 조정에 대한 압력을 완화하고자 하였다.[14]

한편 칙서에 국왕을 찰의한다는 내용이 들어 있어 그 대비책을 강구하지 않을 수 없었다. 군신 상하가 찰의의 형식과 정도에 대해 몹시 걱정하였다. 국왕이 이는 벌금을 부과하려는 것이 아니겠는가고 묻자, 좌의정 남구만(南九萬)은 국왕의 책임을 물어 청사로 하여금 국왕을 조사하라는 뜻일 수도 있고, 청사로 하여금 국왕과 함께 범인을 조사하라는 뜻일 수도 있다고 답하였다.[15] 우의정 정재숭(鄭載嵩)은 국왕더러 검칙을 엄하게 하지 못하여 뜻밖의 변이 생겼으니 공동조사에 나갈 수 없다는 태도를 표명할 것을 건의하였다. 이에 대해 국왕은 벌금하는 일은 전에도 있었으니 이에 더하지는 않을 것이라고 하면서 벌금 이상의 처리에 대해 우려하였다.[16]

불경사태가 일어나는 것을 막기 위하여 국왕이 공동조사에 나가지 않기로 하였다. 이를 위해 국왕이 병을 핑계로 청사를 맞이하는 교영(郊迎)에 나가는 것을 거부하였다. 좌의정 남구만을 파주에 보내 교영(郊迎)을 면할 것을 청한 데 이어, 우의정 정재숭

13) 『비변사등록』 39책, 숙종 11년 11월 17일.

14) 『비변사등록』 39책, 숙종 11년 11월 17일.

15) 『숙종실록』 권16, 숙종 11년 11월 기사.
上曰 豈欲罰金之意耶 左議政南九萬曰 察議云者似以國王爲有罪 而使之察議之意也 抑或令佟保等與國王同爲商議勘罪之意耶.

16) 위와 같음.
當以當時不能檢飭 致令變出意外 咎實在予 難可同勘之意 別爲措辭矣.

을 다시 파견하여 집요하게 요구하여 끝내 교영을 면하였다. 또한 국왕이 희정당(熙政堂)에서 청사를 접견하고 칙서를 받을 때도 일부러 자리 옆에 침구를 두어 병환에 있음을 보여 주었다. 그 후 청사가 머문 관소에 승지를 보내 국왕이 병환에 있으므로 다음날 있을 공동조사에 임할 수 없음을 알렸다.[17]

청사는 부득이 삼공과 금부·형조 당상, 양사 장관과 함께 월경자 및 지방관에 대한 조사를 행하였다. 조선의 제의대로 총을 쏜 6명을 주범으로, 나머지 19명을 종범으로 정하였다.[18] 심사가 끝나고 범인에 대한 처벌을 정할 때 청사는 국왕이 반드시 동참할 것을 요구하였다. 만약 국왕이 동참하지 않을 경우 칙서에 국왕과 함께 범인을 조사하라는 내용을 이행하지 못하여 자신들의 입장이 난처해지기 때문이었다. 국왕이 극구 사양하자 청사는 국왕이 동참하지 않을 경우 사문사가 다시 나올지도 모른다고 위협하였다. 국왕은 부득불 범인에 대한 감죄(勘罪, 擬罪라고도 함, 처벌을 정한다는 뜻)에 나갔다.[19]

범인에 대해 감죄할 때 국왕은 엄벌을 주장하지 않을 수 없었다. 총을 쏜 6명을 참형에 처하고 그들의 처자를 노비로 삼으며, 나머지 19명이 월경채삼에 동조하였기에 사죄에 처하며, 지방관은 각기 혁직 유 2,000리, 강등 5급 또는 강등 2급에 처할 것을 제의하였다.[20] 범인에 대한 감죄가 끝나자 청사는 칙서의 내용에 따라 국왕에게 사죄문 작성을 요구하였다. 이에 조선의 삼공

17) 『숙종실록』 권16, 숙종 11년 11월 갑술·병자·정축.
18) 『숙종실록』 권16, 숙종 11년 11월 무인.
19) 『숙종실록』 권16, 숙종 11년 11월 임오.
20) 조선은 삼수군수를 혁직하고 유(流) 2,000리에 처하며, 함경도 감·병사를 혁직하고, 원적관인 함흥판관·희천군수·영변부사·강계부사를 강등 5급에 처하며, 평안도 관찰사를 강등 2급에 처할 것을 청에 제의하였다(『동문휘고』 원편 권51, 범월 51~52쪽).

이 영외(楹外)에 나가 자신들이 대신 중죄를 받겠다고 자청하고 국왕더러 문자로 쓰게 하는 것은 문초를 얻는 것과 같아서 사체에 미안하다고 하였다.21) 청사는 부득이 국왕에게 평소에 엄히 검칙하지 못한 까닭을 묻고 통관으로 하여금 국왕의 언사를 적도록 하여 공동조사를 끝냈다.22)

그 후 조선은 우의정 정재숭, 예조판서 최석정(崔錫鼎), 사헌부 집의 이숙(李塾)을 사신으로 하는 진주사(陳奏使)를 파견하여 범인에 대한 조사결과 및 죄벌을 정한 것을 청에 통보하였다.23) 그러나 이 사건은 이로써 끝나지 않았다. 정재숭 등 진주사가 요서(遼西) 일대에 머물렀을 때 연경에서 돌아오는 동지사로부터 청나라 사문사의 주청으로 국왕에게 벌은 2만 냥이 가해졌다는 소식을 들었다. 이에 분개하여 정재숭 등 3사신(정사・부사・서장관)은 국왕에 대한 벌은의 부당함을 통박하는 글을 예부에 올렸다. 그 상세한 내용은 다음과 같다.

> 자고로 제왕은 사람의 죄를 정하고 처벌을 가할 때 반드시 사정을 헤아려 경중을 정하기 때문에 과오를 용서하는 것을 중히 여겨, 경서의 원정(原情) 정죄(定罪)에 기록되어 있고 고훈이 있는 것입니다.… 평안병사 임경업(林慶業)이 상국에 득죄하여 체포해 조사하라는 명이 있었는데, 임경업이 중도에서 도망갔습니다. 이때에도 다만 경업의 처첩을 성경(盛京)에 잡아 가두었을 뿐, 군주에게 죄를 주는 일이

21) 『숙종실록』 권16, 숙종 11년 12월 정해.

22) 問朝鮮國王姓某 你國人違禁過江挖蔘 將欽差官役放銃致傷 殊干法紀 你平日不嚴加禁飭 是何緣故(『동문휘고』 원편 권51, 범월 21쪽).
復問上所答語 使中書執筆書之曰 小邦久蒙太宗皇帝世宗皇帝之恩 從前雖有犯越之事 輒蒙寬典 每用感激 今者邊民犯法潛越 放鳥銃傷害官人 寡躬非敢有一毫漫忽之心 而事至於此 莫非禁令不嚴之致 今奉皇勅 惶悚罔措(『숙종실록』 권16, 숙종 11년 12월 정해).

23) 『동문휘고』 원편 권51, 범월 9~20쪽.

없었습니다.…지금 우리 군주가 전의 과오를 뉘우치지 않고 여전히 태만하다고 죄안을 삼을 경우, 이는 우리 군주의 마음을 용서하지 않는 것이며, 대조(大朝)에서 앞뒤로 체휼(體恤)하는 성전(盛典)에 어긋납니다.[24]

즉 경서의 고훈을 인용하고 또 역대 조선인이 청에 득죄했을 때 다만 당사자를 처벌하고 국왕에게 죄주지 않은 사실을 열거하여 벌은의 부당함을 통박하였다.

3사신의 예부정문(呈文)은 청 조정 내에서도 적지 않은 파문을 일으켰다. 번국의 신하로서 상국 황제의 결정이 적절하지 못하다고 맞선 것은 파격적이기 때문이다. 일부 강경파들은 3사신을 잡아 가둘 것을 건의하였고 또 일부에서는 이들을 조선에 압송하여 처벌하자고 하였다. 예부는 고사를 들추어 3사신을 반박하는 글을 작성하기에 급급하였다.[25] 그러나 황제의 태도는 이와 달랐다. 예부에서 칙서를 내려 3사신의 부당함을 질책할 것을 청하였을 때 황제는 칙서를 내릴 필요 없이 다만 예부 제의에 황제가 그대로 따르라(依議)는 재가를 내리는 형식을 취할 것을 명하였다. 유지(諭旨)의 내용은 다음과 같다.

이는 큰일이 아니므로 유지를 내릴 필요가 없다. 이미 지은 칙어(勅語)대로 당해 부(예부)에서 선본(繕本)으로 주문하고 계주(啓奏)할 때 그대로 따르라(依議)는 표시를 하면 된다.[26]

---

24) 『동문휘고』 원편 권51, 범월 22~24쪽.
自古帝王之罪人罰人也 必觀其情犯而酌其輕重 故有過爲大 載在聖經原情定罪 亦有古訓…兵使林慶業得罪上國 有逮問之命 慶業中路躱去 則其時只拿囚其妻妾於盛京 而亦無罪及國君之事…今乃以不改前非仍復懈怠等語爲寡君之罪 恐非所以推原寡君之心事 亦不有乖於大朝前後體恤之盛典哉.

25) 『동문휘고』 원편 권51, 범월 25~29쪽.

26) 『강희기거주』 강희 25년 4월 22일.

직접 칙서로써 3사신을 질책할 경우 사태가 너무 심각하게 번져 이를 피하고자 한 것이었다. 필경 3사신이 국왕에 대한 벌은이 부당하다고 한 것은 신하로서 군주에 대한 충에서 기인한 것이고 유교적인 의리에 비추어 보아도 당연한 것이었지만, 번국의 신하로서 상국의 결정에 맞선 행위는 그냥 내버려 둘 수 없기에 상국의 체모를 지키는 적절한 선에서 문제를 해결하려 하였다. 온건파인 대학사 명주도 그렇게 하는 것이 대체를 얻는 것이라고 찬성하였다.[27)]

1686년 윤4월의 예부자문은 황제와 예부의 합작품이었다. 그 상세한 내용을 보면, 우선 최근 조선의 죄상을 일일이 열거하였다. 즉 청사가 서울에 도착했을 때 국왕이 교영의 예를 지키지 않았으며, 조선 사신이 북경에 왔을 때 금령을 어기고 야사를 구입하여 변무(인조반정)의 요구를 제기했으며, 일본을 구실로 군대를 청하고 구원해 줄 것을 요구했으나 그 후에 아무런 소식이 없으며,[28)] 삼번의 난 토벌 시 부사(浮詞)로서 청의 허실을 엿보았다는 것이다.[29)] 그 다음으로, 청에서 국왕에게 벌은을 행한 사실과 예부에서 벌은을 청했으나 황제에 의해 면해진 사실을 열거하여 "종전에 관용을 베푼 일을 들어 오늘 벌은의 도리가 없다"고 하는 것은 부당하다고 반박하였다.[30)] 또 "미천한 직을 가

上曰 此非大事 不必特降諭旨 但照所撰勅語 令該部繕本具奏 俟啓奏時 止票依議耳.

27) 『강희기거주』 강희 25년 4월 22일.
明珠等奏曰 皇上所見最當 止於本上票出 深得大體.

28) 1676년 조선은 대마도주 평의진(平義眞)으로부터 다음과 같은 내용의 서계를 받았음을 청에 알렸다. 즉 오삼계가 거병했으며, 조선의 변경 일대가 중원과 가깝기에 전화에 휩쓸릴 위험이 있다는 것이었다. 이에 근거하여 조선은 연변 읍에 선박이 없고 성지도 믿을 수 없어 우려된다고 청에 알렸다(『동문휘고』 원편 권78, 왜정(倭情) 18~21쪽).

29) 『동문휘고』 원편 권51, 범월 25~29쪽.

진 자들이(사신을 가리킴) 국왕에게 알리지 않고 가볍게 필을 놀린 것은 그 나라 군주가 약하고 신하가 강하기 때문"이라고 비난하였다. 끝으로 정재숭 등 3사신을 붙잡아 조선에 압송하고 무겁게 처벌할 것을 제의한 데 대해 황제가 "엄히 나문(拿問)하는 것은 면하고 그 외의 것은 그대로 따르라"(依議)는 처분을 내린 내용이었다.31)

예부자문은 조선에 큰 충격을 주었다. 조선의 죄목을 일일이 열거하였을 뿐만 아니라, 특히 "군주가 약하고 신하가 강하다"고 비난하여 국체에 손상을 주었다. 국왕은 시임과 원임 대신이 모인 자리에서 이는 병자난 이래 없었던 모욕이라고 표현하였다. 영의정 김수흥(金壽興)은 입관 전 청은 비록 강대했지만 조선을 경시한 적이 없었는데, 입관 후 점차 오만해져 앞으로의 일이 몹시 우려된다고 하였다.32)

조선은 선후책을 강구하는 데 고심하였다. 청에서 3사신을 나문하지 않은 데 대해 사은을 표함과 동시에,33) 서북 변민의 월경에 대한 금단 조례를 정하였다.34) 후술하겠지만 이로 인하여 서북변에 극히 엄한 월경 금단책과 금삼정책이 실시되었으며, 신설한 후주진을 혁파하는 등, 17·18세기 폐사군 지역을 포함하여 변경지역의 개발을 늦추게 되는 단초를 제공하였다.

---

30) 1666년 도인(逃人)문제 때문에 5,000냥을 벌은한 일, 1667년 종이의 품질이 규격에 맞지 않아 1,000냥을 벌은한 일, 1681년 의주 월경채삼사건과 1685년 우역(牛疫)이 발생하여 호시를 멈출 것을 요구한 데 대해 예부에서 벌은할 것을 제의했지만 황제에 의해 면해진 일 등을 열거하였다(『동문휘고』 원편 권51, 범월 25~29쪽).

31) 위와 같음.

32) 『숙종실록』 권17, 숙종 12년 윤4월 임오.

33) 『동문휘고』 원편 권52, 범월 3~8쪽; 『통문관지(通文館志)』 권9, 기년(紀年) 42쪽.

34) 『숙종실록』 권17, 숙종 12년 윤4월 경인.

월경자에 대한 최종 처리는 조선에서 청한 것보다 경감되었지만 총을 쏜 6명이 참형에 처해지고 기타 월경자들이 유배되었다.[35] 국왕에 대한 벌은 2만 냥도 그대로 집행되었다.[36] 정재숭 등 3사신에 대해 혁직·정배할 것을 청한 데 대해 4급을 강등하여 계속 쓰도록 하였다. 이 밖에 조선에 4건의 사죄·사은방물을 면해 주어 다음해 동지방물로 삼았으며 앞으로는 사죄에 대한 방물을 보내지 말도록 정례화(定例化)하였다.[37] 이른바 먼저 엄하고 나중에 관용을 베푸는 청의 대조선 엄관병용(嚴寬竝用) 책략의 전형적인 사례이다.

2) 청에서 엄하게 처리한 원인

삼도구사건의 전말을 살펴볼 때 엄히 처리된 사건임을 알 수 있다. 주범 6명이 참형에 처해졌고 지방관이 혁직 또는 강직되었으며, 함경도 관철사·절도사가 혁직되었고 국왕에게 벌은 2만 냥이 가해졌으며, 예부자문에 조선의 "군주가 약하고 신하가 강하다"고 비난하여 조선의 국체에 손상을 입혔다. 이 모든 것은

---

35) 『비변사등록』 40책, 숙종 12년 5월 8일, 14일.

36) 좌의정 남구만이 사은 정사로 북경에 갔을 때, 역관들로 하여금 예부 아역에게 뇌물을 주고, 벌은을 면할 수 있는지를 물어보게 하였다. 청 아역들은 사신의 죄를 면하는 뇌물은 받을 수 있지만, 국왕에 대한 벌은은 힘쓸 길이 없다고 답하였다. 1686년 2월 예부에서 국왕에게 벌은 2만 냥을 가할 것을 청했을 때 강희제가 "李焞(이돈, 숙종)은 본국 인민을 엄금하지 않았으니 그 행동이 괘씸하다. 관면(寬免)할 수 없다. 그대로 따르라"고 명하였다. 이 두 가지 사실로부터 국왕에 대한 벌은이 황제의 뜻에 의해 결정되었음을 알 수 있다(『강희기거주』 강희 25년 2월 2일; 『동문휘고』 보편 권2, 사신별단 29~31쪽 참조).

37) 『동문휘고』 원편 권52, 범월 9~11쪽.

전무후무한 것이었다. 청의 이 같은 처리에 대해 삼번의 난 때 조선의 반청 언론에 대한 응징조치라고 보는 견해가 있다.[38] 앞에서 본 1680년 온성사건의 경우 청 강경파에 의한 응징조치라고 할 수 있지만, 삼도구사건은 사건 자체에 원인이 있다고 생각한다. 즉 다수의 변민에 의한 집단적인 월경채삼이고 여도를 그리기 위해 나온 청 관원을 조총으로 상하게 하였기 때문이다. 삼번의 난이 평정된 이후 청의 조선에 대한 태도 특히 황제의 태도를 보여 주는 사례가 있어 주목된다.

조선 사신이 북경으로 사행 갈 때는 청조의 내부 사정을 알아내는 임무가 주어졌다. 귀국 후 서장관(書狀官)이 서면으로 보고한 것을 '서장관문견사건(書狀官聞見事件)'이라고 칭하고, 정사·부사가 서면으로 보고한 것을 '사신별단(使臣別單)'이라고 칭하며, 역관이 사행 중 보고 들은 바를 적은 것을 '역관수본(譯官手本)'이라고 칭하였다. 이밖에 3사신이 귀국한 후 구두상으로 사행에서 있었던 일 또는 청조 내부 사정을 국왕에게 보고해야 했다.

삼도구사건 발생 전해인 1684년 고부사 이유(李濡)가 북경에 갔을 때 중요한 정보를 얻어냈다. 이른바 '영고탑계본(啓本)'이다. 그 내용인즉 영고탑장군이 청 조정에 올린 계본에서 조선이 북도에 군기를 장만하고 있으므로 이를 경계해야 한다고 제의하였다. 이유가 국왕에게 영고탑계본에 대해 보고하면서 강희제의 태도를 다음과 같이 말하였다.

> 영고탑장군의 계문으로 청 조정 내에 의견이 분분하였습니다. 이때 청황(淸皇)만이 갑인(1674년)연간 천하가 소요에 휩싸였을 때 유

38) 張存武, 「淸韓陸防政策及其實施-淸季中韓界務糾紛的再解釋-」, 『近代史研究所集刊』 제3기, 1972.

독 조선이 변함이 없었는데, 오늘과 같이 평화로울 때 우리를 배신할 이유가 있겠는가?라고 하였습니다.[39]

즉 삼번의 난이 일어났을 때도 조선이 청을 배신하지 않았는데, 난이 평정된 후에 더욱 배신할 이유가 없다고 하여 조선 경계론을 일축하였다. 비록 난이 일어날 당시 조선에 대한 불신감과 경계심이 증폭되어 강경책으로 일관하였지만, 난은 오히려 조선의 충실도를 검증하는 기회가 되었고, 난이 평정된 이후 조선에 대한 신심이 더해졌음을 말해 준다.

영고탑장군이 계문한 대로 삼번의 난이 일어났을 때 조선은 군비를 강화하는 일련의 조치를 취하였다. 강도의 내외성, 개성의 대흥산성을 수축하였을 뿐만 아니라, 서북 연변과 연해지역에 진을 설치하고 축성하였으며 군기를 수송하였다. 축성을 시작한 때로부터 청조에 주문할 것인지를 놓고 신하들이 치열한 논쟁을 벌였다. 이는 당쟁과도 직결되었지만 병자호란 시 남한산성 약조에 신구 성을 수축하지 못한다고 규정해 놓았기에 축성 소식이 청에 전해질까 두려워한 것이다. 그러나 국왕은 청에 알릴 필요 없이 "은폐하고 덮어두어 적으로 하여금 엿볼 수 없게 해야 한다"고 명하고 축성을 계속 진행시켰다.[40]

영고탑장군의 불리한 계본으로 한때 조선에 긴장 분위기가 감돌았다. 같은 해 7월 동지사 명단을 정할 때 삼공과 청성 부원군 김석주(金錫胄) 등은 함경도의 근간 시설이 모두 감사 이세화(李世華)의 손에서 나왔기에 청인들의 의혹을 살 우려가 있으므로

---

39) 『숙종실록』 권15, 숙종 10년 6월 임자.
蓋聞 寧古塔首將有所馳聞 朝議甚多 獨淸皇以爲 甲寅年間天下騷擾 惟朝鮮如故 到今寧謐之後 必無背我之理.

40) 『숙종실록』 숙종 즉위년 11월 을해.

그를 동지부사로 정하지 말 것을 청하였다.[41] 그러나 영고탑계본에 관한 소식은 더 이상 전해지지 않았으며, 청에서 묻지도 사문사를 파견하지도 않았다. 강희제의 유연한 태도가 결정적으로 작용한 한 것 같다.

영고탑계본에 관한 보고가 있은 다음해인 1685년 삼도구사건이 발생하였고 청에서 엄한 태도를 보였다. 그러나 이상에서 살펴본 것처럼 이는 삼번의 난 시 조선의 태도에 대한 응징이라기보다는 월경 행위에 대한 응징이었다. 즉 다수의 변민들이 무기를 휴대하고 월경채삼하였고 특히 여도를 그리러 온 청 관원을 조총으로 상하게 한 일에 대한 응징이었다. 만약 이러한 행위를 처벌하지 않고 그냥 내버려 둘 경우 월경 폐단이 점점 심해지고 상국을 경멸할 소지가 크다고 판단하였던 것이다.

그럼에도 불구하고 강희제의 조선에 대한 태도는 변함이 없었다. 이 사건 후에도 강희제는 조선은 예의를 중시하는 나라라고 찬양하였다. 1706년 10월 강희제는 대학사들에게 내린 유시에서 "명나라 말년 조선은 처음부터 끝까지 명을 배반하지 않았으니 예의를 중시하는 나라라고 할 만하다"고 하면서 조선의 명에 대한 충심을 찬양하였다. 강희제의 발언은 이제 중원을 확고히 장악한 상태에서 명에 대한 조선의 충절을 청에 대한 충절로 환치시켜 생각할 수 있을 만큼 청의 자신감이 커졌다는 것을 반증하는 것이다.[42] 이러한 자신감이 기초가 되었기에 조선에 대한 유화정책을 실시할 수 있는 것이다.

---

41) 『숙종실록』 권15, 숙종 10년 3월 신묘, 7월 신미 · 임신.

42) 『청성조실록』 권224, 강희 45년 10월 정미.
且彼更有可取者 明之末年彼始終未嘗叛之 猶爲重禮義之邦也.
한명기, 「17 · 8세기 韓中關係와 仁祖反正」, 『한국사학보』 제13호, 2002. 9, 35쪽에서 재인용.

3) 조선의 월경 방지책

삼도구사건을 계기로 조선은 적극적인 월경 방지책을 강구하게 되었다. 변민들이 폐사군 지역인 후주에서 월강하여 사건이 발생했다는 이유로 신설된 후주진을 폐하기로 하였다. 1685년 10월 예부의 첫 자문이 도착한 후 후주 군관과 토병들이 연속 자살하고 후주첨사까지 자살하는 소동이 벌어지자 범인들이 후주에서 강을 건넌 사실이 드러났다. 12월 국왕은 대신 및 비국의 여러 신하들을 접견한 자리에서 후주를 혁파하는 일에 대해 물었다. 영의정 김수항(金壽恒)은 범월의 우려 때문에 파하는 것이 좋다고 주장하였다. 그러나 당초 후주 설진을 제의한 당사자인 남구만은 이를 반대하였다. 그 이유에 대해 남구만은 후주에 설진함으로써 삼갑(삼수・갑산)으로부터 길주까지 어염의 길이 열리게 되고 삼갑 백성들의 생리를 도울 수 있게 되었음을 강조하고, 후주를 혁파하더라도 월경채삼의 길을 막을 수 없다고 주장하였다.[43)]

이듬해 3월 청사가 공동조사를 마치고 돌아간 후 후주 폐지에 대한 조정 논의가 다시 일었다. 원임 대신 중 판부사 정지화(鄭知和)는 당초 설치한 것이 부당하며 지금 파해도 무방하다고 한데 비해, 판부사 이상진(李尙眞)은 후주의 땅이 비옥하여 병민들이 많이 모여 사는데 신설한 진을 곧 파하는 것은 아쉬운 일이라고 하였다.[44)] 남구만은 변방 방비의 중요성을 강조하여 여전히 후주를 파하는 것을 반대하였다. 그의 주장은 다음과 같다.

43) 『숙종실록』 권16, 숙종 11년 11월 기사.
44) 『숙종실록』 권17, 숙종 12년 3월 정묘.

> 변진을 설치하는 것은 금삼 한 가지 일 때문만이 아니며, 급할 때 이용하기 위해서입니다. 그들 나라(청)에서는 전에 비웠던 애양(靉陽)·관전(寬奠)·노성(老城-홍경) 등에 병사를 주둔하고 축성을 하고 있는데, 우리는 옛 사람처럼 곡식을 변경에 운반하지 못할지언정 변지에서 곡식이 나는 것을 우려하여 이미 이루어진 진을 혁파하려 하니 부당합니다.[45]

그러나 영의정 김수항, 판부사 민정중(閔鼎重) 등이 후주의 땅이 비록 비옥하나 형세가 외롭고 영문(營門)의 호령이 닿기 어려우므로 혁파하지 않을 수 없다고 주장하자 국왕은 이들의 건의에 따라 후주를 파하는 데 동의하였다.[46]

조선은 후주에서 군민을 철수하기 시작하여 폐사군 1,000여 리의 무인지역에 100여 개에 달하는 파수를 설치하여 변민들의 월경채삼을 막고자 하였다.[47] 그 후 영조대에 이르러 일부 신하들이 폐사군을 복설하여 백성들이 개간하고 입주하는 것을 허용할 것을 제의했지만, 월경의 폐단 때문에 실행에 옮기지 못하였다. 19세기 초에 이르러 폐사군 지역에 입주한 백성이 점점 많아지자 부득불 이 지역의 개간을 허용하기에 이르렀다. 1809년(순조 9) '강계부방군둔전절목(江界府防軍屯田節目)'의 반포를 계기로 폐사군 지역의 압록강 연변 전체에 개간을 허용하였다.[48]

이와 동시에 서북변 월경을 원천적으로 금단하는 조치를 강구하는 데 고심하였다. 삼도구사건 발생 다음해인 1686년 1월

---

45) 『숙종실록』 권17, 숙종 12년 3월 정묘.
邊鎭之設 非但禁蔘一事而已 緩急爲用必有其時 聞彼國則曾所空虛之地 如靉陽·寬奠·老城等處 皆方添兵築城 而我旣不能如古人之移粟塞上 反以邊地之生穀爲患 革罷旣成之鎭 其可乎哉.

46) 『숙종실록』 권17, 숙종 12년 3월 정묘.

47) 『비변사등록』 42책, 숙종 14년 정월 25일.

48) 강석화, 앞책, 246쪽 참조.

'남북삼상연변범월금단사목(南北蔘商沿邊犯越禁斷事目)'(이하 사목이라고 함)을 정하였다.[49] 이 사목에는 남북 삼상 금단, 서북변 채삼 금지, 연변 범월 금단에 관한 내용이 포함되었다. 그 상세한 내용은 다음과 같다.

"남북 삼상 금단에 관하여, 북경 사행과 동래 왜관에서 인삼을 교역할 수 없으며 위반자는 효시에 처한다. 남북 행상 및 중강개시와 북관개시에서 인삼을 사사로이 교역할 수 없으며 위반자는 효시에 처한다. 이상의 진고자(陳告者)에 대하여 양인 이상은 당상에 오르고 당상은 가선(嘉善)에 오르며 공사천은 면천하며 범인의 재물을 허급한다"고 정하였다.[50]

이와 같이 남북 삼상의 왕래를 금단하여 인삼의 유통로를 차단하고자 하였을 뿐만 아니라 국내 주요 채삼지인 강계삼의 채집을 아예 금단해 버렸다. 이는 1688년 1월 영의정 남구만의 건의에 따라 시행되었다.[51]

채삼자 처벌에 관하여, 변졸·변장이 그 아랫사람으로 하여금 채삼하도록 할 경우 변졸·변장을 극률에 처하며 많은 사람이 무리를 지어 채삼할 경우 주창자를 주살하고 협종 및 기타 1·2명을 차율에 처한다고 정하였다.[52]

범월자 처리에 관하여, 서북변 범월자는 채삼·수렵에 관계없이 또 수창자와 수종자를 불문하고 모두 경상에 효시한다고 정하였다.[53] 그러나 실제 집행 시에는 주·종을 가려 주창자를 효시하고 수종자는 유배하였다.

---

49) 『비변사등록』 40책, 숙종 12년 정월 6일.
50) 위와 같음.
51) 『숙종실록』 권19, 숙종 14년 정월 경자.
52) 『숙종실록』 권19, 숙종 14년 3월 경진.
53) 『비변사등록』 40책, 숙종 12년 정월 6일.

남병사의 책임에 관하여, 범월 금단을 위하여 남병사는 고례에 따라 얼음이 풀리면 갑산 행영에 입방(入防)하고 얼음이 얼게 되면 북청에 나오며 병사는 불시에 군관을 연변 각 읍·진보에 파견하여 적간하며 월말에 감사 및 비변사에 보고한다고 정하였다.[54)]

범월자 적발에 관하여, 변졸·변장이 범월자를 적발하지 못하고 병사가 적발할 경우 변졸·변장을 극변에 충군한다. 병사가 적발하지 못하고 감사가 적발할 경우 병사를 변졸·변장과 동일하게 처벌하며, 감사가 적발하지 못하고 다른 사람에 의해 적발될 경우 감사를 병사와 동일하게 처벌한다고 정하였다. 범월자에 대해 알면서 받아들인 자, 지시한 자 등은 범월자와 동일하게 처리하며, 알면서 고하지 않은 자에 대해서는 한량·공사천일 경우 변지 잔읍의 노로 삼고 정속 출신 및 직명이 있는 자의 경우 서북 연변 진보에 충군하며, 범월자를 진고(陳告)한 자는 남북 삼상 진고자의 예와 동일하게 상을 준다고 정하였다.[55)]

조총 금단에 관하여, 연변 각 읍·진보의 군민에게 조총이 있을 경우 관가에서 모두 장부에 기록하며 5일마다 점고한다고 정하였다.[56)]

이상은 사목의 내용이다. 이 밖에 명망 높고 재능이 뛰어난 자를 어사로 채택하여 삼절(蔘節)에 연변에 가서 조사하도록 하였다.[57)] 월경이 자주 발생하는 강변에 14개의 파수처를 증설하고 마마해(馬馬海)·추파(楸波)·종포(從浦)·외괴(外怪) 등 4진장(鎭將)을 강변 유방장(留防將)으로 삼아 강변 파수를 감시하게

54) 위와 같음.
55) 위와 같음.
56) 위와 같음.
57) 『숙종실록』 권17, 숙종 12년 윤4월 임오.

하였다.[58]

이상에서 본 것처럼 조선은 변경지역의 월경 폐단을 근절하기 위하여 금삼정책을 실시하였다. 채삼을 금하였을 뿐만 아니라 인삼 교역을 금하였다. 남북 삼상과 행상 모두 금지의 대상에 포함되었다. 그 이후 금삼정책은 약 20년간 지속되었다. 그러나 채삼은 변경지역 백성들의 생계수단이었고 정부의 재정수입과도 직결되었기 때문에 계속 금하기 어려웠다. 서북지역 중 특히 함경도 삼갑·강계 일대는 자연조건의 제약으로 생계유지가 여간 힘들지 않았다. 1707년 지방관들은 변민들이 폐사군 지역에 들어가 도토리를 줍는 것을 허락하였다. 이를 계기로 인삼 채취가 행해지게 되었고 강계와 폐사군 지역의 금삼정책이 점차 무너졌다.[59]

또한 인삼교역을 금한 후 잠상이 점차 늘어났다. 예컨대 북경 사행의 경우 사행 원역의 인삼 잠매매가 성행하여 인삼의 이익이 모두 잠상에게 돌아가는 결과를 초래하였다. 동래 왜관의 경우 일본인들이 인삼교역을 할 수 없어 불만이 컸다. 1704년 정부는 일본인들의 예단삼(禮單蔘) 문제를 해결하기 위하여 왜관의 인삼교역을 허용하였다. 즉 삼세를 납부한 후 교역하도록 하였다.[60] 이로써 남상(南商)의 인삼교역이 합법화되었다. 한편 강계 및 폐사군 지역의 인삼 채취를 묵인한 후 인삼의 이득이 전부 잠상에게 돌아가는 것을 막기 위하여 정부는 강계삼 채취를 허용하고 삼세를 거두도록 하였다.[61] 결국 북상(北商)의 인삼교역도 합법화되었다. 20여 년을 걸쳐 금삼정책이 무너지고 말았다.

58) 『만기요람』 재용편 14, 강계삼파조(이홍열, 앞 논문, 192쪽 참조).
59) 『비변사등록』 58책, 숙종 33년 정월 27일.
60) 『비변사등록』 55책, 숙종 30년 6월 8일.
61) 『비변사등록』 58책, 숙종 33년 2월 2일.

2. 강희중기~옹정연간 유화적인 교섭

1) '소빙기' 자연재해와 서북변 월경양상

삼도구사건을 계기로 조선에서 강변 파수를 강화하고 또 엄벌로써 월경자를 처벌하는 등 적극적인 월경 방지책을 실시한 결과 한동안 월경사건이 줄어들었다. 그 이후 5년간 월경사건으로 인한 교섭이 발생하지 않았다. 그러나 서북변 월경 폐단은 쉽게 근절되지 않았다. 채삼과 수렵이 변민들의 기본 생계수단이기 때문이다. 서북변에서도 특히 자연조건이 열악하고 강북 삼산과 지리적으로 가까운 삼갑・강계의 경우 더욱 그러하다. 삼갑은 지세가 높고 기후가 한랭하여 이맥(耳麥) 외에 다른 작물을 심을 수 없어 주민의 거주가 곤란한 원악지(遠惡地)로 꼽혔다. 인삼을 경상(京商)에게 팔아 의자(衣資)로 충당하거나 개를 양육하여 가죽으로 옷을 만들어 입는 것이 이들의 생활 실상이었다. 열 살도 채 안 되는 자식을 거느리고 월경채삼하는 것은 그러한 생계난 때문이었다.[62)]

한편 17・18세기 자연재해가 극심하여 백성들이 도탄에 빠졌다. 이 시기를 일컬어 학자들은 '소빙기(小氷期)'라고 불렀다.[63)] 소빙기 천체 변화에 따른 기후의 한랭화, 그에 동반한 수재, 한재의 빈발, 전국적으로 수십만 명이 사망하는 대기근이 발생하였

---

62) 『비변사등록』 40책, 숙종 12년 6월 29일.

63) '小氷期'에 관한 연구는 이태진의 「'小氷期'(1500~1750년)의 天體 現象的 원인-『조선왕조실록』의 관련 기록 분석-」, 『국사관논총』 72, 1996; 「'小氷期' 천변재이 연구와 조선왕조실록-global history의 한 章」, 『역사학보』 149호, 1996; 「고려~조선중기 天災地變과 天觀의 변천」, 『한국사상사방법론』 1997. 12; 「외계충격대재난설(Neo-Catastrophism)과 인류역사의 새로운 해석」, 『역사학보』 164, 1999 등이 있다.

다. 기록에 따르면, 1697년 조선 팔도에 대기근이 들었는데, 기호(畿湖)가 특히 심하며 도성 내에 시체가 산더미처럼 쌓였다고 한다.[64] 그 전해인 1696년 11월 부제조 이유(李濡)가 청에 미곡 무역을 요청할 것을 제의하여 다음과 같이 계문하였다.

> 관서(關西)에 해마다 흉년이 들어 청북이 버려진 땅으로 될 지경입니다. 전대에 인접 나라에 미곡무역을 청한 일이 있으므로 사신 일행으로 하여금 사정을 헤아려 주선하도록 하는 것이 마땅합니다.[65]

즉 전대의 예에 따라 청에 사신을 파견하여 미곡무역을 요청하자는 것이다. 이유의 건의가 받아들여져 그 이듬해 6월 청에 재자관을 파견하여 미곡무역을 요청하였다. 청은 조선의 요구를 받아들여 1698년 1월 중강개시를 통해 속(粟) 4만 석을 교역하도록 하였다. 수륙으로 운송함과 동시에 이부(吏部)·호부 시랑을 개시 감관으로 내보냈다.[66]

그 후에도 기근과 전염병이 계속 이어졌다. 자료에 의하면, 1717~1718년, 1723~1725년에 대기근이 들었으며, 1726~1753년까지 전국적으로 수십만 명이 사망하는 세 차례(1731~1737, 1742~1743, 1749~1750) 기근과 전염병이 발생하였다.[67]

이 밖에 『동문휘고』의 '범월' 자료를 살펴보더라도 거의 모든 당사자들은 자신들이 월경채삼·수렵·습상(拾橡, 도토리를 줍는 것)·투식(投食), 심지어 살인하고 물건을 약탈한 것이 기근 때

---

64) 『숙종실록』 권31, 숙종 23년 10월 경자.

65) 『숙종실록』 권30, 숙종 22년 11월 정사.
關西年年凶歉 淸北將爲棄地 前代或有請糴於隣國者 今於使臣之行 試令觀勢周旋爲宜.

66) 『숙종실록』 권32, 숙종 24년 정월 무인.

67) 한영국, 「인구의 증가와 분포」, 『한국사』 33, 국사편찬위원회, 1997, 24~25쪽.

문이라고 진술하고 있다. 조선의 주문·자문도 이 점을 강조하고 있다. 이는 월경문제에 대한 청의 외교적 압력을 완화하고자 하는 의도도 있겠지만, 소빙기 자연재해로 인하여 변민들의 생계난이 극에 달했음을 말해 준다.

삼도구사건 이후 조선인의 월경교섭 상황을 알아보기 위하여 『동문휘고』『조선왕조실록』『비변사등록』의 관련 기록을 살펴보면 다음 <표 5>와 같다.

<표 5>를 통해 서북 변민의 월경 양상을 살펴보면, 첫째, 월경살인사건이 늘어난 것이 눈에 띈다. 입관 초만 하더라도 강변에서 활동하는 중국인이 별로 없었다. 그러나 강희 중후기에 이르러 삼번의 난이 평정되고 청의 국내 정세가 안정되고 사회경제가 회복 발전되면서 인구가 늘어나고 거기에다 토지겸병·자연재해 등으로 인하여 관내 유민들이 만주로의 유입이 거세졌다. 특히 인삼·초피를 채취하기 위해 만주로 나오는 자들이 많아졌다. 이들은 변외 무인지역으로 나갔다가 먹을 것이 다 떨어질 경우 부득불 인가가 밀집한 조선 촌락 가까이에 다가와 인삼·초피 등으로써 필요한 물건을 교역해 갔다. 그러나 이들의 수가 적고 세가 약하여 조선 변민들의 공격의 대상이 되었으며, 살해되거나 물건을 약탈당하는 일이 자주 발생하였다.

둘째, 월경 양상의 또 다른 변화는 압록강변의 잠상 활동이 빈번해진 것이다. 이 시기 압록강변 조청간의 민간무역이 활기를 띠게 된 것은 17세기 후반부터 조선의 사행에 편승하여 책문후시(柵門後市)가 생겨나면서였다. 특히 1707~1727년 사이에 조선에서 책문후시를 공인한 후 민간무역이 더욱 번성해졌다.[68]

---

68) 사행 무역에 관해서는 김종원, 「朝鮮後期 對淸貿易에 대한 一考察-潛商의 貿易活動을 中心으로-」, 『진단학보』 43, 1977 참조.

〈표 5〉 강희중기~옹정연간 조선인 월경교섭 사례

내용 / 연도	소속지방	월경사건	조선의 처리	청의 처리	연강
1690년 강희 29	경홍·종성 6명	월경 살인 약탈	통보함	사문사 파견	두만강
1693년 11월 강희 32	강계·만포 30여 명	월경채삼 살인	통보하지 않음		압록강
1700년 강희 39	삼수 수십 명	월경채삼 살인	통보하지 않음		압록강
1704년 2월 강희 43	경원·종성· 경홍 7명	잠교역 살인	통보함	조선의 독자적 처리 요구	두만강
1710년 강희 49	(위원사건) 위원 9명	잠교역 살인	통보함	사계를 위해 사신 파견	압록강
1729년 9월 옹정 7	온성 7명	월경 수렵	통보함	독자적 처리 요구	두만강
1732년 윤5월 옹정 10	위원 잠상 1명, 만포 잠상 2명	월경 잠교역	통보하지 않음 (강변효시)		압록강
1732년 윤5월 옹정 10	5명	월경 잠교역	통보하지 않음 (강변효시)		(불확실)
1732년 7월 옹정 10	벌등 1명	월경 잠교역	통보하지 않음 (강변효시)		압록강
1733년 1월 옹정 11	이산	월경 잠교역	통보하지 않음 (강변효시)		압록강
1733년 4월 옹정 11	위원 김상만	월경 잠교역	통보하지 않음 (강변효시)		압록강
1733년 9월 옹정 11	(김상삼)	월경 잠교역	통보하지 않음 (강변효시)		(불확실)
1733년 10월 옹정 11	강계 고산리 20여 명	월경채삼 살인 약탈	통보함	독자적 처리 요구	압록강

18세기 초에 이르러 무인지역이었던 압록강변 수십 처에 중국인의 거주지가 생겨나기 시작하였다. 이들은 대부분 관내지역에서 온 유민들로서 수십 또는 수백 명씩 강변에 모여 살면서 조선의 관노·진졸 등을 끌어들여 채삼·잠상의 거점을 이루었다. 중국인들의 잠상 거점 중에 가장 유명한 곳이 강계의 고산리·

벌등·만포 건너편과 위원의 직동보·갈헌동 건너편이었다. 중국 채렵자들은 땅을 개간하여 정착생활을 영위하는가 하면, 산서(山西, 晉商), 심양 등지의 만금대고(大賈)가 주가 되어 많은 물화를 강변에 비치하고 조선과 잠무역을 벌였다. 위원 건너편에 14·15가의 중국인이 살고 있었는데 일곱 간의 창고에 물화를 쌓아두고 조선과 잠교역을 벌였으며, 조선의 물화를 심양 등지에 내다 팔았다. 이 밖에 강계 벌등포 건너편 중국인들이 넓은 들에 호마(胡馬) 수천 필을 길러 채삼자들에게 공급해 주었다.[69]

그러나 변경무역의 번성함은 오래 가지 못하였다. '청채(淸債) 사건'으로 말미암아 잠상에 대한 단속이 엄해졌기 때문이다. 청채사건이란 조선 상인들이 청나라 난두(攔頭) 호가패(胡嘉珮)에게서 빌린 은값을 갚지 못한 데서 연유된 것이다. 주지하다시피 조선 사신 일행에는 많은 상인이 끼어 있었다. 이들이 책문·심양 등지에서 중국 상인들과 자주 만나 교역을 벌였기에 서로간에 잘 알고 지냈다. 그러던 중 조선 상인들이 호가패한테서 6만 냥이나 되는 물건을 외상으로 가져왔다. 1727년 3월 성경 예부는 조선에 상기 은을 독징(督徵)할 것을 요구하여 호가패가 채 갚지 못한 국고 은에 충당하려 하였다. 그러나 조선은 청에서 제시한 상인 명단이 정확하지 못함을 문제 삼았다. 예컨대 다른 사람의 이름을 대신 기입했거나 가격을 잘못 계산했거나 도망갔거나 또는 사망자가 끼어 있어 은값을 회수하기 어렵다고 답하였다. 성경 예부는 즉시 이 상황을 청 조정에 주문하였으며, 옹정제는 조선의 채은(債銀)을 면제해 줌과 동시에 조선을 질책하는 유지를 보냈다. 황지의 내용은 다음과 같다.

69) 『영조실록』 권34, 영조 9년 5월 무자; 권35, 7월 기축·9월 경자.

> 조선의 전 국왕 이돈(李焞, 숙종)은 재간이 뛰어나고 정령이 엄숙하여 성조인황제(聖祖仁皇帝, 강희제)의 은혜와 찬사를 받았다. 이돈은 그들 나라의 부채자들을 정법하였으니 일을 처리함이 공명하다. 전에 이금(李昑, 영조)이 나약하고 무능하여 권력이 아래에 쏠렸다고 들었는데, 이 자문을 보니 견강부회하는 말은 기필코 배신(陪臣)의 소행이지 국왕의 말이 아닌 것 같으며 자유롭지 못한 탓이다. 그러니 부채를 조사하는 일을 반드시 해내지 못할 것이다. 지금 만약 하지 못하는 일을 부탁하게 되면 짐이 유원(柔遠)하는 뜻에 어긋난다. 이 일은 대질할 필요가 없으며, 관용을 베풀어 조선국인이 갚아야 할 은을 추구하지 마라. 이는 짐이 외번(外藩)에 대한 은혜를 더하기 위한 것이지 내지보다 법을 소홀히 하려는 것이 아니다. 전 국왕 이돈이 백성을 잘 다스린 것에 대해 짐은 지금까지 생각하고 있다.[70]

옹정제는 강희제가 숙종을 치하한 일을 들어 지금의 국왕(영조)은 "나약하고 무능하며 권력이 아래에 쏠렸다"고 비난하였다. 이 같은 내용의 황지가 담겨 있는 예부자문을 조선은 '옹정욕자(雍正辱咨)'라고 불렀다. 그 충격은 삼도구사건 때의 예부자문에 못지않았다. 조선은 유사한 사건이 발생하는 것을 막기 위하여 압록강변 잠상 금단을 강화하였다. <표 5>에서 알 수 있듯이 1732~1733년간 잠상들이 대거 검거되어 처형당했다.

'청채사건'은 책문후시가 폐지되는 단서를 제공하였다. 얼마 후 조선은 압록강에서 다니는 청 마상선(馬尙船) 단속을 요구하였고 이로써 양국의 공동금단 국면이 형성되었다. 압록강 북쪽에 있는

---

70) 『청세종실록』 권61, 옹정 5년 9월 무오.
朝鮮已故國王李焞 才幹優長 政令嚴肅 深蒙聖祖仁皇帝眷注嘉獎 李焞曾將伊國負欠之人正法 想見其辦事之公明 向聞李昑柔懦無能 觀此咨文 推托牽强必其陪臣所爲 非該國王語氣 似此淸查積欠之事 該國王不能辦理 今若以不能辦理之事委之 甚非朕柔遠至意 此案不必質對 其朝鮮國人應還之銀 著從寬免追 此朕加恩於外藩 并非疏法於內地也 至從前該國王李焞理民馭下之善 朕至今思之.

청조 상인들의 잠상·채삼 거점이 연이어 제거되었고 상인들이 성경형부에 압송되어 처벌당했다. 한때 번창하던 양국간의 민간 무역이 큰 타격을 입고 쇠퇴하였다.

2) 월경사건의 유화적인 교섭

삼도구사건을 계기로 월경문제에 대한 청의 태도가 크게 변하여 유화적인 교섭이 이루어졌다. 그 이유는 조선의 엄한 월경 방지책, 사건 발생 즉시 청에 통보하는 적극적인 태도, 삼번의 난 이후 청의 대조선 유화책의 정착과 관련된다. 월경사건에 대한 유화적인 교섭은 다음과 같은 면에서 나타났다.

첫째, 사건 조사를 위하여 사문사를 파견하더라도 조선에 압력을 가하지 않았다. 1690년 경흥·종성 사람들이 후춘에 넘어가 중국 채삼자들이 머물고 있던 움막을 습격하여 중국인 1명을 죽이고 물건을 약탈해 갔다. 비록 사문사가 파견되었지만 다음과 같은 황명을 받았다. "너희들이 조선에 가서 조사할 때 반드시 관대하게 처리하며 심각하게 하지 마라."[71] 기실 청에서 사문사를 파견한 것은 양국 지방관이 보고한 월경자 수가 서로 일치하지 않기에 이를 확인하기 위해서였다. 영고탑장군이 30여 명이라고 보고한 데 비해 조선에서 7명이라고 통보하였다.[72] 각각 다른 월경사건일 수도 있지만, 사문사가 귀국한 후 조선에서 즉각 월경자를 효시하고 "더 이상 힐문할 근거가 없습니다"고 통보하자 청에서도 더 이상 추구하지 않았다.[73]

---

71) 『숙종실록』 권23, 숙종 17년 4월 을축.
72) 『동문휘고』 원편 권52, 범월 12~41쪽.

둘째, 청은 사문사 파견을 줄여오다가 아예 파견하지 않고 조선의 독자적인 조사와 감죄에 맡겼다. 예컨대 1704년 경원·종성·경흥 사람 7명이 교역한다는 명목으로 중국 채삼자 4명을 강변으로 유인해 죽인 일이 발생하였다. 예부에서 사문사 파견을 제의하자 황제는 국왕이 '경신숙저(敬愼夙著)'하므로 대신을 파견할 필요 없이 스스로 사건을 조사하여 죄벌을 정한 후 주문하도록 하라고 명하였다.[74]

셋째, 황제의 최종 재가 시 범인과 지방관에 대한 처벌을 경감하여 호생지덕을 보여 주었다. 조선은 이 점을 이용하여 범인들을 일부러 여러 부류로 나누었다. 전술한 1704년 경원·종성·경흥 월경살인사건의 경우 다음과 같은 세 부류로 나누었다. ① 살인과 약탈에 직접 참여한 4명을 참형에 처하고 처자는 노로 삼고 재산을 적몰한다. ② 살인에 참여하지 않고 약탈에 참여한 2명을 참형에 처한다. ③ 살인과 약탈에 참여하지 않고 물품을 운반하거나 판매한 자 4명을 참형에 처한다. 이로써 최종 재가 시 ②③부류가 면사(免死)되기를 기대한 것이었다. 실제로 ①②부류가 참형에 처해졌고 ③부류가 면사되었다.[75]

옹정연간 조선인 월경문제에 대한 청의 태도가 더욱 유연해져 감·병사에 대한 처벌을 면하였다. 그 실례로서 1729년 9월 온성 사람 7명이 두만강을 건너 해란하와 호랑기하(虎狼基河) 일대에서 도토리를 줍고 사냥하다가 영고탑 소속 갑군에게 붙들렸을 때, 조선에서 함경도 관찰사와 절도사, 온성부사를 혁직하고 처벌할 것을 제의한 데 대해, 황제는 그 부당함을 다음과 같이 지

---

73) 『동문휘고』 원편 권52, 범월 37~39쪽.

74) 『동문휘고』 원편 권53, 범월 43~44쪽.

75) 『동문휘고』 원편 권53, 범월 4~22쪽.

적하였다.

> 국왕이 자칭(咨稱)하기를 조선인 7명이 금령을 어기고 강계(疆界)를 넘었기에 절도사 등 관원을 혁직하고 나문하여 죄를 정한다고 한다. 우매한 백성들이 이익을 추구하기 위해 금령을 어기고 강계를 넘은 것은 내지인(중국인)도 간혹 있다. 관할 지방관이 조사에 실수한 것은 과오가 너무 큰 것이 아닌데 국왕이 절도사 등 관원을 혁직하고 나문하려고 하니 처분이 너무 중하여 법을 행하는 것이 공평을 잃을 수 있다. 금후 형벌 안건에 대해서는 도리를 참작하여 경중을 적당히 할 것을 조선에 행문하여 알리라.[76]

즉 중국인이 조선 경내로 넘어갔을 때 중국 지방관을 처벌하는 원칙에 준하여 조선의 처벌이 너무 중하다고 여겨 멈추도록 하였다. 이 사건을 계기로 그 이후 월경살인사건 외에 일반 월경사건에 대해서는 감사와 병사를 혁직하지 않았다. 부사와 첨사의 경우 혁직만 하고 유배하는 것을 면하였다.[77] 건륭연간에 이르러 월경살인사건이더라도 감사와 병사를 심사의 대상에서 제외시켰고 부사와 첨사 등에 한하였다.

---

76) 『동문휘고』 원편 권54, 범월 2~4쪽.
該國王咨稱 伊國居民七人冒越疆界 將節度使等官革職拿問定罪等語 愚民圖利冒越疆界 卽內地之人亦間有此等事 該管官失於覺察 其過尙小 今該國王將節度使等官擬以革職拿問 處分太重 持法不得其平 嗣後 凡遇刑罰案件 務期酌理輕重允當 著行文該國知之 欽此.

77) 1750년 김인술 월경살인사건, 1756년 조자영 월경살인사건, 1764년 봉황성 갑군 상덕(常德) 피살사건에 대하여 함경도·평안도의 감·병사를 혁직하였고, 온성부사·의주부윤을 혁직, 유(流) 2,000리에 처했으며, 종성부사를 혁직, 유(流) 3,000리에 처했다. 그러나 1761년 김순정 월경사건에 대해서는 함경도 감·병사를 그대로 유임시켰고, 삼수부사·갈파첨사를 혁직하고 유(流)죄를 면했다. 1762년 평안도 박후찬 월경사건에 대해서는 평안도 감·병사를 유임시켰고, 강계부사·상토첨사·만호 등을 혁직하고 유죄를 면해주었다(『동문휘고』 원편 권56, 범월 12쪽부터 원편 권59, 범월 44쪽까지 참조).

3. 건륭연간 유화적인 교섭

1) 청조의 봉금책과 강변파수 강화 요구

명말청초 요동의 농민들은 대부분 전란을 피하기 위하여 관내 지역이나 한반도로 도망갔다. 그리하여 요동의 인구수가 현저히 줄어들었다. 게다가 1644년 청조의 거족적인 중원 입관으로 만주의 인구수가 더욱 줄었다. 1653년 청은 후방기지를 공고히 하고 발상지를 충실히 하기 위하여 '요동초민개간령'을 반포하였지만, 처음에는 별로 효과를 보지 못하였다. 관내지역의 한인(漢人)들은 고향을 등지고 인적이 드문 만주로 나가려 하지 않았다. 1680년대에 이르러 삼번의 난이 평정되고 청의 국내 형세가 점차 안정되고 사회경제가 회복 발전되면서 인구가 팽창하고 토지겸병과 자연재해의 빈발 등으로 인하여 산동·하북 일대 농민들이 토지를 상실하고 유민으로 전락되었다. 이들은 생계난을 타개하기 위하여 토지가 넓고 인구가 희소한 만주지역으로 향하게 되었다. 1680·90년대부터 시작된 관내 한인들의 만주 유입의 물결은 18세기 초에 이르러 더욱 거세졌다. 이에 청조는 만주에 대한 봉금의 필요성을 느끼게 되었고, 발상지를 한인으로부터 완전히 격리시키고자 하였다. 1740년 건륭제는 병부 좌시랑 서혁덕(舒赫德)에게 다음과 같이 명하였다.

> 성경은 만주의 근본지이며 매우 중요한 곳이다. 지금 그곳에 많은 민인(漢人을 가리킴)들이 모여 땅을 차지하여 개간하고 있다. 성경지방은 양곡이 충족하여 민인에 의지하지 않더라도 유지할 수 있다. 그들(漢人)에게 점거되기보다는 기인(旗人)들이 땅을 개간하는 것이

> 낫다. 설령 기인들이 땅을 개간하지 못하더라도 그냥 비워두어 병사를 훈련하거나 위렵(圍獵)하여도 좋다. 네가 그곳에 가서 액이도(額爾圖, 성경장군)와 함께 상세히 의논하여 주문하라.[78]

즉 성경의 땅은 반드시 만족에 의해 점거되어야 한다는 독점의식을 나타냈다. 서혁덕이 성경에 도착한 후 성경장군과 함께 구체적인 방안을 내놓았는데, 성경지역에 대한 봉금 8조항이다. 그 상세한 내용은 다음과 같다.[79]

① 무역인 또는 독신 용공(傭工) 외에 가족을 거느리고 산해관을 통해 봉천으로 이주하는 것을 엄금한다.

② 내지 상선(商船)에 많은 사람을 태우고 봉천에 들어가는 것을 엄금한다.

③ 봉천에서 거주한 지 오래된 내지 민인은 보갑에 편입시키고 그렇지 않을 경우 원적지로 돌려보낸다.

④ 공한지는 전적으로 기인이 개간한다.

⑤ 봉천에서 광산물을 채취하는 것을 엄금한다.

⑥ 인삼을 투채하는 자를 중히 치죄한다.

⑦⑧조항은 종실의 풍속을 정비하며, 산해관을 나가는 기인에게 인표를 발급하여 조사에 응하도록 한다는 내용이다.

이상 8조항은 봉천지역에 대한 전면적인 봉금을 뜻한다. 이밖에 1741년 길림에서 그 다음해 흑룡강에서 봉금을 선포하였다.

한편 한족 농민들이 만주로 나가는 것을 막기 위하여, 1746년

---

78) 『청고종실록』 권115, 건륭 5년 4월 갑오.
盛京爲滿洲根本之地 所關甚重 今彼處聚集民人甚多 悉將地畝占種 盛京地方糧米充足 幷非專恃民人耕種而食也 與其徒令爾等占種 孰若令旗人耕種乎 卽旗人不行耕種 將地畝空閒 以備操兵圍獵 亦無不可 爾至彼處與額爾圖詳議具奏.

79) 『청고종실록』 권115, 건륭 5년 4월 갑오.

청조는 고북구(古北口)·용정관(龍井關)·청산구(靑山口)·유목령(楡木嶺)·찰아구(擦牙口) 등 관구를 폐쇄하였다. 또 봉천으로 나가는 상인은 반드시 인표를 가지고 나가야 하며 산해관을 거쳐 나가야 한다고 규정하였다. 산해관의 예에 따라 희봉구(喜峰口) 등에서도 행인을 조사하고 인표가 있는지 여부를 검사하였다. 또 각 해구에 명하여 인표를 검사하고 유민일 경우 원적지에 돌려보내도록 하였다.[80)]

만주지역에 들어온 자들이 채삼하거나 수렵하고 땅을 개간하는 것을 막기 위하여, 유조변 각 변문과 변대(邊臺)의 기찰을 강화하였다. 피갑(披甲)을 증설하여 행인을 조사하고 또 삼산과 가까운 변외(邊外)지역에 카륜(卡倫, 초소)을 설치하였다. 18세기 초 성경노변 동단 양측에는 55개의 카륜이 있었고, 1740년대에는 100여 개로 늘어났다.[81)]

한편 성경·길림에 설치된 카륜은 관내지역 유민의 유입을 저지하는 역할뿐 아니라, 강을 사이 두고 있는 조선 변민들을 감시하고 월경을 저지하는 역할도 하였다. 성경노변 동단에 설치된 수십 개의 카륜, 특히 중강 동북쪽 호이산(虎耳山) 카륜의 역할이 더 두드러졌다. 두만강 이북에도 카륜이 설치되었다. 1714년 훈춘에 협령을 설치하고 3좌령을 두었다. 그 이후 훈춘경내에 19개의 카륜을 설치하였으며, 두만강에서 기찰하는 관병 12명, 카륜을 관리하는 관병 7명을 두었다.[82)]

이처럼 자국 경내에서 기찰을 강화하였을 뿐만 아니라 조선에 강변파수를 강화할 것을 요구하여 봉금의 효과를 노렸다. 조선의

80) 『청고종실록』 권261, 건륭 11년 3월 갑오.
81) 『중국동북사』 제4권, 1400~1405쪽 참조.
82) 李澤權, 「古代琿春地區行政機構沿革」, 『長白山地理論文集』, 延邊大學出版社, 1991, 12쪽 참조.

강변파수는 일찍이 홍타이치시기부터 후금의 압력하에 설치되기 시작하여, 1662년 의주민 월경벌목사건을 계기로 중강 부근의 각 섬에서 개간하던 민호를 철수시키고 27개나 되는 파수를 설치하였다.[83] 이 밖에 1685년 삼도구사건 발생 후 압록강 상류 폐사군 지역에 100여 개에 달하는 파수를 설치하였다.

1762년 강계에서 10명이 초피를 채취하기 위해 월경했다가 청나라 갑군에게 잡혔다. 이때 월경자들이 조선 측 강변파수가 철수한 틈을 타서 압록강을 건넜다고 공술하자, 청에서 그 부당함을 다음과 같이 지적하였다.

> 조선은 강변에 카룬을 설치할 경우 항상 설치해야 하며, 사람을 윤번으로 바꾸되 철회하지 말아야 한다. 여름에 설치했다가 8월에 곧바로 철수하게 되면 도망자를 어떻게 막을 수 있겠는가? 당해 부에 넘겨 조선에 이자(移咨)하도록 하라.[84]

이에 조선은 강변파수가 항상 설치되어 있음을 다음과 같이 표명하였다.

> 카룬(강변파수를 일컬음)을 철수했다는 말은 허황되고 교악합니다. 강변 카룬은 본래 기찰하고 방수하기 위해 설치된 것인데, 어찌 여름에 잠시 설치했다가 가을에 철수할 수 있겠습니까? 연강에 열치되어 있고 또 철수하지 않은 것은 상국의 변민도 다 아는 사실입니다.[85]

---

83) 田翊規, 『龍灣志』, '把守'조.

84) 『동문휘고』 원편 권58, 범월 23쪽.
朝鮮旣在江岸安設卡倫 理應永遠安設 但令換人而不撤卡倫 方爲允協 若夏季安設 八月又卽捲撤 此間若有逃人如何防範 著交該部移咨該國.

85) 『동문휘고』 원편 권58, 범월 27~28쪽.
卡倫卷撤之語 不但虛謊 亦甚巧惡 江邊卡倫本爲譏察防守而設 則寧有夏季暫設秋後旋撤之理耶 其沿江列置無時或撤 此固上國邊民之所共知也.

즉 가을에 강변파수를 철수했다는 범인들의 공술을 일축하였다. 이상의 사실을 통해, 건륭대 청의 만주에 대한 봉금책은 조선의 지지와 협조가 없이는 실시되기 어렵다는 점을 확인할 수 있다. 다시 말하여 청조의 압록강·두만강 이북에 대한 봉금책은 조선의 월경 단속과 보조를 같이 해야 효과를 거둘 수 있었다.

2) 월경사건의 교섭 처리

건륭연간에 이르러 조선인의 월경사건이 현저히 줄어들었다. 이는 청조의 만주 봉금책 실시와 함께 양국의 변금(邊禁)이 엄해지고 또 강북의 자연삼이 근절된 것과도 무관하지 않다. 이 시기 조선인 월경사건에 대한 교섭 및 처리 양상을 <표 6>을 통해 살펴보면 다음과 같다.

〈표 6〉 건륭연간 조선인 월경교섭 사례

내용 / 연대	소속 지방	월경사건	조선의 처리	청의 처리	연강
1739년 건륭 4	온성 유원진 6명	잠교역	통보함	독자적 처리 요구	두만강
1750년 건륭 15	온성 7명	살인 약탈	통보함	회동조사 실시	두만강
1756년 건륭 21	종성 6명	살인 약탈	통보함	회동조사 실시	두만강
1761년 건륭 26	삼수 갈파진 7명	채삼	통보함	독자적 처리 요구	압록강
1762년 건륭 27	강계 10명	초피 채취	통보함	독자적 처리 요구	압록강
1764년 건륭 29	의주 잠상 2명	잠교역 갑군 살해		회동조사 실시	압록강

첫째, 청은 월경사건에 대한 형벌을 낮춰 월경 주창자를 참하던 데로부터 완형(緩刑)을 실시하여 '교감후추후처결(絞監候秋後處決)'률을 적용하였다. 즉 교형을 선포하되 잠시 수감했다가 추심(秋審, 가을 심사) 시 처결하는 방법이다. 그러나 추심에서 실형이 집행되는 경우가 적었고 대부분 사죄가 면해져 유배되었다.

이 같은 처리는 1739년 김시종(金時宗)사건에서 시작되었다. 그 전말을 살펴보면, 함경도 유원 김시종 등 6명이 중국 채삼자들의 사주로 국내에 왕래하면서 교역을 하다가 파수군에게 잡혔다. 조선에서 김시종 등을 참형에 처할 것을 청한데 대해, 청 예부는 김시종 등이 비록 "금령을 어겼지만 겁탈하고 살인한 중대한 사건이 아니기에 참형에 처하는 것이 부당하므로", "연변 관새(關塞)를 넘어 다른 나라 사람과 교통한 자를 교감후율(絞監候律)에 처하는 예에 따라 교감후추후처결"하도록 하였다. 이에 대해 조선 재자관은 조선에는 "추심하는 예가 없으며, 황지를 받은 후 처결해야 하는 자는 즉시 처결하고, 잠시 수감했다가 가을에 처결해야 하는 자는 가을에 즉시 처결합니다"고 답하였다. 예부 관원은 그럴 경우 범인들이 "비록 관용의 은혜를 받고자 하여도 즉시 처결되어 황제의 하늘과 같은 호생의 뜻이 미치지 못하므로" 범인의 성명·나이·원적지 등을 청조의 추심책(秋審冊)에 올려 추후처결에 대비하도록 하라고 하였다.[86]

그 이후 연속 3년간 청에서 김시종 등을 완형에 처함을 알려왔다. 1743년에 이르러 드디어 범인들을 "면사하여 감등 발락하도록" 하였다.[87] 그러나 1년 전에 조선은 이미 김시종 등을 교

86) 『동문휘고』 원편 권55, 범월 7~17쪽.
87) 『동문휘고』 원편 권59, 범월 21~22쪽, 36~39, 41~42, 44~46쪽.

형에 처했다. 이들이 삭발 변복하고 청인들과 왕래한 것이 지극히 낭자하므로 일률로써 처결해야 한다는 건의가 받아들여져 처형하였다.[88]

김시종사건을 계기로 일반 월경사건에 대해서는 주범·종범을 가리지 않고 모두 교감후추후처결률을 적용하여 사죄를 면해주고 몇 년간 수감했다가 유배하였다. 1761년 삼수 7명이 월경채삼한 일, 그 이듬해 강계 10명이 월경수렵한 일 등에 대해 완형을 실시하였다. 청조에서 연속 10여 년간 완형을 실시함을 알려오다가 1776년에 이르러 두 사건의 범인 총 10여 명을 감등 발락하라고 통보하였다.[89] 그러나 이에 앞서 조선은 체옥(滯獄)의 폐단 때문에 범인들을 한동안 수감했다가 변지에 유배하였다.[90]

한편 청은 완형으로 인하여 조선인의 월경 폐단이 심해지는 것을 막기 위하여 얼마 후 주범에 대한 완형을 취소하고 참형을 실시할 것을 요구하였다. 1764년 예부자문의 내용은 다음과 같았다. "금후 만약 이와 같은 범인이 있을 경우 수악자(首惡者)는 명백히 전형(典刑)에 따라 처리하고 협종자에 대해서는 여전히 분별하여 완형에 처리하라."[91] 즉 주창자를 참형에 처하고 수종자를 교감후율로 처리한다는 것이다.

둘째, 월경살인사건에 대해서는 조청 양국에서 각각 형관을 파견하여 청 경내인 봉성이나 심양에서 회동조사를 행하였다. 회동조사가 이때부터 시작된 것이 아니고 1711년 위원사건의 전례를 따른 것이었다. 회동조사의 지점을 청 경내로 설정한 것

88)『비변사등록』 110책, 영조 18년 7월 1일.
89)『동문휘고』 원편 권59, 범월 12~13쪽.
90)『비변사등록』 145책, 영조 40년 정월 10일.
91)『동문휘고』 원편 권59, 범월 1~2쪽.

은 청사를 접대하는 비용을 절감함과 동시에 국왕을 조사에서 제외시킴으로써 조선에 대한 압력을 늦추기 위해서였다. 한편 양국에서 공동으로 형관을 파견함으로써 사건조사의 공평성도 상정되었다.

1750년 온성 김인술(金仁述) 월경살인사건, 1756년 종성 조자영(趙自永) 월경살인사건에 대해 회동조사를 실시하였다.[92] 청조에서 형부시랑 1명, 성경 형부시랑 1명을 파견하고 조선에서 형조 관원 1명을 파견하였다. 회동조사 지점을 조선 국경과 가까운 봉황성으로 정했다. 그러나 1764년 봉황성 갑군이 의주 토병에게 살해된 사건에 대해서는 회동조사 지점을 심양으로 정했다. 성경장군의 뜻에 따른 예외적인 조치였다.

이상 월경살인사건은 일반 월경사건보다 중히 다뤄졌다. 위 세 사건의 주범 총 15명이 참형에 처해졌다. 지방관에 대한 처벌도 무거웠다. 함경도·평안도 관찰사와 절도사가 혁직되었고, 온성부사·종성부사·의주부윤이 혁직 및 유 2,000리에 처해졌다. 이와 동시에 월경 금단을 소홀히 한 청 측 변경 관리의 책임을 물어 봉황성 성수위(城守尉)를 강등 1급에 처하고, 부하를 사사로이 초소에서 내보낸 중강 카룬 효기교(驍騎校)를 벌봉 1년에 처하였다.[93] 양국의 변경 관리를 독촉하여 변금을 엄히 하고자 하였다.

한편 월경사건에 대한 청의 유화책이 실시되면서 조선은 사건처리를 여유 있게 진행할 수 있었다. 숙종대의 경우 월경자가 검출되면 즉시 재자관 또는 재주관(賫奏官)을 파견하여 청에 통보하였지만, 영조 중후기에 이르러 일반 월경사건에 대해서는

---

92) 『동문휘고』 원편 권59, 범월 1~40쪽.
93) 『동문휘고』 원편 권59, 범월 13~44쪽.

특별히 재자관이나 재주관을 파견하지 않고, 몇 달간 기다렸다가 역행(曆行)이나 동지사행 때 자문을 따라 보냈다. 1742년의 경우 월경사건에 관한 자문 3통이 반년 또는 1년 이상 연체되어 있었다.[94]

94) 『비변사등록』 110책, 영조 18년 7월 1일.

제 4 장

강희연간 조청간의 사계와 정계 교섭

1. 1679년 청조의 사계 계획
2. 임신사계 요청과 조선의 저지
3. 1711년 청의 사계와 조선의 저지
4. 1712년 백두산정계비 수립

제4장 강희연간 조청간의 사계와 정계 교섭

1. 1679년 청조의 사계 계획

강희제가 백두산에 관심을 갖게 된 것은 청조 선조의 발상 신화와 관련이 있다. 『청태조실록』에는 청조 조상의 기원에 대해 다음과 같이 기록하였다.

> 선세(先世)는 장백산에서 발상하였다. 장백산은 높이 200리이고 천리에 뻗어 있다. 산 위에 담이 있는데 달문(闥門)이라고 칭한다. 둘레가 80리이고 압록・혼동(混同)・애호(愛滹) 등 세 강이 여기에서 나온다.…산 동쪽에 포고리산(布庫里山)이 있고 산 아래 못이 있는데 포이호리(布爾湖里)라고 부른다. 전하는 바에 의하면, 천녀(天女) 셋이 살았는데, 은고륜(恩古倫)・정고륜(正古倫)・불고륜(佛古倫)이라고 불렸다. (천녀들이) 못에서 목욕하였다. 목욕이 끝나자 신작(神雀)이 주과(朱果)를 물고 날아와서 셋째 천녀 옷에 넣었다. 셋째 천녀가 이를 아껴 땅에 버리지 않고 입에 넣고 옷을 입자 (주과가) 홀연히 뱃속에 들어가 잉태되었다.[1]

즉 셋째 선녀가 신작이 물어온 주과를 먹고 청의 조상인 애신

---

1) 『청태조실록』 권1, 21~22쪽.
先世發祥於長白山 長白山高二百里 綿亘千里 山之上有潭曰闥門 周八十里 鴨綠・混同・愛滹三江出焉…山之東有布庫里山 山之下有池 曰布爾湖里 相傳有天女三 曰恩古倫・次正古倫・次佛古倫 浴池 浴畢 有神雀銜朱果置季女衣 季女愛之 不忍置諸地 含口中甫被衣 忽已入腹 遂有身告.

각라(愛新覺羅)·포고리옹순(布庫里雍順)을 잉태한 설화를 담은 내용이다.

강희제의 조상 발상지에 대한 관심은 1671년 '환우일통(寰宇一統)'을 알리고자 성경에 가 조상의 능에 제사를 지내면서부터 시작되었다.[2] 1677년 5월 강희제는 내대신 무묵눌(武默訥), 시위(侍衛) 비요색(費耀色), 색호례(塞呼禮) 등 4명을 백두산과 영고탑 일대에 보내 발상지를 답사하게 하였다. 이들은 길림 오라(烏喇)에서 송화강을 거슬러 올라가 6월에 백두산 정상에 오르고 천지를 둘러본 후 7월에 영고탑·회령 등지를 답사하고 8월에 북경에 돌아왔다.[3] 9월 강희제는 백두산은 "발상중지로서 기적이 매우 많으므로 산령에 대해 봉호를 행하여 영원토록 제사를 지내야 한다"고 하였다. 그 이듬해 1월 '장백산지신(長白山之神)'을 봉하고, 사전(祀典)을 5악과 동일하게 하였다.[4]

2년 뒤 1679년 강희제는 통관 장효례(張孝禮)를 영고탑에 보내 오라장군과 함께 회령에 가서 백두산으로 가는 지리를 탐문하게 하였다. 그때의 상황을 통관 장효례가 조선 수역 안일신(安日新)에게 다음과 같이 전하였다.

> 작년에 영고탑에 가게 된 것은 조선 북로와 백두산이 매우 가깝기에 황제가 (조선에) 길을 빌려 다녀오되, 도리가 얼마나 되는지를 알아 오라고 하여 오라장군과 함께 회령에 갔습니다. 요동에서 얻은 지도를 가지고 지방 수령에게 거리를 물었으나 다들 모른다고 답했습니다. 그리하여 오라 사람들이 말한 것과 지도를 참조하여 도사(圖

2) 『청성조실록』 권36, 강희 10년 9월 3일 신해.
3) 『팔기통지』 초집 권185, '武默訥傳'; 『吉林通志』 권1, '武默訥奏文'; 『淸史稿』 列傳 권70(張存武, 「淸代中韓邊務問題探源」, 474쪽에서 재인용).
4) 『청성조실록』 권69, 강희 16년 9월 병자; 권71, 강희 17년 정월 병술.

寫)하여 (황제에게) 올렸습니다. 황제가 지도를 보면서 조선 북로의 잔성(殘盛)함과 인가에 대해 물었습니다. 그리하여 조선 북방은 사람이 매우 적으며 1일정을 가도 한두 집밖에 없으며, 집을 짓지 못하고 토우(土宇)에 머물러 살며, 읍의 성부(城府)도 매우 쇠잔하여 한 개 성에 많게는 50인가 적게는 30인가밖에 없다고 답했습니다. 그랬더니 황제가 그러면 그 길로 가지 말라고 하였습니다.[5]

즉 강희제가 사람을 파견하여 두만강 남쪽 조선 경내를 경유하여 백두산을 답사하려 하였으나 조선의 북변이 잔폐하고 인가가 드물다는 말을 듣고 답사가 너무 힘들까 우려하여 계획을 포기하고 말았다.

청조의 백두산 답사소식이 조선에 전해왔고 조선의 의구심을 증폭시켰다. 이때는 삼번의 난 기간이었다. 청조가 장차 중원에서 패하여 옛 활동지인 영고탑으로 돌아갈지도 모른다는 이른바 영고탑패귀(敗歸)설이 크게 나돌았다. 백두산 답사계획은 패귀설에 더욱 힘을 실어 주었다. 같은 해 12월 북병사 유비연(柳斐然)이 통관 장효례를 통해 얻어들은 청의 지리조사 소식을 다음과 같이 계문하였다.

차사원 부령부사 최량필(崔良弼)에게 물었더니 지도는 도첩이었으며, 우리나라의 장지 한 폭이었다고 합니다. 평안도의 청북 여러 읍으로부터 북관행영・육진・삼갑, 그리고 영흥부 지계에 이르기까지

---

5)『동문휘고』보편 권2, 사신별단 8쪽.
張孝禮謂首譯曰 俺於昨年入往寧古塔 皇帝聞朝鮮北路捷近白頭山 欲借路往來使俺探道里幾許 故俺與兀喇將帥偕往會寧 以遼東所得地圖 詢問遠近於其地守領 皆言不知 聞兀喇人所言 叅以地圖 圖寫以進 且與偕來 皇帝按圖親問曰 朝鮮北路殘盛何如 人家幾何 俺以實對曰 朝鮮北方甚蕭條 一日程之間僅一二人家 而不能造屋 皆處土宇 列邑城府亦甚殘 一城人家多不過五十 小不滿三十 皇帝曰 然則此路不可行也.

> 열읍의 산천을 완연히 그려냈습니다. 그들 쪽(淸)의 오국성(五國城)·여진 갈가퇴(乫加退)·문암(門巖) 등도 있었습니다. 대통관 장효례에게 묻기를 "외국의 지형을 어찌 이렇게 상세히 알 수 있는가?"고 하였더니 (장효례가) 답하기를, "천하지도로부터 베껴낸 것"이라고 하였습니다. 그들이 우리나라 산천 도리의 멀고 가까움을 알아내어 지도를 작성하려고 하는 것인지? 아니면 이를 핑계로 허갈하여 사람을 미혹시키려 하는 것인지? 그간의 사정은 알 수 없습니다.[6]

조선은 대책 마련에 급급하였다. 국왕은 북병사의 건의를 받아들여 함경도 낙산(櫟山)·풍산 두 진을 수축할 것을 명하였다. 또 삼수·갑산으로부터 동해안에 이르는 어염의 길을 폐하고 북변의 진보와 봉수 노선을 조절하였다.[7]

두만강 남쪽 조선 경내를 경유하여 백두산을 답사하려던 계획이 포기된 후, 청은 또 압록강 남쪽 조선 경내를 통하여 백두산에 이르고자 계획하였다. 이에 관해 통관 장효례가 회령부사에게 다음과 같이 전하였다.

> 황제가 나로 하여금 반드시 백두산을 보고 오라고 하였습니다. 그때는 의주 강변을 경유하여 이곳으로 오게 될 것입니다.[8]

그러나 이 계획도 실행에 옮기지 못하였다. 확실한 이유는 알

---

6) 『숙종실록』 권8, 숙종 5년 12월 계유.
所謂地圖 更問於差使員富寧府使崔良弼 則以爲圖帖卽我國一幅壯紙 而蓋自平安淸北諸邑以及北關行營·六鎭·三甲 終至永興府地界 而列邑山川宛然畵出 彼邊五國城·女眞乫加退·門巖等地亦在其中 問於大通官張孝禮曰 外國地形何以詳知也 答曰 以天下地圖謄寫持來云 未知彼人欲知我國山川道里遠近 作爲此圖歟 抑托此虛喝 欲使人疑惑歟 其間情僞有未可測.

7) 『숙종실록』 권8, 숙종 5년 12월 계유.

8) 『숙종실록』 권8, 숙종 5년 12월 계유.
皇帝必使俺見白頭山 伊時自義州江邊作行來此.

수 없으나, 1680년 2월 원접사 민암(閔黯)이 태화전(太和殿) 화재 소식을 전하러 온 청사에게서 다음과 같은 말을 전해 들었다.

> 이번의 상칙(上勅)이 작년에 백두산을 치제하고 돌아왔을 때 집정(執政)이 황제의 명으로 "백두산 남쪽이 조선의 어느 읍 지경이며, 지세의 평탄함과 험함이 어떠한가?"고 물었습니다. 마침 지진이 크게 일어나 상하가 모두 황황(遑遑)하여 말을 잇지 못하고 끝냈다고 합니다.[9]

당시 북경에 큰 지진이 일어난 것은 사실이었다. 조선 회환 사신의 보고에 의하면, 북경에 달마다 3·4회 정도 지진이 일어났으며 가옥이 무너지고 화재가 끊이지 않았으며 온역이 퍼져 매일 사망자가 얼마인지 헤아릴 수 없다고 하였다.[10] 이로 미루어 보아 북경의 대지진으로 인하여 압록강 남쪽 연변을 따라 백두산을 답사하려던 계획을 포기한 것 같다.

이상 1679년 청에서 통관 장효례를 파견하여 조청 변경과 백두산을 답사하려고 한 것은 『성경통지』 편찬을 위해서였다. 『성경통지』는 『일통지(一統志)』의 일부분이다. 일찍이 1671년 대학사 위주조(衛周祚)가 전국 각 성의 통지를 편찬하여 『일통지』 편찬을 위한 준비작업을 할 것을 주청하였다. 그러나 그 이후 8년에 걸친 삼번의 난으로 『일통지』를 편찬할 겨를이 전혀 없었다.[11]

그럼에도 불구하고 만주의 일부 지리지가 편찬되었다. 1677년 『철령현지(鐵嶺縣志)』가 편찬되었고, 그 이듬해 『개원현지(開原縣志)』가 편찬되었다. 1680년 『금현지(錦縣志)』 『영원주지(寧遠州

---

9) 『숙종실록』 권9, 숙종 6년 2월 임오.
今此上勅昨年致祭白頭山而還 則執政以皇帝命招問 白頭山南邊 接朝鮮何邑之境 地勢夷險復何如 會地震大作 上下遑遑 不得畢說而罷云.

10) 『동문휘고』 보편 권2, 사신별단 7쪽.

11) 杜瑜, 『輿地圖籍: '異域錄'與'大淸一統志'』, 遼海出版社, 1997, 182쪽.

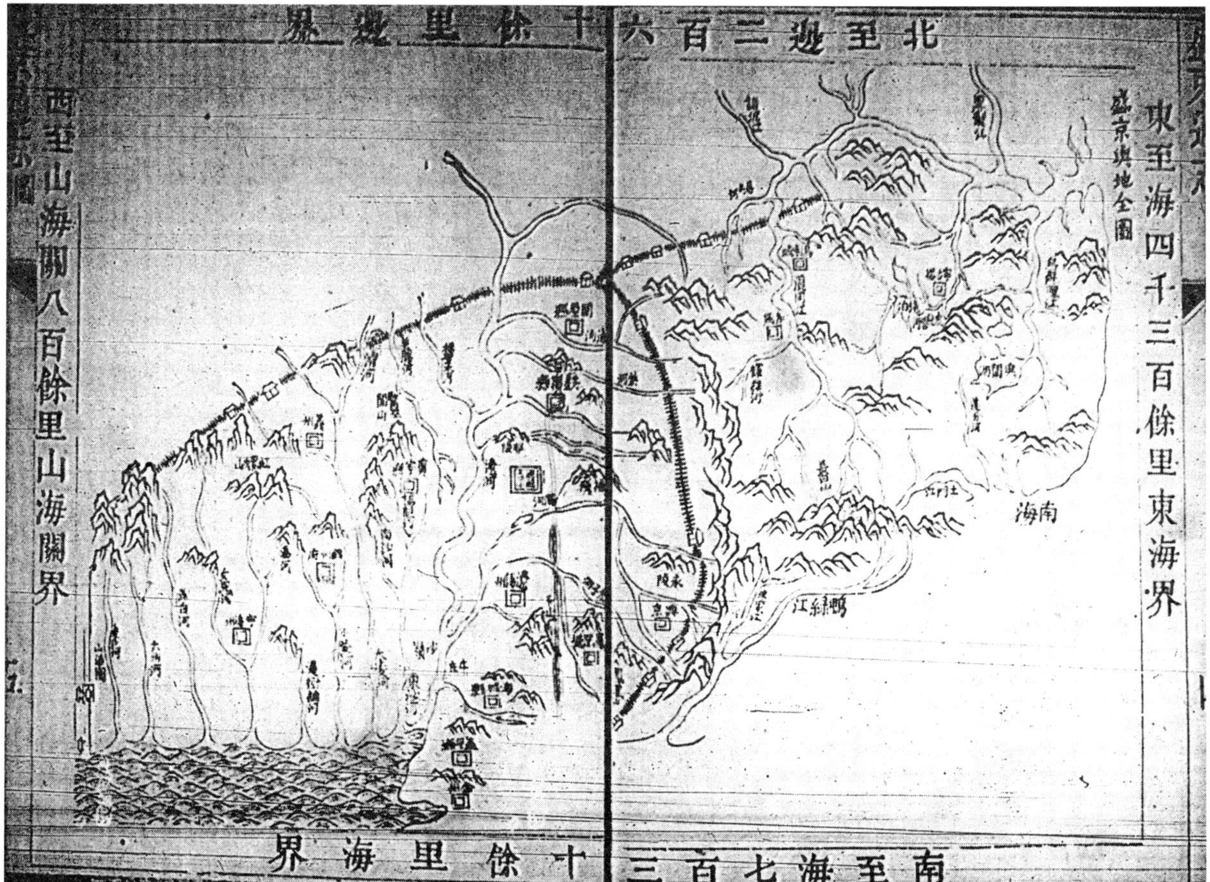

〈지도 3〉 성경통지 성경여지전도(1684)

志)』『광녕현지(廣寧縣志)』가 편찬되었고, 이 세 개의 지가 합쳐져『금주부지(錦州府志)』가 되었다. 같은 해『요양주지(遼陽州志)』가 편찬되었고, 1682년『개평현지(開平縣志)』가 편찬되었다. 삼번의 난이 평정되자 청조는 통지 편찬사업을 본격적으로 추진하였다. 1683년 동병충(董秉忠)을 봉천부윤으로 임명하여『성경통지』편찬을 추진하도록 하였다. 그 이듬해 1684년 32권으로 된『성경통지』가 완성되었다.[12] 그러나 위에서 본 것처럼 1679년 청조의 백두산 답사계획이 포기됨에 따라『성경통지』「성경여지전도」(지도 3 참조)의 압록강·두만강·백두산 부분이 극히 소략하게 다뤄졌다.

2. 임신(1692)사계 요청과 조선의 저지

1684년『성경통지』가 완성된 이후에도『일통지』편찬을 위한 지리조사가 계속 진행되었다. 조선 측 사료에 의하면, 1684년 청에서 네 방향으로 나누어 관외(關外, 산해관 밖)지역을 답사하였다. 한 갈래가 심양으로부터 영고탑까지, 한 갈래가 몽고지방, 또 한 갈래가 금주(金州)·복주(復州)·해주(海州)·개주(盖州) 등 연해지역, 마지막 한 갈래가 산해관으로부터 심양까지를 답사하여 지도를 그려 올리도록 하였다.[13] 그중 한 갈래가 압록강 상류 조선변경 가까이에서 산천형세를 그리다가 조선 채삼자들과 충돌하여 삼도구사건이 발생하였다. 2년 뒤 1686년 강희제는 늑덕홍(勒德洪) 등 7명을 일통지 총재관으로 임명하여 일통지 편찬

12)『중국동북사』제4권, 1734~1739쪽;『성경통지』, 변성정(邊聲廷)의 서(序), 1684.
13)『동문휘고』보편 권2, 사실별단 27쪽.

사업을 본격적으로 추진하였다.[14)]

1691년 10월 강희제는 성경장군과 영고탑장군이 영고탑·오라 일대에 대한 지리조사 결과가 서로 일치하지 않은 것을 발견하고, 종실 사산(査山), 상서 도납(圖納) 등 다섯 신하로 하여금 영고탑·오라에 가서 착오를 수정하고 아울러 이듬해 압록강에서 두만강까지 백두산 이남 지역을 조사할 것을 명하였다. 즉 조청 변경과 백두산에 대한 답사를 재차 명하였다. 이에 관한 황지의 내용은 다음과 같다.

> 훈춘(渾春) 토문강(土門江) 등에 해마다 큰 눈이 내려 너희들은 반드시 도착할 수 없을 것이다. 지금 영고탑·오라 등 지방에 가서 틀린 곳을 수정하며, 장백산 이남 의주강에서 토문강 사이는 매우 넓어 한번에 다 주행하여 상세히 볼 수 없으므로 지금 조선 사신이 왔을 때 행문하여 의주강에서 토문강까지 그 나라 접경지의 도로를 잘 아는 사람을 미리 준비해 두었다가 내년에 다시 가 보도록 하라. 태학사 및 예부와 함께 의주(議奏)하라.[15)]

즉 압록강으로부터 백두산에 이르고 다시 토문강(두만강)[16)]으

---

14) 『청성조실록』 권124, 강희 25년 3월 5일 기미.

15) 『동문휘고』 원편 권48, 강계(疆界) 1~2쪽.
渾春土門江等處 每年必有大雪 爾等斷不能到 今爾等往寧古塔·烏喇等地方 現在應看之處 如有舛錯者 詳閱回來 其自長白山以南義州江 至土門江 中間甚爲遼闊 一次不能週行詳閱 現今朝鮮國來使 應行文朝鮮國 自義州江至土門江 有熟諳伊國接壤地方道路之人 着令豫備 俟來年再往看閱之處 着會同太學士禮部議奏.

16) 강희 황지의 토문강(土門江)이란 조선에서 일컫는 두만강을 가리킨다. 이는 아래의 기록에서 확인된다. ①1712년 정계에 관해 논의할 때 이조 참의 이광좌(李光佐)가 "청 자문에 이른바 토문강이란 화음(華音)으로 두만강을 말합니다"고 하였다(吏曹參議李光佐曰…彼咨中所謂土門江 卽華音豆滿江也. 『비변사등록』 64책, 숙종 38년 2월 30일). ②조선에서 청사 목극등 등을 접대하기 위해 정한 '차관접대사의별단(差官接待事宜別單)'에 토문(土門)·두

로 가는 길을 안내할 것을 조선에 공식 요청하였다. 이것이 조선에서 말하는 '임신사계'이다.

청의 사계 요청은 조선의 의구심을 증폭시켰다. 특히 이에 앞서 1690년 조선 회환사신으로부터 몽고 황태길(黃台吉)·청태길(靑台吉)이 반란을 일으켰다는 소식이 전해와, 조정 민심이 극히 혼란스러웠다.[17] 일부 신하들은 청이 필시 옛 지방인 영고탑으로 돌아갈 일이 생겨 백두산 지도를 그린다는 구실로 조선 서북로의 형세를 정탐하려는 것이라고 보았다.[18] 또 일부 신하들은 북한산성을 쌓아 변이 생길 경우 국왕의 임시 주필소로 삼을 것을 제의하였다.[19]

그러나 청에서 황지로서 5사(使)를 파견한다고 알려 온 이상 청사를 맞이할 준비를 하지 않을 수 없었다. 우선 서북 도신(道臣)으로 하여금 연변 형편을 묘사해 오도록 하였다. 그때까지 조선에서 연변 산천의 형세를 잘 몰랐기 때문이다. 이와 동시에 지형이 험하여 길을 안내하기 어렵다는 내용으로 청에 자문을 보내 청의 반응을 지켜보기로 하였다.[20] 1691년 12월 조선의 자문 내용은 다음과 같다.

지금 소방으로 하여금 남안 일대를 따라 길을 안내하라고 하므로

만(豆滿)이 동일한 두만강을 가리킴을 주의 사항으로 올리고 있다(『비변사등록』 64책, 숙종 38년 3월 5일). ③1757년 조선인 월경살인사건이 발생하였을 때, 청은 예부자문을 통해 월경자 공사(供辭)에 두만강이란 토문강을 가리키는 것이냐고 물었다. 조선은 회자(回咨)에서 조선에서 속칭하는 두만강이란 청에서 말하는 토문강을 가리키며, 토문과 두만은 1강 2명이라고 답했다(『동문휘고』 원편 권57, 범월20, 26~27쪽).

17) 『숙종실록』 권22, 숙종 16년 7월 임인.
18) 『숙종실록』 권31, 숙종 23년 5월 정유.
19) 『숙종실록』 권23, 숙종 17년 11월 기묘.
20) 『숙종실록』 권23, 숙종 17년 11월 병인·정묘·갑술.

> (소방은) 반드시 미리 역참을 준비하여 정성껏 공급하겠습니다. 의주강(압록강) 남안에서 만포까지의 도로가 비록 험악해도 간신히 통과할 수 있지만, 만포에서 의주강 발원지인 혜산까지의 10여 일정이 모두 겹겹 산중이고 황폐한 무인지역이며, 간혹 산골짜기 사이로 좁은 길이 있거나 가파른 산허리에 겨우 발을 내디딜 수 있어, 나무를 잡고 절벽을 타야 겨우 앞으로 전진할 수 있습니다. 그리고 소와 말이 지나갈 수 없어 역참이 없으며, 손과 발을 댈 곳이 없어 사람의 힘으로는 어찌할 수 없습니다. 지금 만약 황화(皇華, 청사)를 이처럼 험한 길로 안내하여 간신히 올라가더라도 혹시 넘어지는 일이 발생하면 소방이 안내하는 도리로서는 송구스럽지 않을 수 없습니다. 혜산 지계에서 대국과 접한 곳은 산세가 겹치고 산봉우리와 골짜기에 막혀, 자고로 남안으로부터 토문강에 이르는 길이 없습니다. 혜산 이북은 상국지역으로서 소방이 감히 알 바가 아닙니다.[21]

위 자문에서 만포로부터 혜산까지가 황폐한 무인지역이라고 한 것이 사실이다. 폐사군에 해당하기 때문이다. 비록 만포 남쪽으로부터 설한령을 넘어 혜산에 이르는 길이 있지만, 내지에 속하기에 청에 내보이려 하지 않았다. 또 혜산 지계가 청에 접하고 있으며 자고로 남안으로부터 두만강에 이르는 길이 없으며 혜산 북쪽은 청의 지방이라고 한 것은 혜산으로부터 두만강에 이르는 길을 알려 주지 않기 위해서였다. 여하튼 조선 내지를 경유하여

---

21) 『동문휘고』 원편 권48, 강계 2~3쪽.
今令小邦從一帶南岸指引 固當預排站驛 竭心供給 而第念 自義州江從南岸一帶地方至滿浦 則其間雖道路險隘 猶可艱難得通 自滿浦至義州江發源惠山地境計十數日程 則崗山相屬 荒絶無人 或於絶壑之間通一線之路 或於疊嶂之腰開容足之徑 攀木緣岸可得往來 而人不得竝行 馬不得着蹄 峻攀危磴 往往沮截舍馬徒行乃得前進 而牛馬不通之地曾無站驛 手足難着之處莫容人力 其道路之險阻不可勝言 今若導引皇華入此危途 崎嶇登陟之際 或不免顚頓 其在小國接引之道實所惶懼 況惠山地界與大國接壤處 則山勢叢積 峰壑沮絶 交錯連亘 嶄截橫梧 自古以來原無從南岸通土門江之路 惠山以北係是上國地方 非小邦之人之所敢得知也.

북도에 이르고 다시 영고탑으로 향하는 길을 은폐하려는 의도가 강하다. 영고탑패귀설의 전형적인 표현이었다.

같은 해 12월 조선 진주사 민암(閔黯)이 귀국한 후 흉흉하기 짝이 없던 조정 민심이 가라앉기 시작하였다. 민암은 국왕에게 "5사가 나오는 것을 깊이 우려할 필요가 없습니다"고 보고하였다. 즉 5사 파견이 『일통지』 편찬을 위한 지리조사에 불과하다고 말한 것 같다. 이에 국왕은 청에 별도로 사신을 파견하여 상황을 탐문하려던 계획을 취소하였다.[22]

사계에 대한 의구심이 가셔지면서 청사를 맞이할 준비가 시작되었다. 우선 강계부사로 하여금 폐사군 지역의 길을 개척하기 위해 인근 읍에서 근간하고 일에 밝은 자를 총관으로 정하도록 하였고, 황해감사를 접반사로 임명하였다. 또한 청사를 안내할 '노정기(路程記)'를 정하였다. 혜산에서 북도로 향하는 길을 처음에는 혜산 → 운총 → 길주로 정했다가, 다시 혜산 → 백덕령(栢德嶺) → 노은동산(蘆隱東山) → 무산으로 수정하였다. 즉 혜산에서 길주로 우회하여 동해안을 거쳐 가려던 것을 백두산 남쪽 길로 정하였다. 그럴 경우 3·4일정밖에 걸리지 않고 길도 험하지 않으며, 백두산 이남 장백산(경성 장백산) 이북 두만강 상류에 해당한다는 판단에서였다.[23]

청사를 맞이할 준비가 한창 진행되고 있을 때 회환 동지사로부터 5사가 나오지 않는다는 소식이 전해 왔다.[24] 곧이어 도착

22) 『숙종실록』 권23, 숙종 17년 12월 계미.
23) 『숙종실록』 권24, 숙종 18년 정월 병진, 2월 정유.
卽見咸鏡監司狀啓 自惠山 由栢德嶺 過蘆隱東山 至茂山 不過三四日程 而路不甚險 且處於白頭之南長白之北 正是豆滿上流 旣有此捷路 不必由雲寵以抵絶遠之吉州…上可之.
24) 『숙종실록』 권24, 숙종 18년 2월 을사.

한 예부자문은 사계를 멈출 것을 다음과 같이 알렸다.

> 지방이 험애(險隘)한 것은 사실이다. 전에 주방협령 늑초(勒楚)가 왔을 때도 지방이 험하다고 주문하였다. 만약 (사계에) 나갈 경우 조선인이나 (사계에) 나간 대신이나 모두 고생하게 될 것이다. 우리 지방은 이미 상세히 알았으므로 다시 의논하여 주문하라.[25]

강희제는 지형이 험하다는 조선의 보고를 인정하고 압록강·두만강·백두산 북쪽 지형을 확실히 알고 있으므로 남쪽 지역은 나중에 다시 의논하자고 하여 사계를 중지시켰다. 조선에 있어서 이는 희소식이 아닐 수 없었다. 동지사 장계에 5사가 나오지 않는다고 보고하자 국왕은 재자관과 군관에게 가자(加資)하여 독려하였다.[26]

이상 1692년 임신사계로 일컬어지는 청의 사계 계획은『일통지』편찬을 위한 것이었지만 조선의 저지로 이루어지지 못하였다. 사계 계획이 포기됨에 따라 영고탑패귀설의 영향이 더욱 커졌다.

3. 1711년 청의 사계와 조선의 저지

18세기 초에 이르러 청은 경위도 측정을 통한 전국지도 편찬 사업을 계획하였다.『황여전람도(皇輿全覽圖)』편찬사업이다. 1707년 12월 강희제는 프랑스 선교사 백진(白晉) 등에게 명하여 먼저

---

25)『동문휘고』원편 권48, 강계 4~5쪽.
奉旨 地方險隘是實 前駐防協領勒楚來時 亦曾奏過地方險阻 若去 朝鮮國人及往看大臣官員俱徒受勞苦 我們地方既經詳明 着再議具奏 欽此.

26)『숙종실록』권24, 숙종 18년 2월 을사.

북경에서 시험적인 측량을 하고 이어 전국적인 측정을 행하도록 하였다. 1709년 5월 선교사 레이지(雷孝思)·두덕미(杜德美)·비은(費隱) 등의 영솔하에 만주에 대한 실측작업이 시작되었다. 일행은 요동에서 출발하여 동남쪽으로 조선 변경에 이르렀고 동북쪽으로 흑룡강구에 이르렀다. 그 이듬해 『성경전도』『우수리강도』『흑룡강구도』『열하도』 등이 완성되었다.27)

지도가 북경에 도착한 후 강희제는 압록강·두만강 사이가 상세하지 못한 것을 발견하고 오라총관 목극등(穆克登)에게 밀유(密諭)하여 조선인 월경살인사건(위원사건) 조사를 계기로 조청 국경을 조사하게 하였다. 1711년 5월 사계에 관한 강희제의 유지의 내용은 다음과 같다.

> 짐은 전에 산수에 밝고 그림을 잘 그리는 사람을 특별히 파견하여 동북일대의 산천지리를 천상의 도수에 맞게 계산하여 상세히 그리려 하였다. 혼동강(송화강)은 장백산 뒤에서 흘러나와 선창(船廠) 타생오라(길림)에서 동북쪽으로 흘러 흑룡강과 합쳐 바다로 흘러 들어간다. 이는 모두 중국 지방이다. 압록강은 장백산 동남쪽에서 흘러 나와 서남쪽으로 향하다가 봉황성과 조선 의주 사이에서 바다로 흘러 들어간다. 압록강 서북쪽은 중국 지방이고 압록강 동쪽은 조선 지방이며, 강으로 경계를 한다. 토문강(土門江)은 장백산 동쪽에서 흘러 나와 동남쪽으로 흘러 바다에 들어간다. 토문강 서남쪽이 조선 지방이고 강의 동북쪽이 중국 지방이며, 역시 강으로 경계를 한다. 이러한 곳은 모두 명백하지만 압록강·토문강 사이 지방이 명백하지 못하다. 앞서 예부 관원 2명으로 하여금 봉황성에 가서 조선인 이완지사건(李玩枝事件, 위원사건)을 조사하게 하고 또 타생오라총관 목극등을 파견하였다. 이들이 황지를 청할 때 짐은 다음과 같이 밀유(密

27) 秦國經, 「18世紀西洋人在測繪清朝輿圖中的活動與貢獻」, 『清史研究』 제3기, 1995, 38쪽 참조.

> 諭)하였다. “너희들이 가서 아울러 지방을 조사하며 조선 관원과 함께 강을 따라 올라가되 만약 중국 지방으로 갈 수 있으면 조선 관원과 함께 중국 지방으로 가고, 중국 지방이 막혀 통하지 않을 경우 조선 지방으로 가되, 이번 기회에 가장 안쪽까지 가서 상세히 보고 반드시 변계를 확실히 조사하여 주문하라.” 그들은 이미 그쪽에서 떠나 (장백산으로) 갔을 것이다. 그러므로 이러한 곳의 사정은 곧 알 수 있게 될 것이다.[28]

위 유지의 내용을 요약하면 다음과 같다. 첫째, 조청 양국이 압록강・토문강을 경계로 하며, 이 두 강이 백두산에서 발원한다는 사실을 인정하였다. 이는 청의 정계의 출발점이자 근거이다. 둘째, 압록강・토문강 사이의 조청 국경이 확실하지 못하므로 목극등으로 하여금 양 강 사이 백두산 일대의 지형을 상세하게 조사하도록 하였다. 셋째, 위원사건[29] 조사를 계기로 조청 국경을 조사하라고 하였다. 이는 임신사계의 교훈을 섭취하여 사계에 대한 조선의 저지를 막기 위해서였다. 기실 청은 조선에 ‘상국’으로

---

28) 『청성조실록』 권245, 강희 50년 5월 계사.
朕前特差能算善畵之人 將東北一帶山川地里 俱照天上度數推算 詳加繪圖 視之 混同江自長白山後流出 由船廠打牲烏拉向東北流 會於黑龍江入海 此皆係中國地方 鴨綠江自長白山東南流出向西南 而往由鳳凰城朝鮮義州兩間 流入于海 鴨綠江之西北係中國地方 江之東南係朝鮮地方 以江爲界 土門江自長白山東邊流出 向東南流入於海 土門江西南係朝鮮地方 江之東北係中國地方 亦以江爲界 此處俱已明白 但鴨綠江土門江二江之間地方知之不明 前遣部員二人往鳳凰城會審李玩枝事 又派出打牲烏喇總管穆克登同往 伊等請訓旨時 朕曾密諭云 爾等此去 幷可查看地方 同朝鮮官沿江而上 如中國所屬地方可行 卽同朝鮮官在中國所屬地方行 或中國所屬地方有沮隔不通處 爾等俱在朝鮮所屬地方行 乘此便至極盡處詳加閱視 務將邊界查明來奏 想伊等已由彼起程前往矣 此番地方情形 庶得明白.

29) 1710년 9월 평안도 위원군 이만지(李萬枝) 등 9명이 압록강 이북에 있는 중국 채삼자들의 움막을 습격하여 중국인 5명을 죽이고 물품을 빼앗아 갔다. 동행했던 중국인들이 위원군에 와서 항의하고 또 순라장을 납치해 가자 조선은 부득불 청에 사건을 통보하였다(『숙종실록』 권49, 숙종 36년 11월 기해).

자처하는 만큼 밀유의 형식을 취하지 않고 조선에 공식적으로 사계를 요청하여 역참을 설치하고 길을 안내하도록 하여도 조선은 따를 수밖에 없었다. 그러나 강희제는 조선을 강요하지 않는 관용적인 방법으로 문제를 풀어 나가려고 하였다.

1711년 4월 오라총관 목극등을 위시하여 병부낭중(郎中)·예부주사(主事)·성경 예부시랑·부도통 등 5명의 사관이 봉성에 도착하였다. 조선에서는 참핵사(參覈使) 송정명(宋正明)을 위시하여 범인과 소속 지방관을 봉성에 압송하였다. 조사과정에서 청측 조사관은 중국인의 피해현장을 자세히 물었으며, 봉성조사가 끝나는 대로 범인을 위원에 압송하여 피해현장을 살펴보며, 그곳에서 범인을 처결한 후 강을 거슬러 올라가면서 월경처가 더 있는지 살펴보겠다고 하였다. 즉 피해현장을 조사한다는 구실로 위원에 도착한 후 다시 강을 거슬러 백두산에 이르고자 한 것이다. 이에 대해 참핵사 송정명이 조사관은 절대로 압록강을 건널 수 없으며, 황지에 봉성에서 회동조사를 하라고 하였고 조선도 그더러 봉성에 가도록 하였기에 본국에 품고하여 윤허가 떨어지는 10일 내에 다른 곳으로 움직여 갈 수 없다고 저지하였다.[30)]

청사가 압록강을 건너 위원으로 향하려 한다는 소식은 조선을 곤혹스럽게 만들었다. 비록 동지사로부터 청에서 관원을 파견하여 압록강·두만강 일대에서 "회동조사를 행하여 변계를 분립한다"는 소식이 전해왔지만, 조선은 사계에 관한 공식문서를 받지 못하였다. 일부 신하들은 청의 통관배들이 뇌물을 얻기 위해 농간을 부리는 것이라고 보고, 또 일부 신하들은 청사가 황지에 없는 말을 일부러 지어내어 이 기회에 조선의 산천지리를 조사하

30) 『숙종실록』 권50, 숙종 37년 4월 경진.

려는 것이라고 하였다. 국왕도 황지가 없는 상황에서 청사를 마음대로 국경을 통과시키는 것은 후폐를 남길 우려가 있다고 보고, 임신년(1692) 청의 자문과 조선의 회자(回咨)를 베껴 청 측 조사관에게 넘겨줌과 동시에 재자관을 파견하여 청에 상황을 통보할 것을 명하였다.31)

참핵사 송정명이 조정의 뜻에 따라 청사의 도강을 끝까지 저지하자 청사 목극등은 황궤에서 밀유를 꺼내 보이면서 "황지를 위조하는 것은 사죄이다. 어찌 이를 의심하는가? 나는 즉시 위원으로 향할 것이니 참학사도 함께 따라야 한다"라고 고집하였다. 그러나 송정명이 본국에 품고하기 전에 마음대로 움직일 수 없다고 끝까지 막아 나서자 목극등은 하는 수 없이 장막을 철회하고 압록강 북쪽 청 측 강변을 따라 위원으로 향하였다. 송정명도 강을 건너 의주로 돌아왔다.32)

조선은 송정명의 보고와 청 측 조사관의 집요한 행동으로부터 사계에 관한 황제의 밀유가 있을지도 모른다고 판단하였다. 그럴 경우 조선은 접대의 예의를 전혀 갖추지 않을 수 없었으므로 도승지 유집일(兪集一)을 문위겸접반사(問慰兼接伴使)로 임명하여 위원에 보냈다. 유집일은 청사를 접대하는 임무보다는 청사의 전진을 막는 책임이 더 컸다. 그가 떠나기 전에 국왕은 그에게 다음과 같이 명하였다.

> 처음에는 도리로서 저지하며, 또 밀유를 내놓을 경우 폐사군 길로 안내하여 절험함을 보여 주어 그들(청) 경내로 넘어가게 하라. 설한령(薛罕嶺)을 그들에게 보여 주지 않으려는 것은 뜻이 있는 것이다.

---

31)『숙종실록』 권50, 숙종 37년 4월 신사.
32)『숙종실록』 권50, 숙종 37년 5월 신묘.

> 강역 내로 쉽게 들어올 수 없다는 말로 저지하라. 사단이 일어날 우려가 있을 경우 기회를 보아 선처하라. 그러나 사단이 일어날 우려가 없을 경우 저지하는 것이 첫 번째 도리이다. 만약 관계되는 바가 크다면 변통하지 않을 수 없다.[33]

즉 국왕은 청 측 조사관을 대처하는 3보조를 지시하였다. 제1보는 청사가 조선 경내를 통해 지나가려는 것을 도리로써 막는다. 제2보는 청사가 재차 밀유를 내놓을 경우 폐사군 길로 안내해 청 측 경내로 넘어가게 한다. 제3보는 부득이할 경우 내지 설한령길로 안내한다. 그러나 여전히 허락하지 않는 것을 원칙으로 한다.

청사 일행은 압록강 북쪽 강변을 따라 위원으로 향하다가 운해천(雲海遷) 건너편 한수동(寒水洞)에서 조선 경내로 넘어오려 하였으나 지방관의 저지로 넘어오지 못하고 다시 위원 갈헌보(㘉軒堡) 건너편에서 압록강을 건너왔다. 위원에 도착한 후 청사는 조사가 끝나는 대로 계속 북로로 향하여 국경을 조사할 것이므로 길을 안내하라고 하였다. 유집일 등이 폐사군 길이 험하여 지나갈 수 없다고 답하자 청사는 또 강계로부터 경원개시처로 향하자고 하였다. 이는 설한령을 넘어야 하기에 당연히 거절당했다. 유집일은 만포까지 길이 있지만 만포 이후는 길이 없으며, 경원으로 향하는 길이 개벽 이래 있어 본 적이 없다고 답하면서, 청사더러 만포 건너편 황제평(皇帝坪, 집안)으로 넘어갔다가 길이 끊길 경우 다시 이쪽으로 넘어오면 그때 길을 안내하겠다고 답하였다.[34]

---

33) 『숙종실록』 권50, 숙종 37년 5월 기축.
初頃當據理防塞 而若又出示密諭 則亦當以廢四郡指路 俾見其絶險而還越彼境 薛罕嶺則不欲示彼人者意有所在 宜以疆域之內不可輕入等說防之 而畢竟不免生梗 則相機善處惟在於卿 然如可得已則勿許爲第一義 果或大段則不容無變通也.

34) 『숙종실록』 권50, 숙종 37년 5월 갑인.

그 후 청사는 또 조선 차사원더러 의주로부터 폐사군·삼갑·육진에 이르는 연변 파수상황을 상세히 적어 오라고 하였다. 결국 차사원이 평안도 파수는 지명만 적고 북로는 삼갑·육진의 군명(郡名)만 적어 주었다. 또 청사가 북청에서 육진으로 통하는 길을 안내해 달라고 하자 접반사 등이 이는 내지에 해당하기에 논할 바가 아니라고 거부하였다. 위원에서 이처럼 접반사 등의 완강한 반대에 부딪히자 청사는 부득불 국왕의 지지를 얻어 보려 하였다. 흠차대인 목극등의 명의로 발송한 자문에는 황제로부터 다음과 같은 유지를 받았음을 밝혔다. "조선 관원들과 함께 살인처를 확실히 조사하여 국왕에게 넘기며, 연강 일대도 출입하면서 몰래 넘어가는 곳이 많을 것이므로 확실히 조사하라."[35] 그러나 이 자문은 조정 신하들의 논란거리가 되었다. 자문의 두사(頭詞)에 '흠차대인(欽差大人)'이라는 넉 자가 국왕에 대한 불경(不敬)으로 간주되었다. 국왕은 위원에 있는 참핵사·접반사를 엄히 추고하며, 수역(首譯)을 장(杖) 80에 처할 것을 명하였다.[36]

그 후에도 청사는 의주만호 김자형(金自亨)이 적어 준 노정기를 내보이면서 길을 안내할 것을 고집하였지만, 참핵사 등이 끝까지 거부하자 부득불 사계를 포기할 수밖에 없었다. 일행이 만포에 도착한 후 목극등은 폐사군 지역으로 가자고 하였다. 폐사군 길이 험하여 북도로 통할 수 없다는 사정을 알고 있었지만, 통할 수 없다는 상황을 직접 경험하여 황제에게 주문하려고 하였다. 접반의 임무를 맡았던 평안감사 이제(李濟)가 청사의 요구를

35) 『숙종실록』 권50, 숙종 37년 6월 갑자.
其出示咨文卽總管穆克登之咨也 其頭詞稱 欽差大人穆等爲欽奉上諭事 其辭略曰 爾等率同朝鮮國官將殺人之處查明 交于該國王完結 其沿江一帶不免更有出入偸越之路 爾等亦行查明 下端書右咨朝鮮國王.

36) 『숙종실록』 권50, 숙종 37년 6월 갑술.

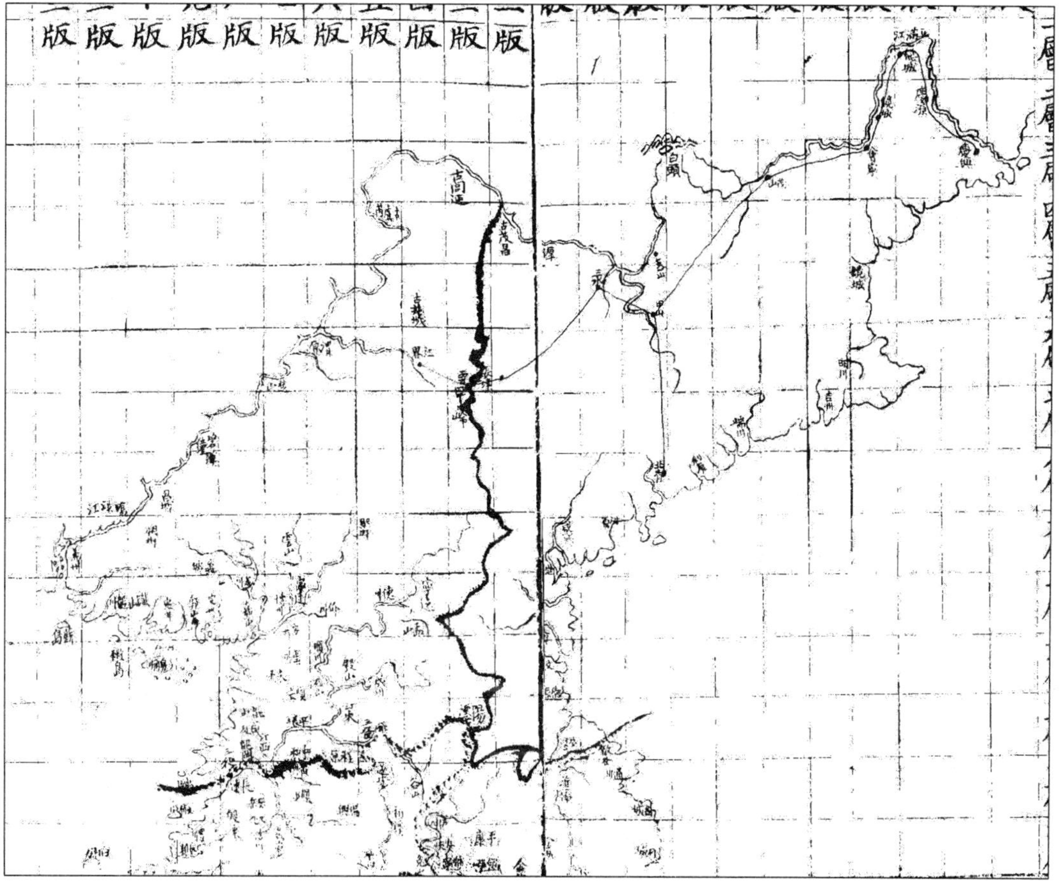

〈지도 4〉 청구도본조팔도주현도총목[37]

기꺼이 받아들여, 말 4필과 상통사(尙通事) 1명을 보내 주었다. 청사가 폐사군 지역을 통과하지 못할 경우 자연히 청 경내로 넘어갈 것이라는 판단에서였다. 결국 목극등은 배를 타고 강을 거슬러 적동(狄洞) 부근까지 올라갔다가 물살이 세고 배가 거세게 흔들려 앞니가 부러지는 부상을 당한 후 이번 사계를 끝냈다.[38]

이상 1711년 『황여전람도』 편찬을 목적으로 한 청의 변경조사는 소기의 목적을 달성하지 못하고 실패로 돌아갔다. 가장 근본적인 원인은 청에서 유사시를 대비하여 조선의 서북로 특히 북로의 형세를 탐지하려는 것일까 우려한 조선의 비협조에 있었다. 즉 영고탑패귀설로 표출되는 대청 위기의식 때문이다. 한편 청에서 사계에 관한 공식 자문·칙서를 보내지 않고 밀유의 형식을 취한 것은 조선의 저지를 막기 위해서였지만, 오히려 조선의 의혹을 가중시켰고 청사의 북행을 저지하는 구실을 제공하여 조선의 저지로 실패하고 말았다.

4. 1712년 백두산정계비 수립

1) 사계에 관한 강희 황지와 조선의 정계대책

청사 목극등이 귀국한 후 황지로써 조선을 위협하여 사계를 진행하려고 타산하였다. 그러나 대학사 송주(松柱)가 그런 방법을 쓰지 말고 조선에 관용을 베풀 것을 권고하였다. 송주에 의하

---

37) 『청구도』, 「본조팔도주현도총목(本朝八道州縣圖總目)」에 강계에서 설한령을 거쳐 북도로 통하는 길을 표시해 놓음(『청구도』 건(乾), 민족문화추진회 편, 1971).

38) 『숙종실록』 권50, 숙종 37년 6월 갑자·갑술.

면, 조선에서 사계를 꺼리는 이유가 "나라가 작고 민이 가난하여" 청사를 접대하는 부담이 과중할까 우려한 것이라고 하였다.[39] 이에 목극등은 송주의 건의대로 조선의 공물 중에 백금과 표피를 영원토록 면제해 줄 것과 조선 사신이 머물 찰원(察院)을 수선해 줄 것을 주청하여 황제의 윤허를 얻어 냈다.[40] 한편 1711년 사계 때 공식 황지가 결여된 데 따른 불편함을 없애기 위하여 이듬해 2월 사계에 관한 황지를 조선에 보냈다. 그 상세한 내용은 다음과 같다.

> 올해(1711년) 목극등 등이 봉황성으로부터 장백산에 이르러 우리 변경을 조사하려 하였는데 길이 멀고 물이 세어 그곳에 도착하지 못하였다. 내년 봄 얼음이 녹을 때 다시 관원을 파견하여 목극등과 함께 의주강원으로부터 작은 배를 만들어 역류해 올라가며, 만약 작은 배가 전진하지 못할 경우 육로로 토문강에 이르러 우리 지방을 조사하라. 이는 특별히 우리 변경을 조사하기 위한 것이며, 그들 나라(조선을 가리킴)와는 상관이 없다. 그러나 우리 경내의 길이 멀고 지방이 매우 험하여 중도에서 막힐 경우 조선에서 약간 보살펴 주도록 하라.[41]

위 황지에 목극등을 파견하여 압록강 상류로부터 두만강에 이르는 것은 "특별히 우리 변경을 조사하기 위한 것이며, 조선과는 상관이 없다"고 한 데 대해, 일부 학자들은 이는 청의 일방적인

---

39) 『동문휘고』 보편 권3, 사신별단 40~41쪽.

40) 『숙종실록』 권51, 숙종 38년 4월 병진.

41) 『동문휘고』 원편 권48, 강계 5~6쪽.
今年穆克登等 自鳳凰城至長白山 査我邊境 因路遠水大未獲卽抵彼處 俟明春氷泮時 另差司員同穆克登 自義州江源造小船泝流而上 若小船不能前進 卽由陸路往土門江査我地方 此去特爲査我邊境 與彼國無涉 但我邊內路途遙遠地方甚險 倘中途有沮 令朝鮮稍爲照管.

사계를 뜻하며, 조청 양국의 정계가 아니라고 주장하고 있다. 그러나 위 내용은 임신사계와 1711년 사계의 경험을 섭취하여 조선의 저지를 막기 위한 것이며, 정계의 성격에는 변함이 없다. 만약 이것이 청의 일방적인 사계였다면, 결과적으로 조청 양 측 인원이 동시에 비문에 서명할 필요가 없었을 것이다. 다만 청이 주도하는 정계를 계획했음이 확실하다.

사계에 관한 황지를 받은 후 비록 일부 신하들이 회자로써 사계를 저지할 것을 제의했지만, 국왕은 사계에 관한 황지에 이어 청사가 곧 나온다는 패문(牌文)이 도착한 후에 계속 저지할 경우 압력이 가해질지도 모른다고 판단되어 사계에 응하기로 하였다. 국왕은 접반사를 차출할 것과 접대의 예를 너무 박하게 하지 말 것을 명하였다. 그리고 '차관접대사의별단(差官接待事宜別單)'을 정하여 청사가 지나갈 노정, 투숙할 거처, 음식, 역관, 예단 등 사항을 상세히 정하였다.[42]

이때까지 조정 여론은 청의 사계를 허락할지 여부에 집중되었으며, 사계에 따른 조선의 국경 이해관계 및 대비책을 강구하는 데 소홀히 하였다. 이에 가장 먼저 주목한 것이 지경연 최석항(崔錫恒)이다. 같은 해 3월 주강 입시 시 최석항은 다음과 같이 계문하였다.

> 이번에 차官 일행이 경계를 조사한다고 하며, 지난해에도 황제가 창춘원(暢春苑)에서 조선 사신을 초문하여 계한을 분립한다고 하였습니다. 차관이 나와 간혹 경계를 조사할 경우 우리가 대응해야 할 방법에 대해 미리 생각하지 않을 수 없습니다. 압록·토문 양 강이 크게 흐르는 곳은 강으로 경계를 삼을 수 있지만, 양 강 발원지는

42) 『비변사등록』 64책, 숙종 38년 3월 5일.

여러 갈래 물이 흐르고 있어 강으로 경계를 삼기 어려운 곳이 많습니다. 반드시 지형을 고찰하고 옛 사실을 상고하고 또 토인들에게 상세히 물어 정확히 정해야만 임시에 착오를 범하는 우려를 없앨 수 있습니다.[43]

즉 전에 강희제가 창춘원에서 조선 사신을 초문한 일을 상기시키면서 반드시 대비책을 강구해야 하며, 특히 압록강·두만강 발원지의 수계가 복잡하여 미리 지형을 고찰할 것을 제의하였다.

시독관 오명항(吳命恒)도 이에 동조하여 남·북병사를 파견하여 미리 지형을 조사할 것을 다음과 같이 계문하였다.

압록강·토문강을 경계로 하는 것은 논할 필요가 없지만, 신이 듣건대 삼갑·무산 경내 강물이 흐르지 않는 곳은 백두산에서 장백산(경성 장백산)까지 광막(曠漠)이 이어지며, 원래부터 계한이 없다고 합니다. 『여지승람』에는 박하천(朴下川)이 그들 경내에 있다고 하지만 지금은 우리 백성이 살고 있으며, 그들 경내에도 이와 같은 지명이 있는지 알 수 없습니다. 이러한 곳은 분명하지 않기에 강역에 있어서 중대한 일이므로 미리 가서 조사해야 합니다. 북병사 장한상(張漢相)과 남병사 윤각(尹慤)은 모두 담용이 뛰어나므로 별도로 분부하여 행장을 간단히 하고 들어가도록 해야 합니다.[44]

---

43) 『비변사등록』 64책, 숙종 38년 3월 7일.
今番差官之行旣以查明境界爲言 頃年暢春苑招問使臣時 亦爲分立界限之語 差官來到後 如或有查境之擧 則自我所以應之之道 不可不預爲熟講 鴨綠土門兩江流大處則自可以江爲界 而兩江源頭衆水雜流 有難以水爲限處 則必須審察地形 詳考故實 細詢土人 的確斷定以待之 然後方可無臨時差失之患.

44) 『비변사등록』 64책, 숙종 38년 3월 5일.
鴨綠土門則以江爲界 宜無可論 而臣聞三甲·茂山之境無江水處 自白頭抵長白之間 綿亘曠漠 本無界限 雖以輿地勝覽見之 朴下川在於彼境 而今則我民居之 未知彼境又有他同名之地 而此等處亦不分明 係是疆場重事 不可不預爲看審 北兵使張漢相·南兵使尹慤 俱以膽勇見稱 此兩臣中別爲分付 簡其騶率入往 似爲合宜.

즉 백두산에서 경성 장백산까지 육지가 이어지는 곳의 경계가 분명하지 않기에 남·북병사를 파견하여 미리 지형을 조사할 것을 제의하였다.

이에 국왕은 남·북병사를 백두산에 보내 청사가 도착하기 전에 미리 강계를 조사하도록 하였다.[45] 이로써 백두산 정계에 대한 대책 마련에 들어갔다.

곧이어 양 강 사이의 어떤 곳을 경계로 해야 할지에 고민하였다. 같은 해(1712) 3월 8일 국왕이 여러 신하들을 인견한 자리에서 도제조 이이명(李頤命)은 이에 대해 다음과 같이 말하였다.

> 그들이 강계를 말하고 있는데 이는 우려되는 바입니다. 백두산은 갑산에서 7일정이며 산이 많고 나무가 우거지고 인적이 드물어 우리나라 진보와 파수가 모두 백두산 남쪽 5·6일정에 있다고 합니다.…『대명일통지』에는 백두산이 여진에 속한다고 하였습니다. 그 주에 이르기를 장백산 위에 대지(大池)가 있는데, 서쪽으로 흘러 압록강이 되고, 동쪽으로 흘러 토문강이 되며, 북쪽으로 흘러 혼동강이 된다고 하였는데 백두산을 가리킵니다. 만약 그들이 백두산 남쪽 우리나라 파수처를 그들의 경계라고 하면 매우 난처해집니다. 우리는 이미 두·압 양 강을 경계로 하므로 발원처나 하류를 막론하고 수남(水南)이 모두 우리 땅이어야 하며, 이로서 힘써 쟁집하며, 접반사가 나갈 때도 이로써 분부해야 합니다.[46]

---

45) 위와 같음.

46)『비변사등록』64책, 숙종 38년 3월 9일.
但彼且以疆界爲言 此正可慮 伏聞白頭山下自甲山亦七日程 而亂山深樹 人跡難通 故我國設鎭堡與把守 皆在山南五六日程云…且伏見大明一統志 以此山屬於女眞 其註曰 長白山上有大池 西流爲鴨綠 東流爲土門 北流爲混同江云 卽此山也 彼人若以白頭山南我國把守處謂之渠境 則甚爲難處矣 我國旣以豆鴨兩江爲界 則毋論發源處與下流 水南皆當爲我地 此可爲執言而力爭者 前頭接伴使下去時 以此分付.

즉 조선의 파수·진보 등 실제 점유상황이나 문헌 증거로 볼 때 백두산 남쪽 공한지가 조선에 속한다고 보기 어렵다는 점을 지적하고, 압록강·두만강의 발원처 즉 대지(大池) 남쪽이 조선 땅이라고 쟁집할 것을 제의하였다. 이이명의 위 주장이 조선의 정계원칙 또는 정계목표가 되었다. 국왕은 이 건의를 받아들여 다음과 같이 명하였다.

> 그들에게서 만약 뜻밖의 말이 나올 경우 백두산 이남이 우리 경계라는 뜻으로 쟁집하며 접반사가 내려갈 때도 그렇게 분부하라.47)

여기서 뜻밖의 말이란 이이명이 지적한 백두산 남쪽 조선의 진보나 파수처를 경계로 하자고 할 경우를 말한다.

얼마 후 접반사 박권(朴權)이 『성경통지』에서 조선에 유리한 증거를 찾아내고 다음과 같이 계하였다.

> 『성경통지』를 참고로 보았더니, 「오라영고탑형세도」 방주(傍注)에 "남쪽은 장백산까지 1,300여 리 조선계(界)"라는 말이 있습니다. 이로써 경계를 쟁집할 때 적절한 증거로 삼을 수 있습니다. 또한 산천권 「장백산」 방주에 산의 정상에 담이 있는데 둘레가 80리이다. 남쪽으로 흘러 압록강이 되고, 북쪽으로 흘러 혼동강이 되며, 동쪽으로 흘러 아야고강(阿也苦江)이 된다고 하였습니다. 그 지명을 상고해 보았더니, 서남쪽으로 바다에 흘러 들어가는 것이 압록강이고 동남쪽으로 바다에 흘러 들어가는 것이 토문강입니다. 이 역시 백두산이 양강 발원지라는 증거이므로 백두산 남쪽이 당연히 우리 경내여야 합니다. 비록 『성경지』가 금물이지만 범금자에 대한 그들(청)의 처벌

47) 위와 같음.
彼人若或有意外之言 當以白頭以南卽爲我境之意措辭爭執 接伴使下去時 亦以此分付可也.

이 너무 중하지 않습니다. 하물며 『성경지』가 만들어진 것이 갑자년(1684)이며, 그때 왕래하던 수역이 이미 죽었다는 것은 그들도 알고 있으므로 편리하게 처리할 수 있습니다. 경계를 쟁집하는 것은 이 일과 비교할 때 경중의 차이가 있으므로 『성경지』를 증거로 삼는 것이 타당할 것 같습니다.[48]

박권이 말하는 『성경지』란 1684년에 편찬된 『성경통지』를 가리킨다. 그는 『성경통지』 '오라영고탑형세도' 방주의 "南至長白山一千三百餘里朝鮮界"라는 기록에 주목하였다. 그 내용인즉 오라·영고탑의 남쪽 경계가 장백산(백두산)까지 1,300여 리이며, 조선과 경계를 접한다는 뜻이다. 이 글은 모호한 부분이 없지 않다. 즉 백두산 남쪽 어떤 곳을 경계로 하는지를 밝히지 않고 있다. 이것이야말로 강희제가 "백두산 남쪽이 조선의 어느 읍 지경인가"고 궁금해 한 까닭이다.[49] 이 밖에 박권은 『성경통지』 '장백산'조에 압록강·두만강이 백두산 천지에서 발원한다는 기록에 주목하였다.[50] 이 역시 백두산 남쪽이 조선 경내라는 증거가 된

---

48) 『비변사등록』 64책, 숙종 38년 3월 24일.
考見盛京通志 則其地圖中 烏喇寧古塔形勢圖傍註有 南至長白山一千三百餘里朝鮮界之語 此可爲今日爭界切當之證 其山川卷中 長白山傍註有曰 其山顚有潭 周八十里 南流爲鴨綠江 北流爲阿也苦江 今考其地 西南流入海者爲鴨綠江 東南流入海者爲土門江 云云 此亦可爲以白頭山爲兩江出源之左契 而白頭山南自當在於我界之中 盛京誌固是禁物 而曾見犯此禁者 彼人之所以勘斷不至重大 況此誌成在於甲子 其間往來首譯旣以物故 彼人所共知者非止一二人 似有方便應變之道 境界爭卞比之此事輕重懸殊 以此誌爲證似爲得宜.

49) 『숙종실록』 권9, 숙종 6년 2월 임오.

50) 『성경통지』 산천·장백산조, 1684.
長白山卽歌爾民商堅阿鄰 山海經作不咸山 唐書作太白山或作白山 明一統志云在故會寧府南六十里 橫亘千里 高二百里 其顚有潭 周圍八十里 南流爲鴨綠江 北流爲混同江 東流爲阿也苦江 今考其地 在船廠東南一千三百餘里 西南流入海者爲鴨綠江 東南流入海者爲土門江 北流遶船廠城東南出邊 受諾尼江東注 北受黑龍江 南受烏蘇里江 曲折入海者爲混同江 幷無阿也苦之名 古今稱呼之異也.

다고 판단하였다. 마지막으로 박권은 비록 『성경통지』가 금물이지만 그때 북경에서 책을 사 온 수역이 이미 죽었기에 청조의 추궁을 너무 걱정하지 않아도 된다고 진언하였다.

그 후 박권은 또 신중을 기하기 위하여 원임 대신들에게 『성경통지』를 근거로 삼는 데 대해 조언을 구했다. 판부사 이유(李濡)는 『성경통지』가 금물이어서 증거로 삼을 수 없으며, 『대명일통지』가 금물이 아니지만 "역시 이 공한지가 저들의 땅이라"고 하였기에 증거로 삼을 수 없다고 하였다. 이어 그는 "피차의 경계는 근거로 할 만한 문서가 없으므로 오직 양 강으로써 경계를 삼되, 그 사이 육지가 이어지는 곳은 양 강 발원처를 가로질러 계한을 삼으며, 이로써 극력 쟁집해야 한다"고 주장하였다.[51] 즉 백두산 천지를 가로질러 경계를 삼자는 것이었다. 그러나 이는 극단적인 주장이 아닐 수 없다. 다수의 신하들은 청조가 여러 차례에 걸쳐 백두산을 답사하려 하고 또 백두산에 치제하는 것은 그들이 "처음에 백두산 북쪽에서 나왔고 이 산을 흥왕발적(興王發迹)한 곳으로 여기기" 때문임을 잘 알고 있었다.[52] 그리하여 그 이후 역관 김지남(金指南)이 후주에서 청사 목극등을 만났을 때, 단지 백두산 대지(천지) 이남이 조선경이라고 주장할 뿐, 천지를 "가로질러 계한을 삼는다"는 말을 입 밖에 내지 못하였다.[53]

여러 차례의 논의를 거쳐 조선은 백두산 천지를 경계로 그 남쪽이 조선 땅이라는 정계 원칙을 세웠다. 이처럼 당시 실제 점유

---

51) 『비변사등록』 64책, 숙종 38년 3월 24일.
彼此境界 旣無文書可据 惟當以兩江爲界 其間連陸之地 則以兩江發源處橫截作限 以此極力爭執 而彼人若終不回聽 則別遣大臣力爭 亦無不可.

52) 『비변사등록』 64책, 숙종 38년 3월 9일.
初出於白山之北 以此山爲興王發迹之地.

53) 『숙종실록』 권51, 숙종 38년 5월 정해.

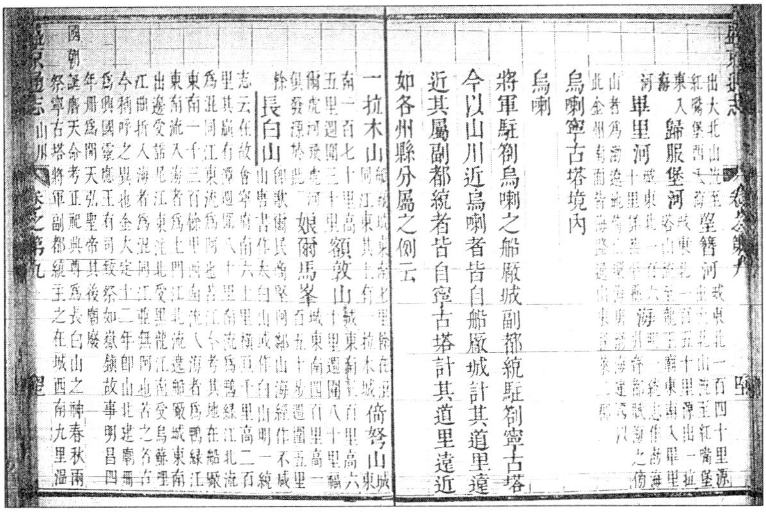

堅磐河
歸服堡河
畢里河
海
烏喇寧古塔境內
烏喇
將軍駐劄烏喇之船廠城副都統駐劄寧古塔
今以山川近烏喇者皆自船廠城計其道里遠
近其屬副都統者皆自寧古塔計其道里遠近
如各州縣分屬之例云
一拉木山
倚努山
額敦山
長白山

〈그림 1〉 성경통지 산천・장백산(1684)

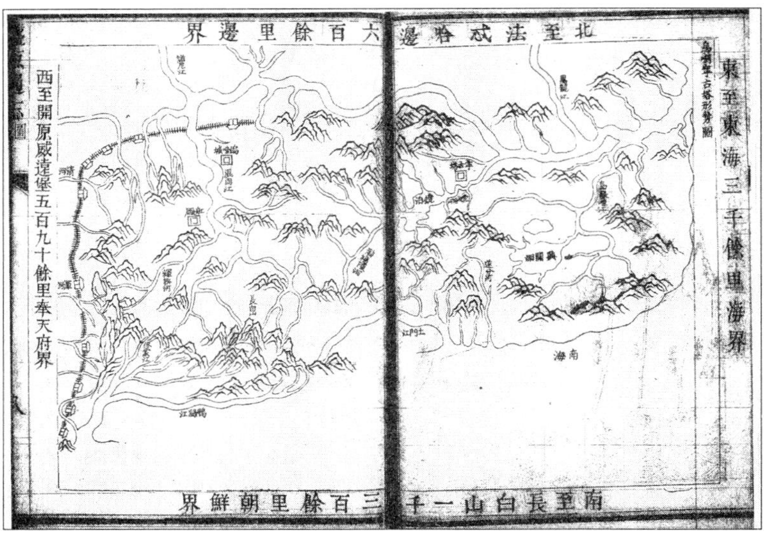

〈지도 5〉 성경통지 오라영고탑형세도(1684)

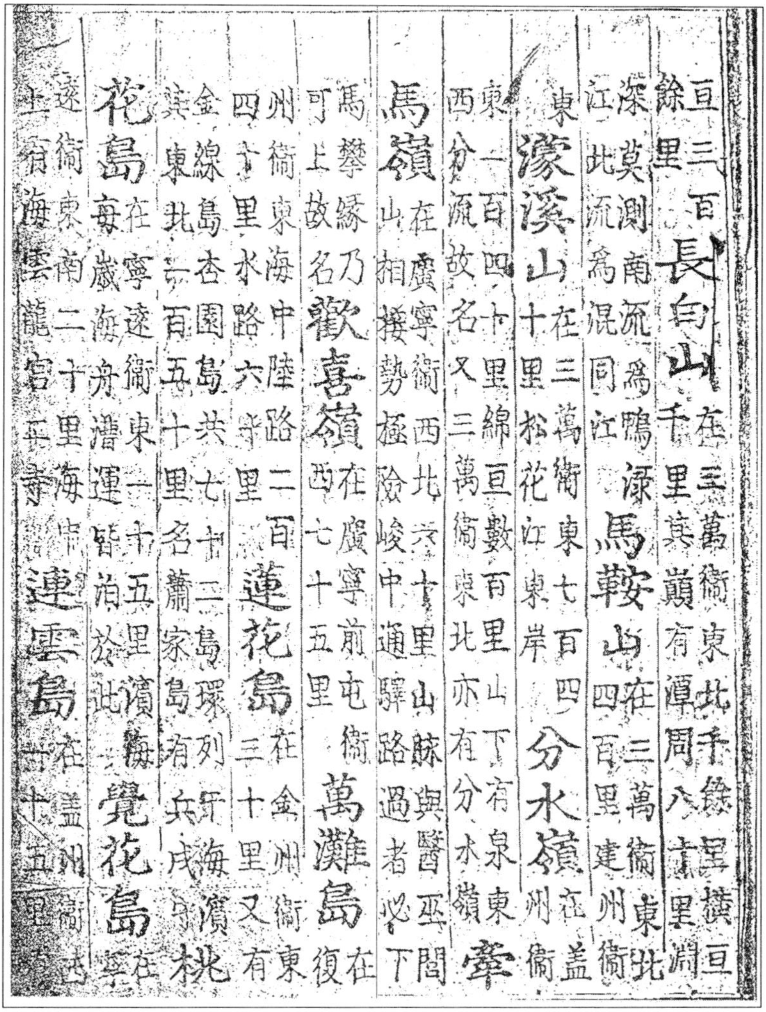
亘三百餘里長白山在三萬衛東北千餘里橫亘千里其巔有潭周八十里淵深莫測南流為鴨淥江北流為混同江馬鞍山在三萬衛東北四百里建州衛東潒溪山在三萬衛東七百四十里松花江東岸分水嶺在蓋州衛東一百四十里綿亘數百里山下有泉東西分流故名又三萬衛東北亦有分水嶺摩
馬嶺在廣寧衛西北六十里山脈與醫巫閭山相接勢極險峻中通驛路過者必下馬攀緣乃可上故名歡喜嶺在廣寧前屯衛西七十五里萬灘島在復州衛東海中陸路二百四十里水路六十里蓮花島在金州衛東三十里又有金線島杏園島共七十二島環列于海濱其東北六百五十里名蕭家島有兵戍守桃花島在寧遠衛東一十五里濱海每歲海舟漕運皆泊於此覺花島在寧遠衛東南二十里海中上有海雲龍宮[illegible]寺連雲島在蓋州衛西一十五里

〈그림 2〉 대명일통지 요동도지휘사사 · 장백산

선이었던 진보·파수선을 넘어 백두산 천지 남쪽 공한지를 확보하려 하였던 것은 다음과 같은 두 가지 이유에서였다. 첫째, 영토 방면의 이유이다. 17세기 초 여진인이 백두산 남쪽을 떠난 후 100여 년간 많은 조선 유민들이 이곳에 들어가 땅을 개간하고 입주하였다. 예컨대 1684년 두만강 상류에 무산부를 설치하였다. 무산 북쪽 박하천·임강대 근처는 비록 읍진이 설치되어 있지 않지만 땅이 비옥하고 인삼·초피의 이익이 있어 1706년까지 100여 호에 달하는 조선인이 살았고 몇 백 명이 되는 대촌을 이루었다.[54] 이러한 곳의 귀속이 불분명하기에 "강역에 있어서 매우 중요한 일"로 간주하였고 이 지역을 확보하려 하였다.

둘째, 안전 및 관방에 대한 고려가 있다. 앞서 살펴본 것처럼 청조의 사계에 대한 조선의 의구심이 강했다. 1691년 청에서 임신사계를 준비하였을 때 조선에서 길이 험하다는 이유로 저지하여 사계를 무산시켰고, 1711년 목극등이 위원사건 조사를 계기로 사계에 나왔을 때 지세가 험하기 짝이 없는 폐사군으로 안내하여 사계를 중도에서 중지시켰다. 그 다음해 청조에서 황지로써 사계를 통보하자 일부 신하들은 청에서 "산 밖의 부락을 이곳으로 옮겨 오려는 것인가", 아니면 "미리 조사해 두었다가 훗날에 빼앗아 점거하려는 것인가"고 청의 의도를 의심하였다.[55] 백두산 남쪽 공한지가 청에 넘어갈 경우 조선을 놓고 보면, 북쪽 관문이 활짝 열린 것과 흡사하여 안전 및 관방의 보장이 없어지게 되는 것은 불을 보듯 뻔한 일이었다.

---

54) 『무산부읍지』 건치연혁, 『읍지』 13, 함경도편, 아세아문화사, 1996년 영인본; 『숙종실록』 권35, 숙종 27년 3월 22일; 『비변사등록』 57책, 숙종 32년 4월 14일(강석화, 앞책, 130~137쪽에서 재인용).

55) 『비변사등록』 64책, 숙종 38년 3월 9일.
移山外部落居於此地 預爲看審 將爲異日據奪之地.

2) 백두산정계비 수립과정

1712년 2·3월간 오라총관 목극등 일행은 홍경에서 출발하여 두도구를 나온 후 압록강 연안을 따라 수륙으로 나누어 올라갔다. 4월에 이들은 폐사군 동쪽의 후주 경내에 이르렀다. 그 전해 사계 때 목극등은 이미 폐사군의 절험함을 경험하였기에 청 측 지경으로부터 바로 폐사군 동쪽 후주에 도착하였다. 목극등의 수행원 중에는 일등시위 포소륜(布蘇倫), 예부주사 악세(鄂世), 필첩식 소이창(蘇爾昌), 그리고 화원, 통사 및 갑군 50명이 있었다. 일행은 망원경·측량의기 등을 휴대하고 압록강을 거슬러 올라갔다. 조선 쪽에는 접반사 박권, 함경도 관찰사 이선부(李善溥) 외에 군관 이의복(李義復), 조대상(趙臺相), 역관 김지남과 김경문(金慶門) 부자 등이 있었다.[56]

4월 29일 청사 목극등과 조선 역관 김지남이 후주에서 만났다. 이 두 사람의 조청 국경에 관한 문답은 양국의 정계에 대한 생각을 알아볼 수 있는 근거가 되었다. 그 상세한 내용은 다음과 같다.[57]

목극등: 자네는 양국 국계를 잘 아는가?

김지남: 직접 눈으로 보지 못했지만 장백산 꼭대기에 대지(大池)가 있는데, 서쪽으로 흘러 압록강이고 동쪽으로 흘러 두만강이며, 대지의 남쪽이 우리 경내입니다. 작년

56) 양소전·손옥매, 앞책, 185쪽 참조.
57) 『숙종실록』 권51, 숙종 38년 5월 정해.
總管曰 爾能明知兩國國界耶 答以雖未目見 而長白山顚有大池 西流爲鴨綠江 東流爲豆滿江 大池之南卽我國界 上年皇帝招問時亦以此仰對矣 又問 有可據文書耶 答以立國以來至今流傳 何待文書乎 又問 白山之南連有把守耶 答以此地絶險人迹不到 故荒廢無把守 有同大國柵門外之地耳.

에 황제께서 초문할 때도 그렇게 답했습니다.
목극등: 근거할 만한 문서가 있는가?
김지남: 나라를 세운 후부터 지금까지 전해온 것인데, 달리 문서가 필요하겠습니까?
목극등: 백산 남쪽에는 파수가 이어져 있는가?
김지남: 이곳은 절험하고 인적이 닿지 않기에 황폐하여 파수가 없습니다. 이는 마치 대국의 책문 밖의 땅과 같습니다.

김지남의 위 대답을 요약해 보면, 비록 문서가 없고 파수도 이어지지 않지만 백두산 대지(천지) 남쪽이 조선경이며, 이는 국초로부터 전해 내려온 것이며, 마치 유조변외 공한지가 청에 속해 있듯이 천지 남쪽 공한지도 조선에 속한다는 것이었다. 이는 교묘한 대답이 아닐 수 없다. 비록 그는 『성경통지』를 거론하지 않았지만 그가 말한 이른바 "장백산 꼭대기에 대지가 있는데 서쪽으로 흘러 압록강이고 동쪽으로 흘러 두만강입니다"고 한 것이 『성경통지』에 근거를 두고 있음을 알 수 있다. 김지남의 위 대답에 대해 목극등이 매우 담담한 태도를 보였으며, 크게 다투거나 힐책하지 않았다. 이에 접반사 박권은 국왕에게 "경계를 다투는 일은 너무 우려하지 않아도 될 것 같습니다"라고 보고하였다.[58]

목극등이 이처럼 백두산 천지 남쪽이 조선 경이라는 주장에 대해 긍정도 부정도 하지 않은 이유에 대해 생각해볼 필요가 있다. 첫째, 청조의 정계 출발점도 양국이 압록강·두만강을 경계로 하는 사실과 이 두 강이 백두산 천지에서 발원한다는 지리인식에 기초한 것이기 때문이다. 이는 1711년 사계에 관한 황제의

58) 『숙종실록』 권51, 숙종 38년 5월 정해.

유지에서도 확인된다. 둘째, 조선을 놓고 보면 백두산 남쪽 공한지가 매우 중요한 땅일지 몰라도 청에 있어서는 그렇게 긴요하지는 않았다. 청의 주관심사는 백두산 천지에 집중되었으며, 정계를 통해 이를 확실히 판도에 귄히려고 하였다.

후주에서 김지남을 만난 후 목극등은 계속 강을 거슬러 올라가 혜산에 도착하였다. 여기에서 조청 양국 인원은 두 길로 나누어 갔다. 한 갈래는 조선 접반사 박권, 함경도 관찰사 이선부, 역관 김지남을 포함하여 연로하고 몸이 쇠약한 자들이 보다회산 북쪽 길을 경유하여 무산에 가서 기다렸다. 다른 한 갈래는 목극등을 중심으로 가정(家丁)·인부 및 조선의 역관·군관·길 안내자 등을 거느리고 백두산 정상인 천지에 올랐다. 이어 천지에서 내려와 그 남쪽에서 압록강·두만강 수원을 찾기 시작하였다. 목극등은 압록강이 산허리 남쪽에서 흘러나오는 것을 쉽게 발견할 수 있었기에 바로 수원으로 정했다. 두만강 수원은 조선 군관과 토인들이 천지에서 발원하여 중간에 80~90리 단류(斷流)하다가 감토봉(甘土峰) 아래에서 다시 솟아 나온다는 말에 근거하여 동쪽으로 흐르는 세 갈래의 물 가운데서 북쪽의 한 갈래를 수원으로 정하고 분수령 상에 비를 세웠다. 비문의 내용은 다음과 같다.59)

> 大淸烏喇總管穆克登 奉旨査邊 至此審査 西爲鴨綠 東爲土門 故爲分水嶺上勒石爲記 康熙五十一年五月十五日 筆帖式 蘇爾昌 通官 洪二哥 朝鮮軍官 李義復 趙臺相 差使員 許樑 朴道常 譯官 金應瀗 金慶門

즉 오라총관 목극등이 황지를 받들고 변계를 조사한 결과 서

59) 『통문관지』 권9 기년, 숙종 38년; 『숙종실록』 권51, 숙종 38년 5월 을사, 6월 을묘; 권52, 12월 병진.

쪽으로 압록강이고 동쪽으로 토문강이며 분수령 상에 돌을 새겨 이를 기록한다는 것이다. 비문에 기명한 자는 청 필첩식과 통관 각 1명, 조선의 군관·차사원·역관 등 도합 8명이며, 접반사 박권과 함경감사 이선부는 직접 가 보지 못했다는 이유로 목극등의 기명 요구를 거부하였다.[60] 이는 후세에 큰 논란거리가 되었으며,

〈그림 3〉 백두산정계비[61]

60) 『숙종실록』 권51, 숙종 38년 5월 을사.
61) 篠田治策, 『白頭山定界碑』, 樂浪書院, 1938년에서 재인용.

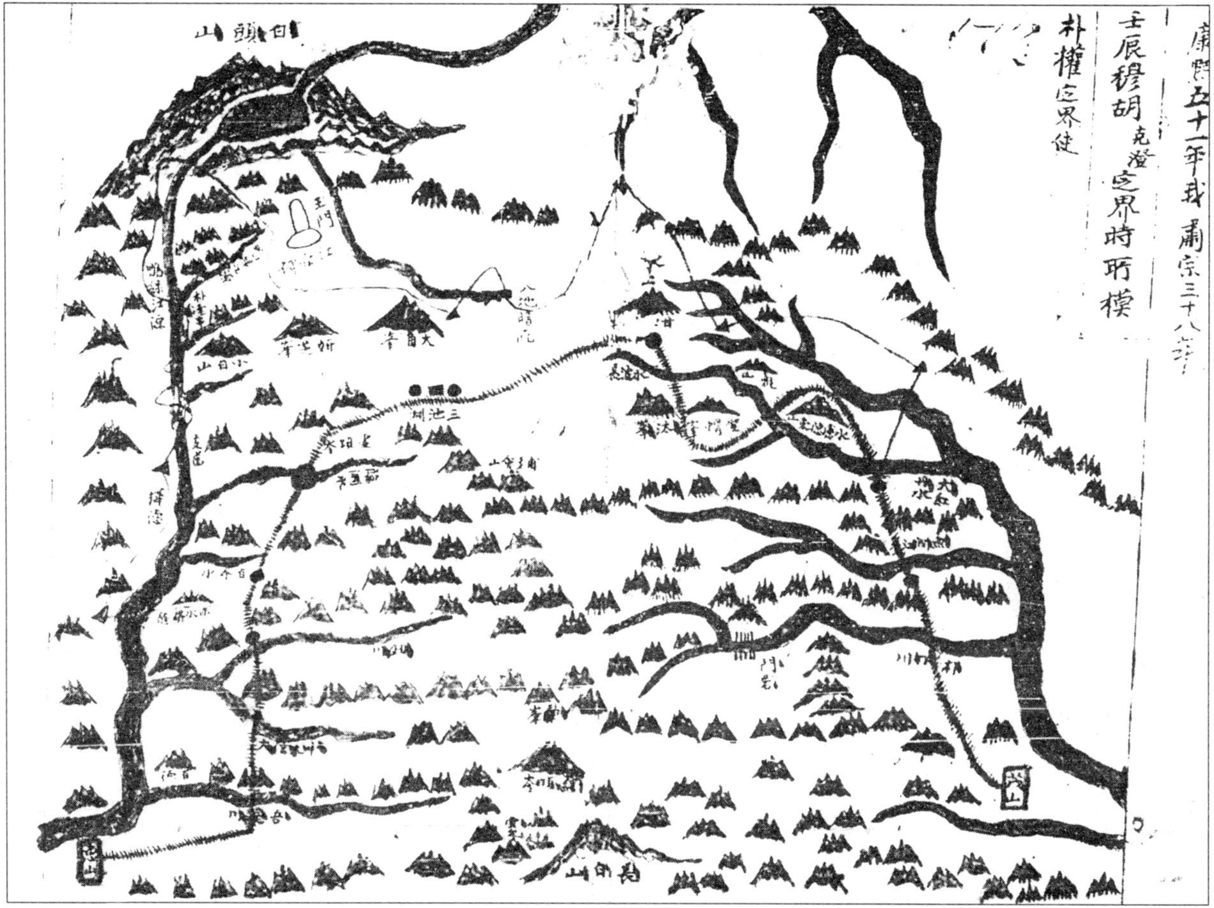

〈지도 6〉 백두산정계비도

정계의 성격을 판단하는 데 혼란을 주었다. 조선 측 정계관이라고 할 수 있는 품관 두 명이 모두 기명에 제외되었으니 오점이 아닐 수 없다.

수원을 정하고 분수령 상에 비를 세운 후 목극등 일행은 산에서 내려와 이틀여 만에 대홍단수에 이르렀고, 노은동산을 지나 어윤강(魚潤江)에서 박권 등을 만났다. 여기서 두 사람은 두만강 수원 문제를 둘러싸고 논쟁을 벌였다. 박권은 목극등이 정한 수원은 대홍단수의 상류이지 진짜 두만강이 아니며, 임강대 근처에서 대홍단수에 합치는 물이 진짜 두만강이므로 다시 두만강 합류처를 조사하여 강을 거슬러 올라가면서 정계해야 한다고 주장하였다. 이에 대해 목극등은 조선 토인의 말에 근거하여 "동류하던 물이 단류(斷流)하여 백여 리쯤 가서 다시 솟아나온다"고 하면서 자신이 정한 물이 두만강 수원이라고 우겼다.[62] 이때 만약 박권의 주장대로 두만강을 거슬러 올라가면서 수원을 다시 정했더라면 후세에 두만강 국경을 둘러싼 논쟁을 피할 수 있었을 것이다.

무산에 도착한 후 목극등은 농한기에 사람을 보내 두만강 단류처에 설책하여 표지로 삼는 일에 대해 박권과 의논하였다. 양국정계 인원은 계속 두만강을 따라 동쪽으로 향하였으며 5월 28일 경원에 도착하였다. 여기에서 목극등은 「백산도」 1부와 설책에 관한 자문 한 통을 조선 측에 넘겨주고, 6월 1일 경원과 20리 떨어진 두리산(豆里山)에 올라가 두만강 입해구를 본 뒤, 6월 3일 두만강을 건너 훈춘으로 넘어가 북경으로 향하였다.[63] 이로

62) 김지남, 「북정록」; 박권, 「북정일기」(이 두 글은 『조선시대 선비들의 백두산 답사기』, 혜안, 1998년에 수록됨); 『숙종실록』 권51, 숙종 38년 5월 을묘·임술.

63) 위와 같음.

써 목극등은 사계와 정계의 임무를 완수하였다.

같은 해 11월 조선은 동지사행 때 사은사를 겸하게 하여 정계에 대한 사은을 행하였다. 그 내용을 살펴보면, 국경을 조사하기 위해 나온 청사가 조선에 공억(供億)의 부담을 지게 하지 않았으며, 변강의 계한을 바르게 하여 범월의 폐단을 없애게 되었다고 하였다.[64] 정계에 대한 사은이 비록 의례적인 것이었지만 조선은 정계 결과에 만족하였다. 정계비를 압록강・두만강 발원지인 천지의 남쪽 이른바 분수령 상에 세움으로써 백두산 천지 남쪽 대부분 공한지가 조선에 귀속되었다. 소기의 정계 목표를 달성하였다고 하겠다.

정계가 끝난 후 같은 해 8월 북평사 홍치중(洪致中)이 차사원 허량(許樑)・박도상(朴道常) 등을 거느리고 설책 공사를 행할 때, 목극등이 정한 수계가 두만강에 흘러 들어가지 않고 동북쪽으로 송화강에 흘러 들어가는 것을 발견하였다. 북평사는 일단 비를 세운 곳으로부터 단류처까지만 설책하고 공사를 잠시 멈출 것을 명하였지만, 정계에 참여했던 차사원 허량 등이 수원을 잘못 정한 책임이 두려워 북평사의 말을 어기고 목극등이 지정한 수원에서 안쪽으로 20여 리나 떨어진 이른바 제2파에 설책하였다. 조정은 뒤늦게 북평사의 계문을 통해 수원이 잘못 정해진 사실과 허량 등이 제2파에 설책했다는 사실을 알게 되었다. 그러나 허량 등이 목책・토돈(土墩)으로 연결한 제2파가 진정한 두만강 수원이었고 또 수원을 잘못 정한 사실이 청에 알려져 감계사(勘界使)가 나오고 목극등이 견책 받을 경우, 후임자가 목극등처럼 수월

64) 『동문휘고』 원편 권48, 강계 9~12쪽.
去夏皇華審界之行 不煩外國之供億 克正邊疆之界限 莫非皇上字小之德 庶絶奸民犯禁之患 小邦君臣聚首感頌.

하지 않을까 걱정하였다. 이때까지 조선은 정계를 통해 땅을 얻었다고 생각하였기에 강토가 줄어들까 우려되어 수원이 잘못 정해진 사실을 덮어두기로 하였다.[65]

3) 백두산 정계에 대한 평가

1712년 백두산 정계에 대한 학계의 평가가 서로 엇갈린다. 대체적으로 긍정적인 평가보다 부정적인 평가가 더 많다. 정계과정과 결과로 볼 때 소홀히 다룬 부분과 부족한 면이 적지 않게 발견된다. 가장 큰 문제점이 두만강 수원을 잘못 정한 데 있다. 앞에서 보았듯이, 목극등이 두만강 수원을 정할 때 강줄기를 거슬러 올라가면서 찾은 것이 아니라 거꾸로 행하였으니 착오를 범하지 않을 수 없었다. 이 밖에 이번 정계의 목표가 양국이 압록강·두만강을 경계로 한다는 사실로부터 출발하여 양 강 사이 육지가 이어지는 백두산 일대의 경계를 정하는 것인데, 비문에 이에 관한 내용이 들어 있지 않다. 이는 이번 정계의 의미를 크게 떨어뜨리는 것이다.

그럼에도 불구하고 백두산 정계는 조청간의 극히 중요한 변경 사안으로서 양국의 변경환경 개선 및 양국관계 발전에 영향을 주었다. 백두산 정계의 의의 및 영향에 대해 다음과 같이 요약해 본다.

첫째, 백두산 정계는 조청 양국이 압록강·두만강을 경계로 하는 사실을 재차 확인하고 이를 비문에 새겨 넣었으며, 처음으로

65) 『숙종실록』 권52, 숙종 38년 12월 병진.

백두산 남쪽 경계를 획정하였다. 그리하여 양국 국경이 더욱 명확해졌다. 청조의 발상지로 간주되던 백두산 천지가 청에 귀속되었고 천지 남쪽 공한지 다시 말하여 분수령 이남이 조선에 귀속되었다. 이로써 조선은 정계 목표를 이루었고 영토 안전을 보장받았다.

둘째, 백두산 정계를 계기로 조선의 국경의식이 일층 강화되었다. 조선은 자국 변민의 월경 단속과 함께 중국인의 월경을 금할 것을 청에 요구하였다. 양국간에는 엄한 변금이 유지되었고 이로써 안정된 변경 환경이 조성되었다.

셋째, 백두산 정계를 통하여 청의 사계에 대한 조선의 의구심이 가셔졌고 영고탑패귀설의 영향이 줄어들었다. 정계 결과 천지 남쪽에 정계비를 세웠을 뿐만 아니라 '백산도'를 조선에 넘겨줌으로써 청의 사계가 영고탑으로 돌아가기 위한 지리조사가 아니라는 점을 확신시켜 주었다. 이와 동시에 정계대책 논의과정에서 『성경통지』 『대명일통지』 등을 참고하여 만주를 포함한 북방지역에 대한 지리지식이 크게 늘었다. 그리하여 설령 청조가 중원에서 패하여 영고탑으로 돌아간다 하더라도 심양→오라→영고탑 노선을 택할 것이며, 낯선 조선 땅을 경유하지 않는다고 믿었다. 청에 대한 적대감정이 불식되려면 오랜 세월을 요하는 것이지만, 이번 정계를 통하여 호감이 증대된 것이 사실이다. 이는 조청간의 조공책봉관계의 유지 및 심도 깊은 문화교류에 유리하다.

넷째, 백두산 정계의 소극적인 영향은 두만강 수원을 잘못 정한 데 있다. 이는 조선 후세에 국경 및 영토 관념에 큰 혼란을 주었다. 숙종대 정계 당시 토문강·두만강이 1강 2칭이라는 사실은 극히 명백하였다. 그러나 영조대에 제작된 지도에는 두 명칭의 강이 따로 표시되기 시작하였다. 예컨대 두만강 상류에 '토문강'이라고 표기하고 온성 근처에서 두만강에 흘러드는 지류에 다시 '분계강'이라고 표기해 놓았다.[66] 특히 1870·80년대에 이르러 두만강 이북에서 월경 개간하는 조선인이 많아짐에 따라 토돈(土墩)·석퇴와 연결된 송화강 상류를 '토문강'이라고 표기하고,[67] 조청 양국은 토문강으로 경계를 하며 두만강으로 경계를 하지 않는다고 주장하였다. 이 모든 것은 정계 당시 두만강 수원을 잘못 정함으로써 영토분쟁의 불씨를 심어 놓았음을 말해 준다.

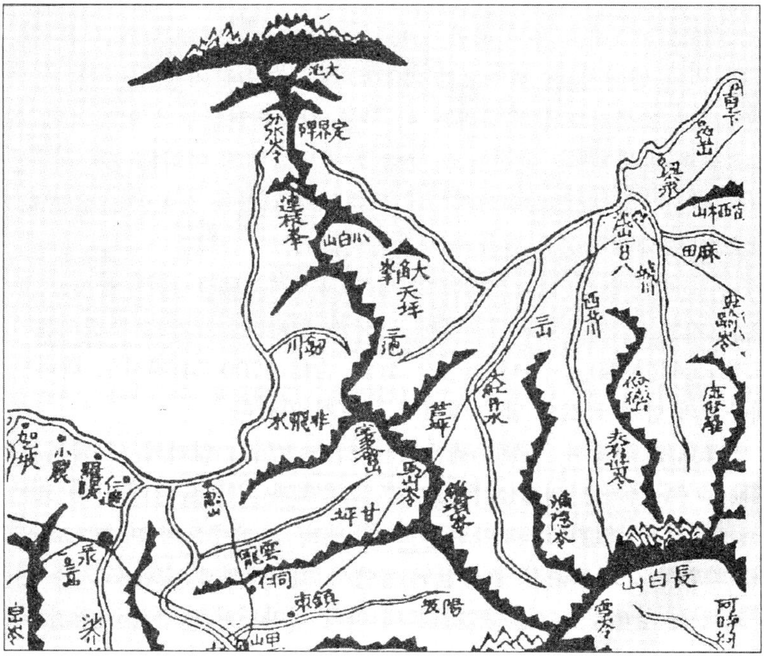

〈지도 7〉 대동여지도 백두산 부근도

66) 정상기형 『동국지도』 원도.
67) 장지연, 『대한신지지』 함경북도도.

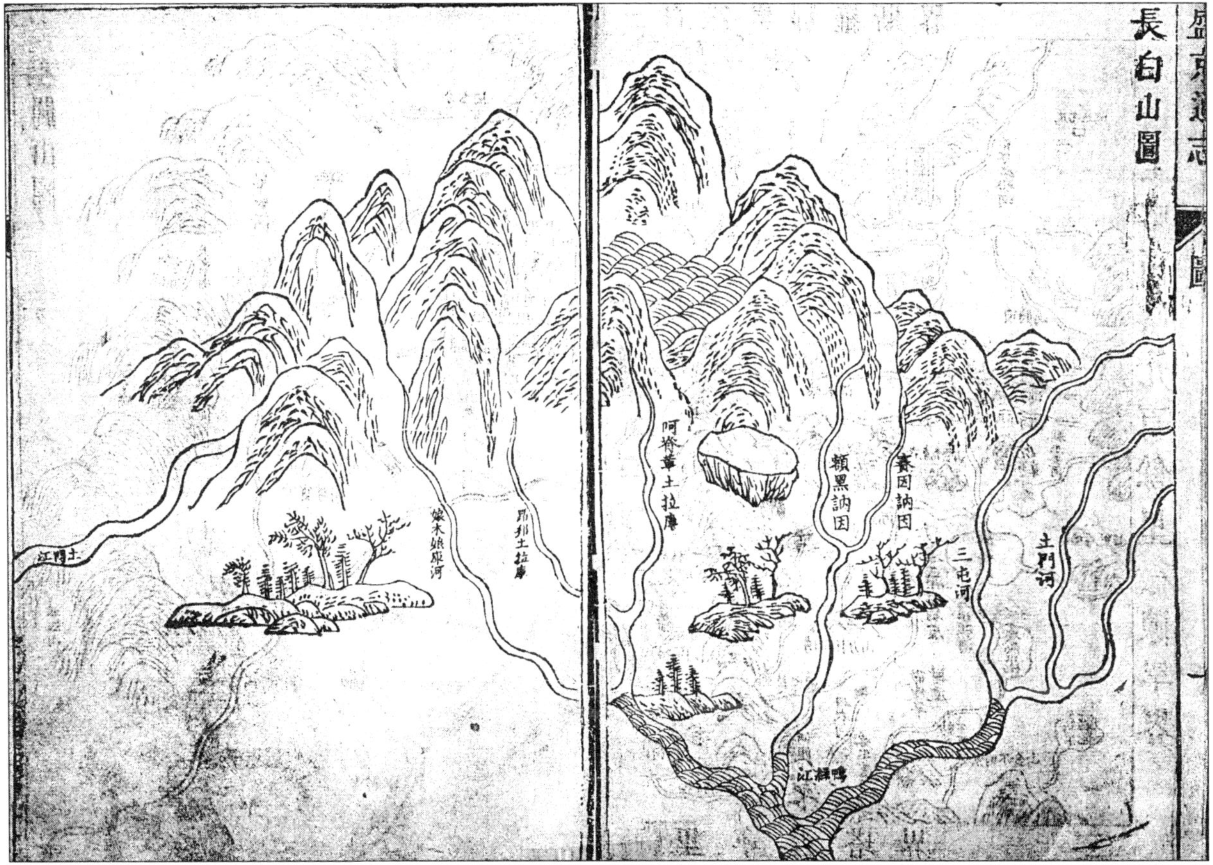

〈지도 8〉 성경통지 장백산도(1736)

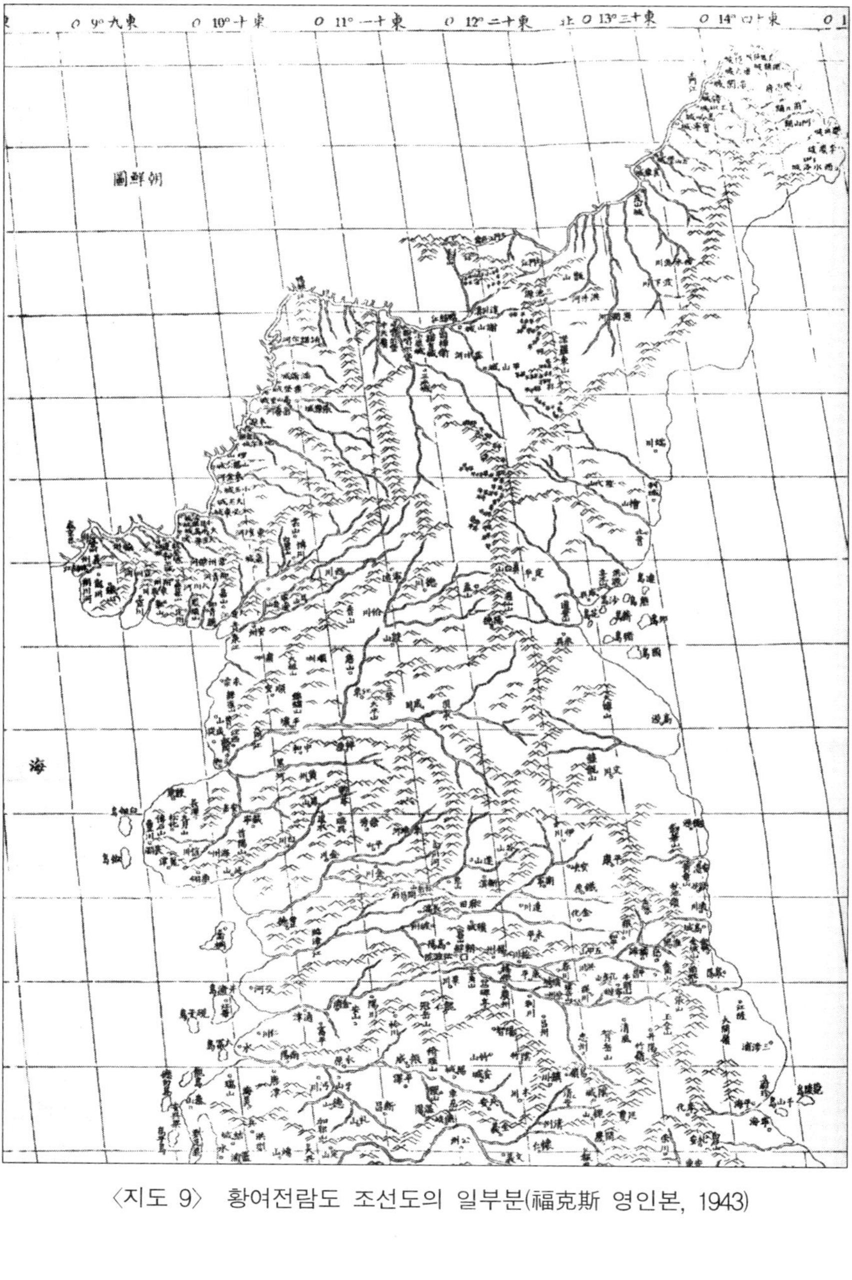

〈지도 9〉 황여전람도 조선도의 일부분(福克斯 영인본, 1943)

제 5 장

중국인의 월경과 변경문제에 대한 교섭

1. 중국인의 월경에 대한 양국의 공동 금단조치
2. 두만강변 작사간전에 대한 철회 요구
3. 압록강상의 투채선에 대한 공동 금단
4. 망우초설신과 유조변외 황지개간에 대한 철회 요구

제5장 중국인의 월경과 변경문제에 대한 교섭

1. 중국인의 월경에 대한 양국의 공동 금단조치

1) 중국 채렵자들의 연강활동

강희 초기에 압록강·두만강 일대에서 활동하는 중국인은 별로 없었으며 조선 경내로 넘어오는 자는 더욱 적었다. 채삼 또는 수렵을 위해 강변에 나왔다가 식량이 다 떨어지거나 길을 잃어 가끔 조선 경내로 넘어왔다. 이들에 대해 조선은 해상표류난민을 대하는 것과 같이 음식과 의복을 제공하고 군교를 파견하여 청나라 변경도시인 훈춘이나 봉황성에 넘기고 예부에 자문을 보내 월경 사실을 통보하였다.[1)]

강희 후기에 이르러 점점 많은 중국 채렵자들이 강변에 나타났다. 이들은 대부분 관내지역 사람들로서 이들이 강변으로 나오는 경로는 주로 두 갈래였다. 하나는 육로를 통해 산해관을 지나 성경지역으로 들어온 후 다시 유조변을 나가 강변에 이르는 것이고, 다른 하나는 배를 타고 해로를 통해 압록강 입구에 이른 후 다시 압록강을 거슬러 올라가는 것이었다. 육로를 통해 나오는 자들은 주로 산동·산서·하북 사람들이었고, 해로를 통해 나

---

1) 『동문휘고』 원편 권60, 범월 1~6쪽.

오는 자들은 주로 산동의 등주(登州)・내주(萊州)와 요동의 금주(金州)・복주(復州) 사람들이었다.

이 시기 해마다 수만 명에 달하는 채렵자들이 산해관 밖으로 나갔다. 기록에 의하면, 1694년 영고탑・길림에 가서 채삼하는 자가 3・4만 명, 소와 말이 7・8만 두, 식량 7・8만 石에 달한다고 하였다.[2) 『유변기략』에는 당시의 상황을 다음과 같이 묘사하였다.

> 무릇 산을 다니는 자들은 산동・산서 사람이 많으며 대개 모두 투채자들이다. 해마다 3・4월이 되면 무리를 지어 입산하고, 9・10월에 돌아간다. 배고픔과 추위를 견디지 못해 죽는 자가 얼마인지 헤아릴 수 없다. 그러나 산을 다니는 자들이 점점 많아져 해마다 만여 명이 넘는다.[3)]

이처럼 산해관 밖으로 나가는 자들이 많아짐에 따라 그 일부가 압록강・두만강 연변에 닿게 되었다. 채삼자들은 입산 또는 귀로에서 식량이 다 떨어지게 되면 강 건너 조선 마을로 넘어와 인삼・피물 등으로 변민들과 음식・소금・장 등을 교역해 갔다. 따라서 변경지역에 잠교역이 성해졌고 피차간에 분규가 잦아졌다. 중국 채렵자들이 조선 변민들에게 살해되는가 하면, 변민들이 교역을 거부하다가 채렵자들에게 구타당하거나 납치당하는 일이 발생하였다. 강희 중후기 중국 채렵자들에 의한 소요사건을 살펴보면 다음과 같았다.

---

2) 『중국동북사』 제4권, 1574~1579쪽.

3) 楊賓, 『柳邊紀略』 권3, 7쪽.
凡走山者 山東山西人居多 大率皆偸採者也 每歲三四月間趨之若鶩 至九十月間盡歸 其死于飢寒不得歸者 蓋不知凡幾矣 爾走山者益衆 歲不下萬餘人.

① 1707년 중국 채렵자들이 평안도 파수장과 파수졸을 납치해 가고 음식을 달라고 강요하였다. 변민들이 어물과 소금을 약간 건네주자 피랍자들을 풀어 보냈다.4)

② 같은 해 중국 채렵자 186명이 평안도 벽동 대안에 나타났다. 그중 4명이 강을 건너와 소금과 장을 요구하였다. 이를 거절하자 채렵자들이 벽동 권관을 구타하는 난동을 벌였다.5)

③ 1711년 심양에서 나온 채삼자 10여 명이 갑산으로 넘어와 장막을 치고 민가에 드나들다가 조선 파수군에게 잡혔다.6)

④ 1714년 중국 채렵자들이 평안도 이산(理山) 파수군을 납치해 가고 식량·소금·장을 요구하였다.7)

2) 조선의 금단 요구와 청조의 조치

중국 채렵자들이 강변에 자주 나타나고 특히 파수군을 납치해 가는 등 난동을 벌이자 조선은 금단 요구를 제기할 필요성을 느꼈다. 1707년 우의정 이이명(李頤命)은 이에 대해 다음과 같이 계문하였다.

> 평안도 건너편 청인들의 일이 매우 놀랍습니다. 얼마 전에 파수장을 납치해 간 데 이어 또 파수졸을 납치해 갔습니다. 약간의 어염을 주었더니 피랍자를 풀어 보냈지만 실로 전에 없던 일입니다. 두 나라가 교린할 때 사단이 생길까 우려됩니다. 이자(移咨)하는 일을 조

4) 『숙종실록』 권45, 숙종 33년 6월 신축.
5) 『비변사등록』 58책, 숙종 33년 10월 15일.
6) 『숙종실록』 권50, 숙종 37년 7월 정사.
7) 『숙종실록』 권55, 숙종 40년 9월 갑인·계해.

> 금도 늦출 수 없습니다. 어떤 이가 말하기를 이들이 봉성에서 내보낸 채삼자라고 합니다. 봉성은 조선의 사행로에 있기에 봉성에 통보하지 않고 이자하게 되면 봉성의 미움을 살까 걱정됩니다. 먼저 그런 뜻을 봉성에 알리고 그들(채삼자)로 하여금 철거하도록 하는 것이 좋겠습니다.[8]

즉 청에 이자해야 함을 주장하면서도 봉황성이 사행 요로에 있어 봉황성의 미움을 살까 우려하였다. 이에 국왕은 의주부로 하여금 즉시 봉황성에 통보하고 다시 예부에 이자할 것을 명하였다. 그러나 원임대신들은 봉성에 통보하는 것조차 반대하였다. 그 이유는 다음과 같았다.

> 비록 변경이 소요를 받지만 견디지 못할 상황이 아닙니다. 그들이(중국 채삼자) 만약 명령이 없이 사사로이 채삼하고 월경하여 침요하게 되면, 모두 사죄를 받게 됩니다. 비록 봉성에 치통(馳通)하더라도 일이 생기기 쉽습니다. 만약 (이들이) 봉성 사람들이라면 우리나라는 봉성과 사단이 생길 수 있습니다. 해마다 (사행의) 짐이 그들의 원독을 받게 될 것입니다. 또한 우리나라 백성이 간섭을 받지 않는다고 말할 수 없습니다. 지금은 마땅히 참아야 하며, 잠시 치통하지 말고 일의 형세를 보았다가 변경에서 감당하기 어려울 때 다시 의논하는 것이 좋겠습니다.[9]

---

8) 『숙종실록』 권45, 숙종 33년 6월 신축.
平安道越邊淸人之事極可驚駭矣 頃旣捉去把守將 今又捉去把守卒 略給魚鹽則雖卽放還 此實前所未有之事 兩國交隣之際易生釁端 深可憂矣 移咨之擧不可少緩 而或言此是鳳城所送採蔘之人 而鳳城在使行往來之路 若不先通而直爲移咨 則鳳城之生梗可慮云 先通此意於鳳城 使其撤還 似宜矣.

9) 『숙종실록』 권45, 숙종 33년 7월 신유.
邊上雖似擾困 不至大斷難堪 彼人若無國命 而私來採蔘越境侵擾 俱係死罪 雖馳通鳳城易於生事 若又果是鳳城人 則我國不可與鳳城生釁 年年行李受其怨毒 且我民之不爲干涉亦不可知 今宜隱忍 姑勿馳通 徐觀事勢 邊上有大不可堪 然後可以更議.

즉 봉성과의 이해관계를 고려하여 봉성에 통보하지도 예부에 이자하지도 말자는 것이었다. 이같이 신중론을 펴는 데는 조선인이 압록강 이북으로의 월경이 잦은 이유도 있었다. 이른바 "우리나라 백성이 간섭을 받지 않는다고 할 수 없습니다"라고 한 것이다. 청의 봉황성 변문은 조선 사행의 중요한 통로이자 관문이었다. 조선에서 수송하는 공물과 사행 원역의 모든 물품이 이곳에서 제1차 검증을 받았다. 책문으로 일컬어지는 이곳은 지금의 해관이나 다름없었다. 왕실과 각급 관부의 용도, 양반 사대부가들의 사치품이 이 통로를 경유해 갔다. 그러니 무역통로에 영향을 미칠까 우려하지 않을 수 없었다.

그 후 1년이 지나 회환 사신으로부터 봉황성 성수위가 심양 감옥에 갇혔고 새 성수위가 나왔다는 소식이 전해 왔다. 일부 신하들은 사정이 전과 다르므로 청에 이자하여 금단요구를 제기하자고 하였다. 그러나 의견이 여전히 일치하지 않았다. 이에 국왕은 이자하는 일을 잠시 멈출 것을 명하였다.[10] 중국인들의 변경 소요가 너무 심하지 않고 또 이보다는 봉성과의 관계문제가 우선시되었다.

금단 요구에 대해 재차 논의하게 된 것은 1711년이다. 이해에 백두산 일대에서 채삼하던 중국인 10여 명이 갑산에 넘어와 장막을 치고 민가에 왕래하다가 조선 파수군에게 잡혔다. 조정 신하들은 이번 기회에 청에 금단 요구를 제기하자고 하였다. "많은 사람이 소와 말을 끌고 오고 또 장막을 치고 머무른 것이 극히 낭자하므로 이자(移咨)하고 압송하며 법에 따라 처벌해야 한다"는 것이었다. 그러나 때마침 목극등이 위원사건 조사를 구실로

---

10) 『숙종실록』 권46, 숙종 34년 10월 임술.

사계를 행하려다가 조선의 저지로 돌아간 시점이었다. 이럴 때에 금단 요구를 제기할 경우 청에서 월경 폐단을 제거한다는 구실로 재차 사계를 진행할지도 모른다는 우려가 제기되어, 금단 요구 제기를 재차 유보하였다.[11] 같은 해 5월 9일 위 월경 사실을 청에 알리는 조선의 자문 내용은 다음과 같았다.

> 자세히 살펴보건대, 이 사람들은 신표(信票)를 가지고 왔으며, 사사로운 채삼자들이 아니며, 산행하다가 길을 잃어 소방의 지계에 들어온 것 같습니다. 사정으로 미루어 보아 이상할 바가 없겠지만, 봉강(封疆)을 넘었으니 비록 고의로 범한 것이 아니더라도 소방의 도리로서는 그냥 풀어 보낼 수 없으며 성경에 보내야 한다고 생각합니다. 사역원정 김정우(金鼎宇)로 하여금 서정좌(徐廷佐) 등 10명을 봉황성에 압송하여 교부합니다.[12]

즉 서정좌 등이 투채자가 아니며, 고의로 월경한 것이 아니라는 점을 강조하였다. 이는 맨 처음에 조정 신하들이 이들의 월경 행위가 "극히 낭자하여 이자하고 압송하며 법에 따라 처벌해야 한다"고 한 것과 대조적이다. 이는 채삼자들이 심양장군에 속한 것과도 무관하지 않다.[13] 더욱 흥미로운 것은 갑산으로부터 함경도로 통하는 길(임신사계 때 이 길이 없다고 함)을 은폐하기 위하여 월경자들을 갑산과 가까운 훈춘에 압송하지 않고 일부러 서울로 압송하여 심문한 후 다시 봉황성으로

---

11) 『비변사등록』 63책, 숙종 37년 8월 2일.

12) 『동문휘고』 원편 권61, 범월 1~2쪽.
竊詳 此伙人等旣有隨身信票 則似非私採之徒 山行失路 誤入小邦地界 揆以事情亦非異事 而旣越封疆 則雖非故犯 其在小邦之道不敢無端放還 理合解送盛京 謹差司譯院正金鼎宇 將徐廷佐十人等押領 前去鳳凰城交付.

13) 『숙종실록』 권50, 숙종 37년 8월 경진.

압송하였다.[14]

그 이듬해 목극등이 백두산에 정계비를 세움으로써 청의 사계에 대한 의구심이 가셔졌다. 1714년 이산(理山) 파수군 납치 사건을 계기로 조선은 청에 금단요구를 제기하였다. 이 일의 전말은 평안도 관찰사로부터 “이산 강변 청인들이 함부로 건너와 파수군을 붙잡아 갔는데도 군수 신명식(申命式)이 덮어 감추고 보고하지 않았으므로 그를 처벌해야 한다”는 장계가 들어왔다. 같은 해 11월 조선은 다음과 같은 내용의 주문을 청에 보냈다.

> 초산군수 신명식의 첩보(牒報)에 의한 평안도 관찰사 민진원(閔鎭遠)의 치계에 의하면, 올 7월 26일 상국인이 한밤중에 넘어와 소금과 장을 토색하였으나 파수군이 주지 않자 그를 붙잡아 가 겨우 빠져나왔습니다. 상국인들은 왕래하고 채렵하기 위해 수십 또는 수백 명씩 무리를 지어 겨울에는 사냥을 하고 봄에는 채삼을 하며, 막을 치고 둔거하여 오랫동안 머물러 있으며, 유무를 서로 돕는다는 구실로 소방의 변민들과 몰래 왕래하여 전에 이만성(李萬成)·만지(萬枝)사건과 같은 일이 발생하였습니다. 오늘 또 금령을 어기고 경계를 넘어 파수군을 붙잡아 갔습니다. 이렇게 계속 될 경우 장차 어떤 일이 일어날지 모릅니다.…상국인이 변강을 침월해 온 것은 소방이 처리할 일이 아니지만 번잡함을 피하지 않고 주문하오니 황송하기 그지없습니다. 황제께서 주문 내의 사정을 살피시고 밝은 유지를 내리시어 당해 수무(守撫)관들을 엄칙하며,…금령을 어기고 월강한 자에 대해서도 엄칙하여 함부로 넘어와 양찬(糧饌)을 토색하는 일이 없도록 하여 소방의 변민들을 소요하는 걱정을 없애기 바랍니다.[15]

---

14) 『숙종실록』 권50, 숙종 37년 7월 정사, 8월 기미, 9월 신묘; 『동문휘고』 원편 권61, 범월 1~2쪽.

즉 중국 채렵자들이 조선 변경을 침월하는 것은 조선에서 처리할 수 있는 일이 아님을 강조하고 수무(守撫)관에 명하여 이들의 침월 행위를 엄칙할 것을 요구하였다. 청은 조선의 요구를 받아들여 월경자와 소속 지방관을 엄칙할 것임을 다음과 같이 알려 왔다.

> 조선국인이 사사로이 월강하는 자들을 붙잡아 압송할 경우 엄히 죄를 다스리고 당해 지방관을 당해 부에 넘겨 찰의하도록 하라. 조선에 자문을 보내 연변을 방수하는 관병을 엄칙하여 때때로 순찰하며, 이러한 무리들이 있을 경우 붙잡아 압송하도록 하라.[16)]

즉 조선에 월경자들을 붙잡아 압송하는 권리를 부여하였다. 이는 1700년 해상에서 조선 변경을 침요하는 자들에 대해 처벌 원칙을 정한 데 이어,[17)] 육지 변경에서도 동일한 원칙을 정했음을 말해 준다.

---

15) 『동문휘고』 원편 권61, 범월 6~8쪽.
平安道觀察使閔鎭遠馳啓 據楚山郡守申命式牒報內 本年七月二十六日 上國人乘夜越來 討索鹽醬 於把守軍人不應所求 則仍爲捉去 僅得脫還等因 得此 上國之人往來採獵 十百爲群 冬則行獵 春則採蔘 結幕屯聚 曠日淹留之際 稱以有無相資 與小邦邊民潛相往來 至於生變如前日李萬成・萬枝等是也 今又不遵禁令 恣意越界 捉去把守 若此不已 則輾轉生事將何所不至…事係上國人侵越邊疆 非小邦所可制者 則不避煩猥每輒聞奏 第增惶悚 伏乞皇上俯察奏內情節申降明旨 嚴飭各該守撫另加鈐束…至於違禁越江者亦加嚴飭 毋得任意攙越 橫討糧餜 使小邦邊氓得免驚擾之患 不勝至願.

16) 『통문관지』 권9 기년, 숙종 41년.
私行越江之人 如被朝鮮國人捕送 嚴行治罪 將該地方官交與該部察議 再咨行朝鮮亦令嚴飭沿邊防守官兵不時巡查 如有此等之徒 卽行拿獲解送.

17) 해상에서의 중국인 월경행위에 대해서는 가호(枷號) 1개월, 편타(鞭打) 또는 책판(責板)의 벌을 행하였으며, 소관 지방관을 벌봉 6개월에 처하였다(『동문휘고』 원편 권60, 범월 7~31쪽 참조).

〈표 7〉 강희연간 중국인 월경사건 교섭 사례

연대 \ 내용	중국인 월경사건	조선의 교섭	청의 처리
1682년 강희 21	심양 사람 2명이 회령에 넘어옴	자문으로 통보, 훈춘에 압송함	월경자를 성경형부에 압송하여 조사함
1694년 강희 33	수렵자 1명이 의주에 넘어옴	봉성에 치통(馳通), 월경자를 압송함	월경자의 고용주를 성경형부에 압송하여 조사함
1707년 강희 46	수렵자들이 조선의 파수장과 파수졸을 납치해 감	통보하지 않음	–
1707년 강희 46	채렵자 186명이 벽동 건너편에 나타남. 4명이 강을 건너와 소금과 장을 토색하고 벽동권관을 구타함	심사 후 풀어 보냄	–
1711년 강희 50	심양 채삼자 10여 명이 갑산에 넘어옴	자문으로 통보, 봉성에 압송함	예부 회자(回咨) (결문임)
1714년 강희 53	채렵자들이 이산에 넘어와 파수군을 납치해 감	진주사 파견, 금단 요구 제기	월경자를 엄히 치죄하고 지방관을 찰의할 것을 통보함

2. 두만강변 작사간전(作舍墾田)에 대한 철회 요구

백두산정계비 수립을 계기로 조선의 국경의식이 강화되었다. 중국인의 월경행위를 금단할 것을 요구하였을 뿐만 아니라, 그러한 우려를 미리 차단하기 위한 노력을 강구하였다. 중국인이 두만강 대안에서 집을 짓고 땅을 개간하는 것을 철회하도록 요구한 것은 그런 맥락에서였다.

1714년 함경도 관찰사로부터 경원 건너편 2리 밖과 훈융 건너편 2리 밖에서 청인들이 집을 짓고 땅을 개간하며 도로를 닦고 있다는 보고가 들어왔다. 종래 강북은 인적이 드문 무인지역이었는데 입주자가 생겨났다는 사실은 조선을 당황케 하였다. 도제조 이이명(李頤命)은 다음과 같이 우려를 나타냈다.

> 황조(皇朝, 明) 때 구련성(九連城)으로부터 진보가 이어져 우리나라와 접하고 있었으며, 닭과 개의 울음소리를 서로 들을 수 있고, 또 요동인이 위화도에 와서 경작하자 우리나라는 요동도사에 자문을 보내 금하도록 하여 비를 세워 정계했습니다. 그때는 천하일가이고 우리 백성과 화인(華人)이 이웃처럼 가까웠는데도 방지하는 계한이 엄하지 않을까 우려했는데 하물며 지금이겠습니까? 청인이 행하는 것이 과연 깊은 뜻이 있는지 알 수 없지만, 띠와 같은 강을 사이 두고 있기에 피차간에 왕래할 때 일이 생길 우려가 있습니다.[18]

즉 조선과 명나라 사이에 압록강 하류 검동도(黔同島)에 지계비를 세워,[19] 요동 사람들이 위화도에 와서 경작하는 것을 막은 사실을 들어 청인들이 두만강변에서 작사간전하는 것을 금해야 한다고 주장하였다. 피차 변민이 가까이 사는 것을 피하여 월경 폐단을 미리 차단하고자 한 것이다.

제조 조태구(趙泰耉)는 청인이 두만강변 가까이에서 땅을 개간하는 의도에 대해 의심하고 또 피차 변민이 가까이 있게 될 경우 잠상의 폐단이 우려된다고 하였다. 그의 계문의 내용은 다

18) 『비변사등록』 67책, 숙종 40년 6월 7일.
皇朝時 自九連城有鎭堡與我國接界 鷄狗之聲相聞 遼東人或有來耕威化島者 則輒自我國移咨遼東都司而禁止 至於立碑以定界 其時天下一家 我民與華人如隣邑 尙慮其無防限 況今日乎 淸人所爲雖未知果有深意 而隔一衣帶水而相近 彼此往來 不無生事之弊 此甚可慮矣.

19) 1605년 검동도(黔同島, 替子島)에 지계비를 세워 난자도(蘭子島)에서 검동도까지 조선 지계임을 밝힌 일을 말한다(강석화, 앞책, 28쪽).

음과 같다.

> 그들의 일은 우리가 금할 수 없지만 걱정되는 바입니다. 신이 서북에 왕래하면서 그 형세를 보았더니, 육진과 강변 7읍이 피차간에 강을 계한으로 합니다. 맞은편이 모두 공지이고 인가가 없으며 다만 수목이 울창할 뿐입니다. 그들이 농사를 지으려고 한다면 넓은 들과 비옥한 땅 어디서나 가능합니다. 그런데 지금 반드시 연강 근처에 집을 짓고 땅을 개간하고 도로를 닦는 이유를 알 수 없습니다. 근래 청인들이 채삼과 수렵을 위하여 1년 사계절 시도 때도 없이 왕래합니다. 해를 넘기면서 머물러 돌아가지 않는 자도 있습니다. 먹을 것을 얻기 위해 우리 경내 변민들과 사사로이 화매를 하고 있으니 폐단이 아닐 수 없습니다.[20]

한편 청에 이자하는 데 대해 신중론을 펴는 신하도 있었다. 좌의정 김창집(金昌集)은 청인들이 만약 조선의 진보·촌락은 모두 강변에 열치되어 있는데, 우리만을 막으려는 이유가 무엇인가고 하면 대답할 말이 없다고 하였다.[21] 이에 국왕은 작사간전하는 것이 황제의 명에 따른 것인지 아닌지를 알아본 후에 주문하는 것이 합당하다고 보고 황력(皇曆) 재자관으로 하여금 봉성 또는 심양에서 상황을 탐문하게 하였다.[22]

---

20) 『비변사등록』 67책, 숙종 40년 6월 7일.
彼地事非我所可禁 而亦不無可慮矣 小臣嘗往來西北觀其形勢 六鎭及江邊七邑 彼我境以江爲限 而越邊則皆是空地 曾無人居 但樹木成林而已 今彼人若只爲作農 則曠野沃土何處不可 而必於沿江近處造家墾田且修治道路乎 其意誠不可測 而近來彼邊淸人以採蔘及狩獵事 通四時無常往來者比前益夥 或經歲遲留 而不罷歸 想其糧道甚艱 故與我境邊民潛相和賣以資其糧者 不無其弊矣.

21) 『숙종실록』 권55, 숙종 40년 8월 갑술.
北路慶源等地越邊 彼人之作舍墾田等事 諸議皆以爲當奏聞 而但北路事 則或言 彼若答以爾國鎭堡村落皆列於江邊 而獨禁我人何也云 則無辭可答云.

22) 『비변사등록』 67책, 숙종 40년 6월 7일.

얼마 후 북병사의 장계가 도착하였다. 보고에 의하면, 경원 건너편에서 작사간전하는 것이 영고탑 청인이며 아직 황제의 명도 영고탑장군의 명도 없으며, 훈융 건너편에서 작사간전하는 것이 훈춘에 사는 청인이며 호수가 3戶, 종호(從胡)가 5명에 불과하다는 것이었다.[23] 이에 일부 신하들은 강변에 입주자가 많아지기 전에 이번 동지사행 때 철회 요구를 제기하자고 하였다. 민진후는 일의 급박함을 다음과 같이 계문하였다.

> 서변의 사단이 이미 드러나 우려되지만, 북변의 일보다 긴요하지 않습니다. 그들이 작사간전하는 것이 깊은 뜻이 있다고 말할 수 없지만, 그들과 우리 사람이 띠와 같은 강을 사이 두고 있어 평소에도 왕래하는 것을 금하기 어려운데, 얼음이 얼게 되면 더욱 어려워져 장차 강역의 일이 심히 우려됩니다. 이번 사행이 돌아올 때면 내년 봄이 됩니다. 설령 탐문하여 주문하더라도 별도로 사신을 파견하려면 명년 동지사행 때야 순부(順付)할 수 있습니다. 그 사이에 그들이 점차 이주해 와 촌락이 성해지면 철거하기 더욱 어려워집니다. 지금 황당선(荒唐船) 주문 외에 별도로 세 가지 일을 합하여 하나의 주문을 작성하거나 혹은 작사간전하는 일만을 황당선 주문 아래 첨가하여 사신으로 하여금 형세를 보아 바치거나 가지고 돌아오게 해도 무방합니다.[24]

여기서 "서변 사단이 이미 드러났다"고 한 것은 압록강변 중

23) 『숙종실록』 권55, 숙종 40년 8월 정축.

24) 『비변사등록』 67책, 숙종 40년 9월 28일.
西邊事端已露 固爲可慮 而猶不如北邊之緊切 盖其作舍耕田未必有深意 而彼我人所居只隔一衣帶水 常時往來 亦難防禁 況合氷之後乎 前頭疆埸之慮實非尋常 今此使行之還當在來春 設令探聞而來 果有可以奏聞之事 似不可別送使臣 勢將順付於明年冬至使 其間彼人漸次移來 村落益盛 則尤無撤還之望 今若於荒唐船奏文之外 別以三事合作一奏 或只以北事添入荒唐船之下 令使臣觀其形勢 可呈則呈之 不可呈則還爲持來 似無所妨.

국 채삼자들이 이산 파수군을 납치해 간 일을 말한다. 즉 서변의 월경폐단보다는 북변에서 작사간전하는 것이 더 긴요하므로 촌락이 성해지기 전에 올해 동지사행 때 철회 요구를 제기하되, 사신으로 하여금 형세를 보아 주문하거나 주문하지 않아도 괜찮다는 것이다.

필경 작사간전하는 것이 청나라 변경 조치이고 황명에 따라 진행되는 것일 수도 있기에 국왕은 여전히 신중을 기하여 사신이 탐문해 온 후에 주문하라고 명하였다.[25]

같은 해 12월 황력 재자관으로부터 두만강변에서 작사간전하는 것이 영고탑장군이 군사를 주둔하기 위해서이며, 이미 황지를 얻었다는 소식이 전해 왔다. 이는 같은 해 영고탑장군의 주청으로 청에서 훈춘에 협령(協領)을 설치하고 영고탑으로부터 일부 병사를 훈춘에 증파한 데서 연유되었다. 즉 두만강변 작사간전은 영고탑장군의 조치이며, 직접 황제의 뜻에서 나온 것이 아니었다. 이에 비변사는 즉시 승문원등록을 상고하여 전례에 따라 예부에 자문을 보낼 것을 제의하였다.[26] 직접 황제에게 주청하는 것보다 예부에 자문을 보내는 것이 외교적 부담을 덜 수 있기 때문이었다. 같은 달 두만강변의 작사간전을 철회할 것을 요구한 조선의 자문 내용은 다음과 같았다.

> 지금 만약 매우 가까운 곳에서 땅을 개간하고 집을 짓고 길을 닦게 되면 두 곳의 인가가 서로 접하고, 닭과 개의 울음소리를 서로 들을 수 있게 되고 강이 얼면 피차 인민이 서로 숨기고 서로 빌리고 빌려 주면서 왕래하는 것이 더욱 잦아집니다. 간혹 서로 화목하지

25) 『비변사등록』 67책, 숙종 40년 9월 28일.
26) 『숙종실록』 권55, 숙종 40년 12월 신미.

> 않아 간극이 생길 경우, 비록 상국의 금령이 극히 엄하고 소방도 변민에 대해 조금도 소홀히 하지 않더라도 법이 해이해져 해가 갈수록 간행(奸行)이 잦아지고 폐가 이목 외에서 생기며 우환이 작은 데로부터 생기며 장차 근심이 어디까지 이를지 모릅니다. 엎드려 생각하건대, 성조(聖朝)가 통치한 이래 책문에 설책하여 출입을 조사하고, 책문 밖은 여전히 황지로 남겨두어 사람이 거주하지 못하게 하였으며 소방의 변경과 좀 떨어져 있게 하여 서로 혼잡하는 폐단을 없앴으며 강역의 일로 득죄하는 것을 면할 수 있게 되었습니다.…만약 빨리 스스로 요청하지 않고 처분만 기다리다가 득죄한 후에는 늦어질 것입니다.[27]

두만강 가까이에서 작사간전할 경우 여러 가지 폐단 즉 월경·잠무역·살인사건 등이 발생하게 되며, 청초로부터 유조변을 설치하여 출입을 기찰하고 유조변외 지역은 사람이 입주하지 못하게 하여 월경의 폐단을 없앴다는 것이었다. 기실 이때까지 변외지역이 무인지대로 남게 된 것은 청에서 사람을 입주하지 못하게 하였거나 일부러 비워 둔 것이 아니라 명말청초의 특수한 역사상황 특히 청조의 거족적인 입관의 결과였다. 그럼에도 불구하고 조선은 그 이후 변경문제 교섭에서 누차 이 점을 강조하여 중국인이 조선 국경 가까이로 다가오는 것을 저지하였다.

청은 조선의 요구를 받아들였다. 이듬해(1715년) 2월 예부자

---

27) 『동문휘고』 원편 권48, 강계 13쪽.
今至近之地開荒作舍墾田治道 兩處人煙相接 鷄犬相聞 江水一合尤無限隔 彼此人民易致混藏 或不免丐貸求覓潛相還往 一有不協懷嫌造釁 雖上國禁令本來嚴明 小邦另飭邊氓無敢少忽 而竊恐法弛人玩(頑) 歲久奸滋 弊起於耳目之外 患生於絲髮之微 日後之慮將何所不至乎 仍伏念聖朝御宇 設柵鳳城以譏出入 柵門迤外仍舊荒虛 不許人居 與小邦邊徼稍遠 不相混雜 至今疆域免致大端釁戾者…倘不早自開請以俟處分 後雖獲戾亦將無及.

문에는 봉천장군·봉천부윤 및 영고탑장군에 명하여 조선 변경 가까운 위 두 곳에서 집을 짓고 거주하는 자들이 누구인지, 어느 지방 사람인지, 무슨 이유로 집을 짓고 거주하려는 것인지를 확실히 조사하도록 하였다.[28] 이어 10월에 도착한 예부자문에는 강변에 설치했던 둔전을 이미 철회했음을 통보하였다. 즉 영고탑장군이 호군통령에게 명하여 강변에 지은 집과 움막을 헐어 버렸다는 것, 영고탑 관병의 둔전과 안도립타목노(安都立他木奴)의 둔전을 강에서 좀 멀리 떨어진 다른 곳으로 옮기도록 했다는 것, 금후에는 두만강변 가까이에서 집을 짓거나 곡식을 심는 것을 엄금하며 소속 관원으로 하여금 불시에 조사하며, 위반자가 있을 경우 소속 관원도 당해 부에 넘겨 처벌한다는 것이었다.[29]

이상 두만강변에서 작사간전하는 중국인을 철회시킨 것은 청조의 조선 변경에 대한 회유책의 결과이다. 그러나 청조의 변경 형세에 매우 불리한 선례를 남기게 되었다. 그 이후 조선은 이 사례를 들어 두만강변의 작사간전을 철회할 것을 요구하였을 뿐만 아니라, 청에서 압록강변에 초소를 세우는 것과 유조변외 황지를 개간하는 것을 철회하도록 요구하였다. 후술하겠지만, 이로 인하여 청조의 변방 군사력의 약화를 초래하였으며, 1870·80년대 조선 유민들이 물밀듯이 강북으로 월경 개간할 때 청조는 거의 속수무책이었다.

---

28) 『동문휘고』 원편 권48, 강계 13~14쪽.
其在朝鮮國邊境相近二處造房居住者 不知係何等之人 何處所屬地方 因何情由造房居住 不便遽議 相應移咨奉天將軍及府尹寧古塔將軍等查明 到日再議.

29) 『동문휘고』 원편 권48, 강계 14~15쪽.

3. 압록강상의 투채선(偸采船)에 대한 공동 금단

1) 투채선 출몰상황

중국 내지 채렵자들은 육로를 통해 압록강변에 이르렀을 뿐만 아니라 해로를 통해 마상선(馬尙船)을 타고 압록강 입구로부터 강을 거슬러 올라가기도 하였다. 마상선에 필요한 물자를 실을 수 있었기 때문에 편리한 교통수단이었다. 강희 말년부터 건륭연간에 이르러 압록강 상에는 마상선이 줄지어 강을 거슬러 올라가는 광경이 펼쳐졌다. 조선 측 사료를 통해 마상선의 출몰상황을 알아보면 다음과 같다.

① 1721년 봄 투채자들이 마상선을 타고 "30·40명, 또는 50·60명, 또는 백여 명씩 줄지어 강을 거슬러 올라가거나 강을 따라 내려왔다. 이들은 엽군(獵軍)이라고 칭하면서 마음대로 다녔다."[30]

② 같은 해 4월 28일 "마상선 8척이 인산진(麟山鎭) 근처 형제산(兄弟山)포구에 들어와 머물러 있었다." 또 "수렵자들이 앞뒤로 나오는 것이 무려 수천에 달했으며 작년보다 배가 늘어났다."[31]

③ 1724년 6월 의주 각 진보의 변장들이 치보하기를, 압록강에 청인들의 수가 매일 늘어나 하루에 보고한 것이 많게는 30여 명이며, 마상선을 타고 압록강 일대에서 앞뒤를 잇고 있으며, 금령을 어기고 다니는 자들인 것 같다고 하였다.[32]

30) 『동문휘고』 원편 권61, 범월 9~10쪽.
31) 『동문휘고』 원편 권61, 범월 9~10쪽.
32) 『경종실록』 권15, 경종 4년 6월 계유.

④ 1727년 5월 채렵자 300여 명이 마상선 40여 척을 타고 중강에 나타났다. 의주에서 봉성에 통보하자 봉성 성수위가 갑군 60여 명을 파견하여 조선 군졸과 함께 마상선을 격퇴하였다.33)

⑤ 1733년 11월 평안병사 이수량(李遂良)이 계하기를 강계에 표류해 온 마상선 11척을 타파하여 금단의 뜻을 보여야 합니다고 하였다.34)

⑥ 1744년 5월 중국인 23명이 마상선 3척을 나눠 타고 고산리로부터 폐사군 지역으로 옮겨 갔다.35)

⑦ 같은 해 6월 중국인 15명이 마상선 2척을 타고 죽암수비(竹岩讐非)로부터 함경도로 옮겨 갔다. 같은 달 12명이 마상선 1척을 타고 죽암수비로부터 함경도로 옮겨 갔다.36)

⑧ 1745년 의주강변에 마상선 45척이 나타났으며 460여 명이나 되었다. 조선에서 봉성에 통보하자 성수위가 좌령과 영최(領催)를 파견하여 마상선을 추격하게 하였다.37)

⑨ 1758년 갑군이 마상선을 추격할 때 한 명이 창성강변에 표류해 왔는데 조선 파수군에게 잡혀 성경 형부에 압송되어 처형당했다.38)

---

33) 『동문휘고』 원편 권61, 범월 17~21쪽; 『영조실록』 권11, 영조 3년 5월 경신, 6월 무술.
34) 『영조실록』 권36, 영조 9년 11월 정해.
35) 『동문휘고』 원편 권62, 범월 26~27쪽.
36) 『동문휘고』 원편 권61, 범월 9~10쪽.
37) 『동문휘고』 원편 권61, 범월 20~21쪽.
38) 『동문휘고』 원편 권62, 범월 34~36쪽.

2) 조선의 금단 요구

중국 투채자들은 마상선을 타고 압록강을 거슬러 올라갔을 뿐만 아니라, 압록강 이북 강변에 둔취해 있으면서 조선의 관노·진졸 등을 끌어들여 채삼·잠상의 거점을 이루었다. 1721년 8월 조선은 청 예부에 자문을 보내 금단할 것을 요구하였다. 이에 앞서 같은 해 4월 조선에서 해서(황해 서부)지역에 대한 중국 어채선의 변경 소요를 금할 것을 요구한 데 대해, 청은 "봉천장군과 부윤 그리고 연해지방의 독무(督撫)에게 행문하여 더욱 엄금할 것이며," 조선도 "불시에 조사하여 지계를 사사로이 넘는 자가 있을 경우 즉시 나포하여 압송하라"고 알려 왔다. 이같이 해상 월경자에 대한 금단원칙을 이미 정해 놓았기에 조선의 마상선 금단요구에 대해 청 예부는 더 논의할 필요가 없다고 통보하였다.[39] 즉 동일한 원칙을 준함을 내비쳤다.

그 후에도 압록강 상에 마상선이 출몰하는 폐단이 그치지 않았다. 조선은 '의주사건'을 계기로 재차 청에 금단 요구를 제기하기에 이르렀다. 의주사건의 전말은 1727년 4월 중국 채삼자 300여 명이 유조변문과 변대(邊臺)를 지키고 있던 갑군·영최에게 뇌물을 주고 애합문(艾哈門)을 통과한 후 40여 척의 마상선을 타고 애합하(艾哈河)를 따라 개시장 근처인 망우초(莽牛哨)에 이르렀다. 여기서 투채자들은 조선 파수군의 저지를 받았다. 한편 의주부에서 봉황성에 사실을 통보하자 봉황성 성수위가 갑군 60여 명을 파견하여 조선 파수군과 함께 투채자들을 막아 나섰다. 그러나 역부족으로 조선 격군 5명이 익사하고 투채자들은 29명을

---

39) 『동문휘고』 원편 권61, 범월 20~21쪽.

제외하고 다 도망갔다. 이튿날 성수위가 또 갑군 20명을 파견하여 투채자들을 수색하였으나 찾아내지 못하였고, 다만 투채자들이 버리고 간 마상선에서 식량과 물품을 발견했는데 산동·산서의 투채자임이 확인되었다.[40)]

조선은 의주사건을 전에 없던 변으로 간주하고 마상선 폐단을 금할 것을 청에 요구하였다. 조선의 자문 내용은 다음과 같다.

> 연변에서 범월하는 폐단이 전에도 있었지만, 이처럼 수백 명이 수십 척의 배를 타고 강을 온통 덮으면서 범월하고 조금도 두려움 없이 상국의 관병을 격타하고 소방의 격군을 살해한 일은 없었습니다. 이렇게 계속될 경우 앞으로의 일이 몹시 우려됩니다. 지금 반드시 각별히 엄칙하고 금단해야 이들의 간사한 마음을 없애고, 방금(防禁)을 신칙할 수 있습니다. 소방이 바라는 것은 오직 대조(大朝)에서 염려하여 엄히 금하고 신칙하는 것입니다.[41)]

즉 의주사건의 심각성을 말하고 월경자들을 엄칙하고 금단할 것을 요구하였다. 위 자문의 어구는 여느 때보다 강하게 나타났다. 예컨대 "각별히 엄칙", "엄히 금하고 신칙할 것"과 같은 어구이다. 압록강상의 투채선 소요와 잠상 폐단을 없애려는 조선의 강한 의지의 표현이었다.

같은 해 12월 청 예부는 범인과 소속 지방관을 엄히 처벌할 것과 관구(關口)에 대한 기찰을 강화할 것임을 알려 왔다. 그 조

---

40) 『동문휘고』 원편 권61, 범월 20~21쪽.

41) 위와 같음.
沿邊犯越之患自前雖或有之 而豈有數百人名 累十船隻 蔽江犯越 略無顧憚 卒至格打上國之官兵 殺害小邦之格軍者 如今日事乎 若此不已 日後之慮必有難言者 今須別様嚴飭 痛加禁斷 然後庶可戢其奸心 申其防禁 小邦所祈望者只在大朝垂念 嚴加禁飭.

치는 다음과 같았다. 첫째, 이미 나포된 투채자 28명과 뇌물을 받고 변문을 내보낸 관병 및 그 상사관을 봉천장군에 넘겨 엄히 조사하여 처벌하며, 봉천장군으로 하여금 채 붙잡지 못한 자들을 속히 붙잡도록 한다. 둘째, 뇌물을 받은 관병들의 상사관을 혁직하고 봉천장군에 넘겨 엄히 심사한다. 셋째, 채 붙잡지 못한 자들이 산동·산서인이 분명하므로 당해 독무에 행문하여 봉천에 압송하여 치죄하도록 한다. 넷째, 봉천·영고탑·흑룡강장군, 산해관총관, 직예총독 및 모든 변구의 독무·제진(提鎭)에 행문하여 변구를 엄히 조사하며, 내력이 분명하지 않거나 인표가 없는 자들이 사사로이 나가지 못하게 한다. 만약 위반자가 있을 경우 형부에 넘겨 엄히 치죄한다.[42] 청에서 이같이 엄한 조치를 취한 것은 투채자들의 창궐함을 타격하기 위함과 동시에 조선 변경을 회유하기 위해서였다.

이 밖에 예부 자문에는 조선국왕이 채렵자들을 붙잡고 안민하는 직책을 다하지 못했음을 비난하는 내용이 들어 있었다. 그 상세한 내용은 다음과 같다.

> 지난날 성조인황제(聖祖仁皇帝, 강희제)가 특별히 조선국왕에게 유지를 반포하여 도적무리가 조선에 가서 겁탈할 경우 즉시 추격하여 잡아 죽이며 생포하여 압송하도록 하였다. 짐이 즉위한 후 또한 여러 번 유지를 내려 표류자 중에 인표가 없이 자행(恣行)하여 일을 일으키는 자가 있을 경우 조선의 율에 따라 징계하고 처벌하도록 하였다. 지금 내지 도적배들이 각처에서 체포하고 금단하는 형세가 매우 엄하여 숨을 곳이 없게 되어 외국으로 도망가는 것이다. 국왕은 이미 번봉(藩封)에 있으므로 조정을 위해 도적을 붙잡고 안민하는 직책이 있다. 하물며 성조인황제와 짐의 정성스러운 유지를 받들고

42) 『동문휘고』 원편 권61, 범월 22~25쪽.

> 있는데도 국왕이 나약하고 무능하여 봉행하지 못한 탓으로 내지 범인들이 조선을 종적을 숨기는 피난처로 생각하고 있다. 이런 풍조는 그냥 놔둘 수 없다. 금후 만약 비도류가 월경하여 일을 일으켰는데도 조선에서 잡지 못하고 놓칠 경우 국왕은 당해 관원을 처벌하고 당해 부는 국왕을 의처(議處)하라.[43]

즉 강희제 때 서해에서 조선 변경을 침요하는 자들을 잡아 죽이거나 압송하라고 한 유지,[44] 옹정제 때 서해에 나타난 청 어채자들을 조선의 율에 따라 처벌하라고 한 유지[45] 등을 들어 조선 변경을 회유함에 있어서 결코 소홀히 하지 않았음을 말하고 조선 국왕이 유지를 제대로 실행하지 못한 탓으로 채렵자들의 변경소요가 그치지 않는 것이라고 비난하였다. 이상 옹정제의 황지가 담겨 있는 자문을 조선에서는 '정미년 욕자(辱咨)' 또는 '옹정 욕자'라고 불렀다. 특히 위 황지에 "국왕이 나약하고 무능하다"고 한 내용은 조선에 큰 충격을 안겨 주었다. 같은 해 청채사

---

43) 『동문휘고』 원편 권61, 범월 24~25쪽.
粤在昔年 聖祖仁皇帝特頒諭旨與朝鮮國王 倘有盜賊前往伊國劫掠 着該國王卽行追拿殺戮生擒解送 自朕卽位以來又降諭旨 若漂風船隻人內有無票妄行生事者 着該國王卽照伊律懲戒治罪 屢次諭旨甚明 今內地盜竊之輩 因各處捕緝禁約甚嚴 無處可以藏匿 是以潛逃外國苟且偸生 該國王旣列藩封 當爲朝廷盡捕盜安民之職 況奉聖祖仁皇帝及朕諄諄諭旨 而該國王柔懦無能 不能遵奉 轉使內地犯法之人恃朝鮮以爲潛踪避罪之地 此風斷不可長 嗣後倘有匪類越境生事 而朝鮮不能擒獲以致漏網者 着該國王將伊國防汎之員題參治罪 該部將該國王一併議處.

44) 『동문휘고』 원편 권61, 범월 3~4쪽.
奉旨 朝鮮國王姓某奏請…今尙有八九船隻違禁潛出外洋 竟至朝鮮邊界捕魚 是卽賊寇也 嗣後如有此等捕魚船隻潛至朝鮮海面者 許本國卽行追剿緝拏 如有生擒作速解送 毋得因內地之人以致遲疑 欽此.

45) 『동문휘고』 원편 권61, 범월 14쪽.
奉旨 此案依議…嗣後 漂風船隻人內有票文未生事者 照舊令其送來 若無票文胡行生事者 朝鮮國卽照伊律懲戒治罪 此皆遵奉朕旨所行 並非他將大國之人私行治罪 如此 匪類人等方知畏懼 亂去的人便少 將此 着九卿詹事科道官員公同會議 欽此.

건에 이어 2회에 걸쳐 국왕을 비난한 사건이다.

위 황지의 내용을 단지 자면상의 뜻으로 보면 국왕이 "도적을 붙잡고 안민하는 직책"을 다하지 못했음을 질책한 것이지만, 실은 조선에 재차 중국 투채자들을 나포하는 책임과 의무를 부여한 것이다. 그러나 황제의 엄한 태도로 인하여 뒤의 뜻이 크게 다운되었다. 그 이후 조선은 청과의 외교적 마찰을 피하기 위하여 중국 투채자 단속에 더욱 신중을 기하였다. 1729년 회환 동지사로부터 채삼자들이 압록강 연변에 집을 짓고 둔취해 있다는 보고가 들어왔지만, 국왕은 금단할 필요가 없음을 다음과 같이 언급하였다.

> 옹정은 본디 은을 좋아하는 버릇이 있고 이기기를 좋아하는 병이 있다. 전에 우리를 모욕한 것도 우리나라 사람들이 그들이 한 일을 잘했다고 하지 않았기 때문이다. 지금 만약 주문하게 되면 그는 반드시 부끄러워할 것이며 사단이 생기기 쉽다. 잠시 그대로 두는 것이 낫다.46)

여기에서 옹정제가 은을 좋아하는 버릇이 있다고 한 것은 '청채사건'을 말한다. 전에 모욕한 일이란 청채사건과 의주사건을 말한다. 즉 중국 투채자들의 연변 소요를 청에 통보하더라도 전과 같은 모욕이 가해질지도 모르므로 잠시 유보하자는 것이었다.

그 이후 조선은 압록강변에 대한 방금조치를 강화하여 피차민의 월경과 잠상의 폐단을 막고자 하였다. 이를 위해 여러 가지 제도적 장치를 마련하였다. 1729년 월경자에 대한 처벌법을 조절

46) 『영조실록』 권24, 영조 5년 9월 기해.
雍正本有愛銀癖 且有好勝之病 向日辱我 亦由於我國人不以渠事爲善故也 今若爲奏文 則彼必羞愧 而生梗易矣 不若姑置之爲愈也.

하여, 지방 수령・변장이 스스로 월경자를 체포할 경우 처벌하지 않으며, 다른 사람에게 발각되었을 경우 율에 따라 논죄하며, 고의로 덮어 감추려다가 다른 사람에게 발각되었을 경우 1등을 가하는 율을 적용한다고 정하였다.[47] 이로써 강변의 변장과 수령이 월경사건을 은폐하는 폐단을 막고자 하였다. 1731년 청 측 월경자에 대한 단속을 강화하기 위하여, 청 측 월경자를 나포한 사람은 조선 월경자를 나포한 사람과 동일하게 포상한다고 정하였다.[48] 이 밖에 양국간의 월경교섭이 점점 많아지고 특히 청 측 변경관리로부터 조선에 공동 단속을 요청해 오는 일이 잦아지자 청어(淸語)에 능숙한 장교를 강변 파수장으로 선정하였다.[49]

그 후에도 중국 투채자들의 강변 소요가 끊이지 않자 청에 통보하기로 하였다. 옹정황지의 내용대로라면, 조선에도 금단의 의무와 책임이 있기에 계속 은폐할 수는 없었다. 1733년 4월 조선은 위원 건너편 중국 채렵자들이 조선 파수군 3명을 납치해 간 일을 다음과 같이 통보하였다.

> 상국인이 한밤중에 건너와 파수군졸을 붙잡아다 인질로 삼아 협박하였으니 소방의 도리로서는 황지를 받들고 이들을 즉시 붙잡아야 합니다. 그러나 심야라 파수가 드물었고 일이 창졸간에 발생하였으며, 왔다 갔다 한 것이 삽시간에 일어난 일이어서 사람의 힘으로는 어쩔 수 없었으며, 방수(防守)의 계한이 있어 추격해 잡을 수도 없었습니다. 비록 변경관리를 별도로 신칙하고 또 금조를 보여 주면서 (납치된 자들을) 돌려보낼 것을 요구하였지만, 몇 달이 지나도 들어주지 않습니다. 소방에서 먼저 금하지 못하여 외국인이 봉강을 넘어

---

47) 『비변사등록』 86책, 영조 5년 9월 21일.
48) 『영조실록』 권29, 영조 7년 6월 계해.
49) 『영조실록』 권35, 영조 9년 7월 갑진.

(상국 경내에) 오랫동안 머물러 있었으니, 그들(청인)에게 납치되었더라도 송구스럽지 않을 수 없으며 우러러 알리는 바입니다.[50]

위 자문은 중국 소요자를 즉시 붙잡지 못한 책임을 회피하려는 의도가 강하게 나타났다.

위 사실을 통보받은 후 성경장군이 즉시 홍경·요양·봉성·수암(岫巖) 등지의 성수위에게 명하여 변외지역으로 관병을 파견하여 범인을 엄히 조사하며, 조선도 관병을 파견하여 수색할 것을 요구하였다.[51] 곧이어 7월 봉천장군의 명으로 갑군 백여 명이 만포 경내에 와서 흉악한 범인과 투산적(偸山賊)이 폐사군과 지농괴(知弄怪)에 숨어 있다고 하면서 수색을 요구하였다. 이에 평안병사가 편비(偏裨)를 연변에 파견하여 수색하도록 하였다.[52] 며칠 후 만포 삼강수비(三江仇非)와 아농괴(阿弄怪) 사이에서 갑군 200여 명이 강에 숨어 있던 투채자 20여 명을 향해 발포하였다. 이때 기다리고 있던 만포첨사가 즉시 도망해 온 투채자 두 명을 붙들어 봉성에 압송하였다.[53] 또 같은 해 10월 홍경 성수위로부터 갑군이 만포에서 투채자들을 추격할 때 두 명이 조선 경내로 도망갔다는 통보가 오자 평안감사가 즉시 폐사군 지역에 대한 수색을 명하였다.[54]

이같이 청은 조선에 공동수색을 요청하였을 뿐만 아니라 청

50) 『동문휘고』 원편 권61, 범월 1~3쪽.
不意上國人夥乘夜越來 拿去把守軍卒諉以質 當隔江要喝 小邦理宜遵奉皇旨登時拿住 而深夜僻把 事出倉卒 來往焱倏 人力難容 汛限截嚴 趕逐無及 雖方令飭邊吏揭示禁條 諭令放廻 而慭不動聽 迄至累朔 小邦不能先事禁絶 致令外國人物越疆久留 雖因被其拘縶 誠亦不勝悚懼 不敢不具由仰聞.
51) 『동문휘고』 원편 권61, 범월 1~3쪽; 원편 권62, 범월 2~3쪽.
52) 『영조실록』 권35, 영조 9년 7월 신축.
53) 『영조실록』 권35, 영조 9년 7월 을사.
54) 『비변사등록』 94책, 영조 9년 10월 10일; 『동문휘고』 원편 권62, 범월 4~5쪽.

측 월경자 및 지방관에 대한 처벌 상황을 조선에 통보하였다. 앞에서 본 위원 파수졸 납치사건의 범인에 대해서는 주모자 1명을 참형에 처하고 추후처결하며, 수종자 3명을 광동・광서 연장(煙瘴)지방의 병정에게 노예로 보내며, 압록강 입구를 수색하던 방어(防御)를 강등 2급에 처하며, 위서(委署) 효기교(驍騎校)는 더 이상 강등할 급이 없기에 효기교직을 파하고 편(鞭) 70에 처한다고 알려 왔다.[55]

이상 옹정황지 반포를 계기로 압록강변 중국 투채자들에 대한 양국의 공동금단의 국면이 형성되었다. 이는 청조의 투채자 단속에 유리할 뿐만 아니라 조선의 변경 안정에도 유리하였다.

4. 망우초설신과 유조변외 황지개간에 대한 철회 요구

1) 제1차 망우초설신(莽牛哨設訊) 계획

망우초란 초하(草河)와 애하(靉河)가 중강(中江)에 흘러 들어가는 수륙 요충지로서 투채자들이 압록강으로 들어가는 길목에 놓여 있었다. 옹정황지 반포 이후 압록강구에 대한 금단을 강화하기 위하여 1731년 5월 봉천장군 나소도(那蘇圖)가 망우초에 수군초소를 세울 것을 주청하였다. 그는 주문에서 변외에 설치된 호이산(虎耳山) 육로초소만으로 마상선을 타고 지나가는 투채자들을 단속하기 어려우므로 망우초에 따로 수군초소를 설치하여, 작은 배 4척과 삼판선(三板船) 2척을 두고, 호이산 초소에 주둔

---

55) 『동문휘고』 원편 권62, 범월 9~14쪽.

하고 있던 관판(官辦) 1명과 병정 20명 외에, 따로 관판 1명과 병정 20명을 더 보충하여 여름에는 망우초에서 지키게 하고 겨울에는 호이산 육로초소로 옮길 것을 제의하였다.[56]

나소도의 위 건의에 대해 옹정제는 수군초소를 조선 변경 가까이에 세울 경우 조선에서 불편해 할지도 모른다고 여겨 그 편부를 조선에 물어보도록 하였다.[57] 조선을 통해 수군초소 설립의 필요성을 확인함과 동시에 조선에 대한 회유의 뜻도 담겨 있었다.

조선은 청의 수군초소가 국경 가까이로 다가오는 것을 결코 달가워하지 않았다. 수군초소 설치를 필두로 강변에 둔전이 생기게 되고 인가가 폭주하면 조선 변경에 대한 침요가 심해지기 때문이다. 더욱이 영조대까지 청의 중원 통치에 대한 위기의식에서 벗어나지 못하였다. 청이 중원에서 패할 경우 원말에 홍건적이 조선을 침요했듯이 변경지역에 머물러 있던 중국 유민들이 조선에 소요를 끼치게 된다는 우려가 컸다. 이에 망우초설신 계획을 저지하기로 하였다. 이번 일은 청에서 먼저 편부를 물어왔기 때문에 외교적 부담을 덜 수 있었다. 같은 해 6월 대신과 비국당상이 입시한 자리에서 우의정 조문명(趙文命)은 이에 대해 다음과 같이 계문하였다.

> 이 일은 저지하지 않을 수 없습니다. 저지하는 말은 순치대로부터 책문 바깥쪽 백여 리의 땅을 그냥 비워 두어 피차 상접하지 않게 하였는데 그 뜻이 깊으며, 지금 압록강변에 병정을 주둔하는 것은 그

---

56) 『청세종실록』 권102, 옹정 9년 5월 무진.
57) 위와 같음.
所奏設立水路防汛之處 既與朝鮮國連界 著該部行文詢問朝鮮國王 若設立水路防汛 於該國有無未便之處 俟回奏到日 再行定議.

> 러한 뜻에 어긋나며, 근래 우리나라 변민이 극히 간악하여 반드시 대국에 득죄하게 될 것이라는 말로써 조사(措辭)를 잘 만들게 되면 허락할 것입니다. 지금 (설신에 관해) 조선에 문의하는 것은 황제가 일의 형편을 조사하려는 것과 우리나라를 권대(眷待)하는 뜻에서 나온 것이므로 우리의 도리로서는 재자관을 급파하여 알리지 않을 수 없습니다.[58]

즉 순치대로부터 책문 바깥쪽 백여 리 땅을 비워 두어 월경의 폐단을 없앴다는 것과 조선 변민이 간악하여 수군초소를 가까이에 세울 경우 월경의 폐단이 우려된다는 두 가지로써 망우초설신을 저지할 것을 제의하였다.

같은 해 6월 조선은 재자관을 급파하여 망우초설신을 멈출 것을 다음과 같이 요구하였다.

> 태종문황제 때 설책한 후 윤번으로 멀리까지 순검하는 도를 다하였으며, 반드시 지계를 비워 두어 인호가 상접하지 않게 하였는데, 그 뜻이 보통에서 나온 것이 아닙니다. 성조인황제 때 영고탑장군이 소방의 북도 경원·훈융진 건너편에 병정을 주둔하려고 집을 짓고 땅을 개간하려 하였는데, 소방에서 자문을 보내자 철회할 것을 명하였습니다.…초하·애하 두 강이 합치는 곳은 소방의 변계로서, 소방의 변민 중에는 간혹 완고하고 간사한 자들이 많아 기회를 타서 간행을 저지릅니다. 만약 수군초소를 설치하고 관판·병정을 증파하여 오랫동안 머물러 있게 되면, 매우 가까운 곳에서 와포(窩鋪)가 서로 이어지고 배가 상통하게 되므로 몹시 우려됩니다. 하물며 중강시장

58) 『비변사등록』 89책, 영조 7년 6월 20일.
此事不可不防塞 而防塞之語則若以 自順治時則柵門外棄百餘里之地 不使彼此相接 意在深遠 而今若駐箚則殊乖本意 且我國邊民近甚奸惡 終必得罪於大國等語 善爲說辭 則易於得請 而今此諮詢亦出於皇帝審量事勢 眷待我國之意 在我之道 不可不專咨急報矣.

> 이 그 옆에 있어 여러 가지 간사한 폐단이 생기지 않는다고 말하기 어렵습니다. 비록 소방이 매우 엄히 조사하고 금단하여도 다 막아낼 수 없으며, 결국에는 반드시 득죄하게 될 것입니다.…시작을 신중히 하고 미연에 방지하기 위하여 구례대로 소방의 변민이 죄를 짓고 작간하는 폐단을 없애주기 바랍니다.[59)]

위 자문 내용은 다음과 같은 두 가지로 요약할 수 있다. 첫째, 청조 역대에 조선 변경을 회유한 사례를 들었다. 즉 청태종 때 유조변을 수축하고 변외 땅을 비워 두어 인호가 상접하지 않게 한 일, 물론 조선의 말처럼 일부러 비워 둔 것은 아니었다. 강희제 때 두만강 연변에서 작사간전하는 병민을 철회시킨 일이다. 둘째, 수군초소를 가까이에 세우고 또 중강개시처가 근처에 있어 조선 변민에 의한 여러 가지 폐단이 생기게 되어 조선은 반드시 청에 득죄하게 된다는 것이다. 이 두 가지가 그 이후 변경문제 교섭에서 고식적으로 나타나는 내용이다. 다만 조선 변경을 회유한 사례가 늘어날 따름이다. 이로써 조선은 청의 조선 변경에 대한 회유책을 이용하여 자국의 변경 안정을 도모하고 있음을 알 수 있다.

옹정제는 망우초설신 계획을 그만둘 것을 다음과 같이 명하였다.

> 전에 봉천장군 등이 초하・애하 등 곳에 수군초소를 설치할 것을

---

59) 『동문휘고』 원편 권48, 범월 16~17쪽.
太宗文皇帝…曠棄地界 不容人戶接留 其聖意出尋常萬萬 逮我聖祖仁皇帝時 寧古塔守將乃於小邦北道慶源・訓戎鎭越境設置留兵 至於結幕墾田 而因小邦陳咨 聖祖仁皇帝特命撤毁…蓋此草靉兩河匯入之地則係小邦邊界 而小邦邊民間多頑黠 稍得乘便輒復生奸 今若刱立水路防汛 添派官弁兵丁 許久駐箚於至近之地 則廬鋪之相隣 舟楫之相通 慮無所不至 況中江市場又卽其傍 則種種奸闌之弊難保其必無 小邦雖十分申嚴 用心詗禁 恐不能勝防 而終必至獲戾…惟願愼其始而杜其萌 一遵舊例 俾絶小邦邊氓犯科作奸之弊 不勝幸甚.

주청하였는데, 짐은 이곳이 조선 경계와 이어져 조선에서 불편해 할까 걱정되어 유지를 내려 물어보라고 하였다. 지금 조선 국왕이 구례대로 행할 것을 주청하므로 초소를 설치할 필요가 없다. 그리고 병부에서 다시 논의할 필요도 없다.[60]

이상 옹정대 제1차 망우초설신 계획이 조선의 저지로 멈추게 되었다.

2) 제2차 망우초설신과 유조변외 황지개간에 대한 교섭

건륭연간에 이르러 봉천장군 달이당아(達爾黨阿)는 망우초에 수군초소를 세울 것을 재차 제의하였다. 이는 만주에 대한 봉금책 실시에 따른 조치였다. 1746년 달이당아는 망우초설신 계획과 함께 유조변 연변 황지를 개간하여 팔기 병사들의 빈곤화 문제와 망우초 병정의 숙식을 해결할 것을 제의하였다.[61] 그 상세한 계획안은 다음과 같았다.

① 수로 순찰에 익숙한 남금주(南金州) 한군(漢軍) 중에서 100명을 뽑아 망우초에 보낸다.

② 매년 3월 배 4척을 망우초에 보내되, 두 척이 망우초 요로를 지키고 다른 두 척이 강에서 윤번으로 투채자들을 감시한다.

---

60) 『청세종실록』 권106, 옹정 9년 9월 신유.
前據奉天將軍等奏請設立水路防汛於草河靉河等處 朕因此地與朝鮮國連界 恐於該國或有不便之處 將行降旨詢問 今該國王奏請仍遵舊例 著照所請不必添設防汛 亦無庸交兵部再議.

61) 『동문휘고』 원편 권48, 강계 23·25·31·32쪽; 『승정원일기』 1001책, 영조 22년 4월 3일.

③ 책문 근처에 병사들이 머물게 될 집 200간, 좌령의 집 10간, 효기교(驍騎校)의 집 5간을 짓고, 유조변 연변 황지를 개간한다.

이 건의는 곧 황제의 윤허를 얻었다.[62] 압록강구에 대한 순찰을 강화할 뿐만 아니라 팔기병사들의 생계난을 해결하는 일석이조의 효과를 거둘 수 있기 때문이다.

이 두 문제 중 망우초설신은 전대 봉천장군 나소도가 주청하였다가 조선의 요구로 멈춘 일이 있었기 때문에 같은 해 4월 달이당아는 웅악(熊岳) 부도통 서이문(西爾們)을 망우초에 보내 다시 지형을 조사하게 하였다. 서이문이 돌아온 후 달이당아는 조선 변경에 구애됨이 없음을 다음과 같이 보고하였다.

> 올 4월 부도통 서이문이 직접 망우초에 가 보았는데, (설신처는) 중강 동북쪽 초소에서 20여 리 떨어진 곳에 있었습니다. 강 중심에 사주(沙洲) 하나가 있었는데, 강물이 여기에서 두 갈래로 나뉘어 남쪽지류가 조선 쪽으로 흘러 의주에 이르고, 북쪽지류 즉 망우초하(河)가 인삼을 투채하는 자들이 쌀을 실어 운반하는 요로로서, 이곳에 초소를 설치할 경우 투채자들을 모두 조사하여 붙잡을 수 있습니다. 또한 강 중심에 돌섬 하나가 있어 조선과 강계(疆界)를 분립한다고 합니다.[63]

서이문의 보고에 근거하여 달이당아는 수군 초소를 세우려는

62) 『동문휘고』 원편 권48, 강계 19~26쪽.

63) 『동문휘고』 원편 권48, 강계 22~23쪽.
於本年四月內 據副都統西爾們文稱 親至莽牛哨看得 距中江東北卡倫地方二十餘里 江之中心有一洲 江水流至洲邊 兩岔分流 南支之水歸流朝鮮 直抵義州 北支之水卽係莽牛哨河 實係偸採人蔘等衆裝米駕運船隻徑行之要路 於此地一徑(經)設立卡倫 遇有偸渡皆可查拿 再查 江之中心有石磧一道 卽係與朝鮮國分立之疆界 等語.

곳이 모두 청 경내에 있으며 조선과는 강을 사이에 두고 있기에 각자 엄히 단속할 경우 피차 상통하는 폐단을 없앨 수 있다고 주문하였다. 망우초설신 계획도 황제의 윤허를 얻었다.64)

조선에서 청의 연변 황지개간과 망우초설신 소식을 입수하게 된 것은 같은 해 3월 의주부윤의 장계와 회환 동지사의 발초(發抄)를 통해서였다.65) 망우초설신에 대해서는 전에 조선의 요구로 멈춘 일이 있었기 때문에 투채자를 단속하기 위한 조치임을 알고 있었지만, 유조변 연변 황지를 개간한다는 소식에 대한 우려가 컸다. 입수한 정보가 정확지 못한 탓으로 청에서 유조변을 압록강 쪽으로 대규모 이설하는 줄로 알았다. 조선은 이를 '퇴책(退柵)'이라고 불렀다. 승지 이일제(李日躋)는 동지사 발초에 근거하여 퇴책에 대해 다음과 같이 계문하였다.

> 그 문에 이르기를 위원보(威遠堡) 여섯 변문으로부터 봉황성까지 1,200여 리 사이에 불초한 민(漢人)이 있다고 합니다. 이렇게 말하면 그들의 퇴책(退柵)이란 의주에서 그치는 것이 아니라 북로・폐사군 지경을 포함하여 의주까지 내려올 것입니다.66)

즉 청의 유조변 이설이 의주뿐만 아니라 폐사군・북로를 포함한 전부일 것이라고 보았다. 이에 근거하여 국왕은 청에서 만리장성의 법을 행하려는 것인가, 퇴책하는 것은 인가로 말하면 자기 집 문 밖에 다른 사람이 담을 쌓는 것과 같다고 우려를 표하

64) 『동문휘고』 원편 권48, 강계 19~26쪽.
65) 조선의 거조(擧條)와 비슷한 것임.
66) 『승정원일기』 1000책, 영조 22년 윤3월 5일.
其文曰 自威遠堡六邊至鳳凰城一千二百里之內 有不肖之民云 以此言之 其所退柵 恐不止於義州一路 必將包北路廢四郡之境 下至於義州矣.

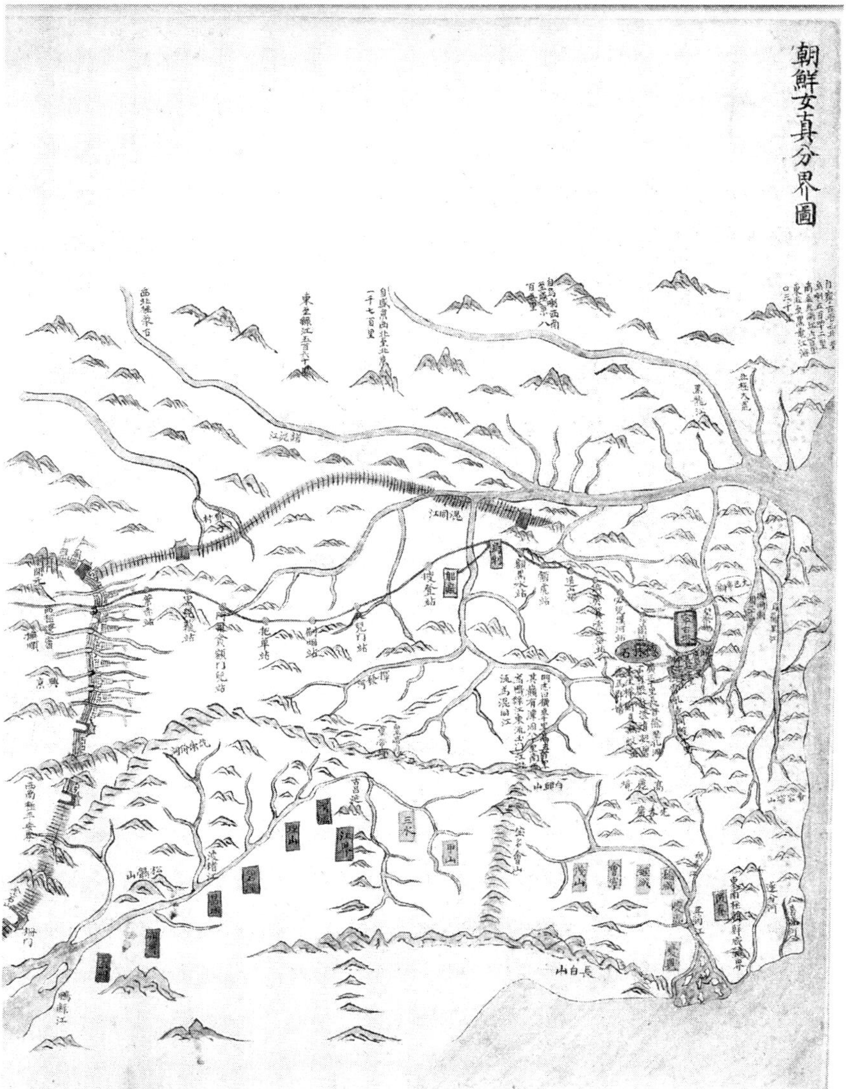

〈지도 10〉 해동지도 조선여진분계도

였다.[67] 좌승지 남태량(南泰良)도 청에서 구련성(九連城)까지 퇴책할 경우 의주와의 거리가 십여 리밖에 안 되어 울타리가 없어진다고 우려하였다.[68]

이상의 군신 대화로부터 청의 유조변 이설을 국경에 대한 침입의 위험성이 높아진 것으로 간주하고 또 유조변과 압록강 사이 공한지를 국경 보호를 위한 완충지대로 생각하고 있음을 알 수 있다. 일부 신하들은 유조변 이설로 강역이 잠식될 위험에 놓였음을 강조하였다. 병조판서 이약로(李若魯)의 계문의 내용은 다음과 같다.

> 우리나라 강역이 정해진 지 지금까지 백여 년이 됩니다. 하루아침에 5리·10리씩 줄어들게 되면 장차의 우려는 형언할 수 없습니다. 사신을 급파하지 않을 수 없습니다.[69]

즉 백두산 정계 이후 백여 년이 지난 시점에서 강역이 잠식될 우려에 놓였으므로 청에 진주사를 급파하여 이를 저지해야 한다는 것이다.

일의 중대함을 고려하여 청에 진주사를 파견하기로 하였지만 퇴책에 관한 소식이 회환 사신이 북경에서 얻어 온 발초와 봉성 통관에게서 전해들은 것이 전부여서 도청도설한 것을 근거로 청

67) 위와 같음.
上曰 彼之退柵 欲爲萬里長城之法矣.
上曰 彼之退柵 比如人家 門外他人築垣 則於我雖悶 何以禁止耶.

68) 『승정원일기』 1000책, 영조 22년 윤3월 26일.
彼人若退柵於九蓮城 則距義州不過十余里 旣無藩蔽之限 實有日後之慮 且彼人之猝然退柵於百余里空虛之地者 決非好意.

69) 『승정원일기』 1000책, 영조 22년 윤3월 25일.
我國疆域之定今已百餘年矣 一朝五里十里見蹙 則前頭之慮豈可勝言哉 使臣不可不急急入送也.

에 진주사를 파견하는 것은 사체에 미안하다고 판단되어, 진주사를 파견하지 않고 재자관을 파견하기로 하였다. 이렇게 6·7회나 반복을 거듭하다가 의주부윤으로부터 퇴책에 관한 공문이 봉성에 도착했다는 소식을 받고나서야 정식으로 진주사를 파견하였다.70)

1746년 4월 19일 조선은 주문을 통해 청의 첨병(添兵)과 둔전을 멈출 것을 요구하였다. 그러나 주문에는 '퇴책'이란 용어가 없고 '책외기간(柵外起墾)' '변책간토(邊柵墾土)' 등으로 표현하였다. 진주사 파견에 앞서 청에서 유조변을 압록강 쪽으로 대규모 이설하려는 계획이 없음을 확인한 듯하다. 주문 내용은 옹정연간에 망우초설신을 멈출 것을 요구할 때와 동일하였다. 다만 조선 변경을 회유한 사례, 즉 옹정 9년에 망우초설신을 멈춘 일과 건륭 2년에 내지 상인이 중강교시에서 교역하는 것을 멈추도록 한 일이 늘었을 뿐이었다. 그리고 수군 초소를 설치하려는 곳이 바로 옹정 9년에 조선의 요구로 멈춘 곳임을 밝혔다.71)

건륭제는 조선의 위 의도를 간파하고 다음과 같이 불만을 표하였다.

> 국왕이 주문한 것을 보면, 경내 사람들이 평소에 기회를 틈타 몰래 넘어와 채삼하던 것이 우리가 군사를 설치하고 순찰을 강화할 경우 마음대로 왕래할 수 없게 되어 그러는 것이며, 주문한 바가 역시 비루하다. 소국인은 대체를 알지 못하며, 오직 아랫사람을 방종하여 이익을 도모하려 하며, 변강 안정을 생각하지 않는다. 이처럼 일부러 하기 힘든 일을 우리에게 보이려는지도 모른다. 그들의 소(疏)에 전에 봉황성에 경계를 세울 때(설책을 일컬음) 연강에 백여 리의 광지(曠地)를 남겼다고 하는데, 이는 우리가 원래의 공지에 군사를 주둔

70) 『영조실록』 권63, 영조 22년 4월 임신.
71) 『동문휘고』 원편 권48, 강계 26~28쪽.

하고 둔전할 경우 그들의 경내에 다가갈까 두려워한 것이다.[72)]

즉 조선에서 이른바 유조변을 세울 때 압록강 연안 백여 리 땅을 비웠다는 말에 대하여, 청의 군사 시설이 조선 국경에 다가가는 것을 두려워한 것이라고 보았다. 다시 말하여 조선이 청을 경계하고 있음을 간파한 것이다. 그럼에도 불구하고 건륭제는 조선의 요구대로 봉황성 변외 황지를 개간하는 것을 그만두라고 명하였다. 이와 동시에 병부상서 반제(班弟)로 하여금 서이문과 함께 망우초에 가서 조선 변경에 구애됨이 있는지 여부를 조사하게 하였다.[73)] 이로부터 이틀 뒤 건륭제는 망우초설신도 조선의 요구대로 멈추라고 명하였다. 황지의 내용은 다음과 같다.

> 조선국왕 이금(李昑, 영조)이 봉황성 변외에서 간전하는 것과 망우초에 순찰 병정을 첨설하는 것을 정지하도록 주청하였다.…옛 안례(案例)를 조사해 보았더니, 실로 모두 그들의 청한 대로 하였다. 이로써 우리가 행하려는 일이 모두 그들의 주청으로 정지되었음을 알 수 있다. 이는 당연히 소방을 회유하는 뜻에서이지만 누차 행하기 힘든 일을 그들의 요구대로 정지하는 것은 국가체제에 맞지 않으며, 경시하기 쉬우므로 아예 거행하지 않는 쪽이 낫다. 달이당아에게 이러한 사정을 알리고 모든 일은 구제대로 행하며, 이와 같이 유명무실하고 처리하기 힘든 일은 거행하지 말도록 하라. 후임 장군과 대신이 이를 몰라 또 이처럼 행하려는 자가 있을 것이므로 그곳의 당안(檔案)에 기입하여 영원토록 준행하도록 하라.[74)]

---

72) 『청고종실록』 권270, 건륭 11년 7월 무신.
觀該國王所奏 蓋以其境內之人素有乘間偸越採蔘者 若我設兵巡察 則伊等不得任意往來 所奏亦屬卑鄙 小國之人不識大體 惟知縱下謀利 不思寧定邊疆 而故爲難行以示我 亦未可知 再伊疏內有 從前鳳凰城立界時 曾留沿江曠地百余里等語 此蓋恐我於原留空地駐兵屯田 逼近彼疆耳.
73) 『청고종실록』 권271, 건륭 11년 7월 을묘.

즉 청조의 변강 조치가 조선의 간섭으로 이루어지지 못하는데 대해 불만을 표하고 상국의 체면에 손상을 주는 일이라고 보았다. 그럼에도 불구하고 전대로부터 실시되어 온 조선 변경에 대한 회유정책을 따르지 않을 수 없었으므로, 금후에는 이와 유사한 사건은 구제대로 행하라고 못 박아 놓았다. 즉 다시 말하여 유조변외 황지개간과 연강에 군사시설을 설치하는 것을 영구토록 멈추도록 하였다. 이에 대한 보완조치로서 봉천장군으로 하여금 "경내에서 엄히 조사하여 금지하며, 내지 투월자들의 뿌리를 뽑고 포위하여 나포하며, 조선인들의 투월 경로를 조사함에 있어서도 힘을 다하라"고 명하였다.[75]

그 이후 동치연간까지 청조는 압록강 연안에 군사시설을 설치하는 것과 유조변외 땅을 개간하는 것을 금하였다. 이로써 유조변으로부터 압록강 사이에 무인지역이 존속하게 되었다. 이는 청조의 만주에 대한 봉금책의 필요에서 가능하였고 조선 변경에 대한 회유정책의 구현이었다. 조선은 이러한 정책을 이용하여 자국 국경 밖의 청 경내에 하나의 완충지대를 유지하게 되었다. 이는 군사대국인 청과 접경하고 있는 소국 조선의 강역보호 노력의 결과였다.

---

74) 『청고종실록』 권271, 건륭 11년 7월 정사.
朝鮮國王李昑 奏請停止鳳凰城邊外墾田 莽牛哨地方添設巡察兵丁…歷査舊案實係皆俯準所請行 可知我欲擧行之事因伊奏請俱已停止 此固懷柔小邦之意 但屢以難行之事 俯準所請輒爲停止 于國家體制亦有不合 轉爲輕視 曷若不擧行之爲愈也 此等情節 著卽曉諭達勒黨阿凡事俱遵照舊制辦理 似此有名無實碍難辦理之事 著勿擧行 其後任將軍大臣不知 復恐有欲如是辦理者 著存記該處檔案以便永遠遵行.

75) 『동문휘고』 원편 권48, 강계 33~34쪽; 『청고종실록』 권273, 건륭 11년 8월 계사.

제 6 장

통순회초제 및 유조변 연장에 관한 교섭

1. 도광연간 통순회초제의 실시
2. 동치연간 유조변 연장에 관한 교섭 및 봉금의 해제

제6장 통순회초제 및 유조변 연장에 관한 교섭

1. 도광연간 통순회초제의 실시

청조의 만주에 대한 봉금책은 관내지역 유민들에 의해 부단히 타파되었다. 자연재해가 발생할 때마다 유민 구휼책으로 부득불 유민들이 산해관 밖으로 나가는 것을 허용하였다. 1743년 직예(直隷)의 천진(天津)・하간부(河間府), 하남, 산동의 일부 주현에 재해가 들었을 때 많은 재해민들이 희봉구・고북구・산해관으로 향하였다. 재해민들이 변란을 일으키는 것을 방지하기 위하여 관구를 지키는 관병들은 이들을 즉시 관외로 내보냈다. 그 다음해 위 지역에 겨울과 봄 강수량이 여전히 적었다. 황제는 관구를 나가려는 자들이 확실히 빈민일 경우 즉시 내보내라고 명하였다. 건륭 후기에 이르러 만주에 대한 봉금책이 더욱 느슨해졌다. 1792년 하남과 직예에 큰 재해가 들었다. 청조는 재해민들에게 "올해는 관동(關東)의 성경(盛京)・토묵특(土默特)・객이심(喀爾沁)・오한(敖漢)・팔구(八溝)・삼좌탑(三座塔) 등지에 풍년이 들었으므로 그곳에 가서 품팔이를 하여 살도록" 권고하였다. 황제는 "빈곤한 민들이 식구를 거느리고 관구를 나갈 경우 스스로 먹을 것을 해결할 수 있으므로 그 수가 많더라도 금하지 말라"고 명하였다.[1)]

1) 『청고종실록』 권195, 건륭 8년 6월 정축; 권209, 9년 정월 계묘; 권1408, 건륭 57년 6월 신축; 권1417, 건륭 57년 11월 계축(『중국동북사』 제4권, 1481~

산해관을 빠져나간 유민들 중에 일부가 유조변을 거쳐 압록강변에 이르러 땅을 개간하고 입주하였다. 도광연간(1821~1850)에 이르러 압록강변에 유민들의 거처가 많이 생겨났다. 1842년 조선은 전례대로 중국인들이 강변에서 작사간전하는 것을 멈출 것을 청에 요구하였다. 조선의 자문을 통해 중국 유민들이 입주한 상황을 살펴보면 다음과 같다.[2)]

① 1841년부터 상토진 가흘동 건너편 하서동에서 유민들이 네 곳에 초사(草舍)를 짓고 땅을 개간하였는데, 멀게는 강에서 5리, 가깝게는 2·3리 되었다.

② 같은 해 만포진 여운포 건너편에서 여섯 곳에 초사를 지었다. 만포부사가 통사를 거느리고 강변에 나가 도리로서 타이르자 유민들은 수확을 끝내고 떠날 것이라고 하였다.

③ 1842년 상토진 아래쪽 서해평 건너편에서 네 곳에 초사를 지었다. 채렵할 때 잠시 머무는 곳인 줄로 알았는데 가을이 지나고 겨울이 와도 떠나지 않았으며, 초사가 점점 늘어났다.

위 사실을 통보받은 후 청 조정은 성경장군에 명하여 범인들을 철저히 조사하여 하나의 서까래 한 치의 땅이라도 남겨서는 안 되며, 사람을 파견하여 조사하여 은닉하거나 빠지는 일이 없도록 하라고 하였다. 갑군이 곧 유민들이 지은 움막 28개, 초가 90여 간, 경작지 3,300여 무(畝)를 조사해 냈으며, 경작지를 없애 버리고 움막과 초가를 헐어 버렸다. 유민들은 도망가거나 붙잡혀 처벌당했다.[3)]

1484쪽에서 재인용).

2) 『동문휘고』 원편속, 강계 1~2쪽.

3) 『청선종실록』 권374, 도광 22년 6월 임신; 권381, 도광 22년 9월 을축.

그러나 얼마 후 유민들이 다시 강변에 모여들기 시작하였다. 1846년에 이르러 유민들의 움막과 초가가 전보다 배가 늘었고 서로간의 거리가 더욱 가까워졌으며 경작지가 더욱 넓어졌다. 같은 해 5월 조선은 강변 유민들을 금할 것을 재차 요구하였다. 조선의 통보에 의하면, 강계부 좌·중·우 3채(寨), 상토진 여염, 사파(四把) 건너편에 유민들이 입주한 곳이 40여 처나 되며, 집과 움막을 짓고 벌목하고 땅을 개간하며, 멀게는 강에서 2·3리 가깝게는 1리가 되며, 타일러도 철거하지 않는다는 것이었다.[4)]

같은 해 6월 성경 예부는 자문을 통해 조선의 요구대로 강변에 있는 막사와 경작지를 없애려고 하여도 지역이 광활하고 초목이 우거져 조사하기 어려우므로 조선에서 사람을 보내 길을 안내할 것을 요구하였다. 그러나 국경을 함부로 넘을 수 없었기에 조선은 이에 관한 황지를 받지 못하여 따를 수 없다고 답하였다. 같은 해 7월 성경 예부는 자문을 보내 이에 관한 황제의 주비유지(朱批諭旨)가 이미 내렸음을 알려 왔다.[5)]

9월 성수위와 좌령이 병사 200명을 거느리고 애강(靉江) 서쪽에 이르렀다. 이들은 평안도 여운포 관원과 함께 남북으로 나누어 공동 수색을 벌였다. 결국 유민 300명을 수색해 냈고 초가 200여 간을 불살랐으며 경작지 5,000여 무를 없앴고 목재 12,000여 개를 압수하였다. 조청 양국이 압록강변 중국 사간(私墾)자에 대해 합동 수색하는 회초제(會哨制)의 첫 시작이다.

---

4) 『동문휘고』 원편속, 강계 12~13쪽.

5) 주비유지의 내용은 다음과 같다. 성경장군 희은(禧恩)과 통순(統巡)·총순(總巡) 관원, 그리고 변구와 카룬을 지키는 관원들을 모두 해당 부에 넘겨 엄히 의처하며, 신임 성경장군 혁상(奕湘)으로 하여금 일에 밝고 능력이 있는 자를 파견하여 병사를 거느리고 가서 엄밀히 조사하며, 범인들을 나포하여 엄히 치죄하며, 초사(草舍)와 경작지를 전부 없애며, 하나의 서까래 한 치의 땅도 남겨서는 안 된다(『동문휘고』 원편속, 강계 13~17쪽).

이를 계기로 청조는 유민들이 다시 강변에 모여드는 것을 막기 위하여 제도적 장치를 마련하게 되었다. 1847년 시랑 백준(柏葰)이 성경산장선후장정(盛京山場善後章程) 6조항을 내놓았는데, 그 상세한 내용은 다음과 같다.

① 애강 서쪽에 3개의 카룬을 증설한다.

② 해마다 가을과 봄에 통순관을 파견하여 유조변을 나가 순찰한다.

③ 3년에 1회씩 봄철에 성경 부도통으로 하여금 관병을 거느리고 순찰하게 하며, 이때는 통순관을 파견하지 않는다.

④ 통순관이 유조변을 나갈 때 조선국 지방관에 회초(會哨)를 요청하며, 조선 지방관은 유민들의 움막이 있는지 여부를 문서에 기입하고 통순관이 이를 다시 성경장군에 보고한다.

⑤ 유조변 각 변문의 출입을 엄금한다. 채삼자와 식량을 운반하는 자가 유조변을 나갈 때 반드시 이름과 인수를 기록하며, 산해관으로 들어갈 때도 이름을 확인하여 내보내며, 마음대로 다니는 폐단을 없앤다.

⑥ 삼도랑두(三道浪頭)가 범인들이 목재를 운반하는 요로이므로 이곳에 관병을 배치하여 엄밀히 조사한다.

이상 선후장정 6조항은 통순관이 1년에 봄·가을 2회 유조변을 나가 순찰할 때 조선도 함께 회동조사(회초)하며, 3년에 1회씩 성경 부도통이 그 결과를 검사하는 제도이다.

위 선후장정에 대해 황제가 다음과 같은 세 가지를 더 보충하였다. 첫째, 3년에 1획씩 검사할 때 성경장군이 당해 장군·5부 시랑·부도통의 명함을 제시할 경우 황제가 그중에서 한 사람을 택하여 파견한다. 둘째, 통순관이 나갈 때 길림장군도 사람을 파견한다. 셋째, 통순관이 나갈 때 성경 예부시랑이 조선 국왕에게 배를 준비하도록 통보한다.[6] 즉 해마다 봄·가을 2회에 걸쳐 통순관이 변문을 나가 조사하고, 3년마다 흠차의 명의로 그 결과를 검사하는 제도이다. 이 제도는 압록강 유역의 봉금이 해제되는 1869년까지 존속하였다.

통순회초제는 청초로부터 실시되던 중국 채렵자에 대한 조청 양국의 공동금단의 강화조치이다. 이 제도는 중국 관내 유민들이 압록강 유역에 대한 개발과 확산을 지연시키는 효과가 있지만, 이를 완전히 막지는 못하였다. 함풍연간(1851~1861)에 이르러 청조는 내우외환을 겪으면서 유민들의 개발을 묵인하게 되었다. 3년에 1회씩 실시하던 흠차 검사제도도 형식에 그쳤다. 비록 조선에서 강변 일대를 감시하고 있었지만 청에서 행하지 않는 이상 금단의 효과를 기대할 수 없었다. 압록강변에는 유민들의 사간지가 도처에 널려 있었으며 청조의 봉금책이 붕괴 직전에 이르렀다.

2. 동치연간 유조변 연장에 관한 교섭 및 봉금의 해제

동치 초년에 이르러 압록강 하류 일대 많은 땅이 유민들에 의해 개간되었다. 조선 사신들이 목도한 변외 상황은 다음과 같았다. "압록강으로부터 봉황성 변문까지 백여 리 공지가 유민에 의해 개간되고 가는 곳마다 사람들이 모여 살았다."[7] 이 밖에 1863년 성경장군 옥명(玉明)의 주문에 의하면, 동변외(東邊外)로부터 혼강

6) 『청선종실록』 권439, 도광 27년 2월 신해; 권442, 도광 27년 5월 계묘; 권444, 도광 27년 7월 정유.

7) 『통문관지』 권11 기년, 금상(今上, 고종) 11·12년.

(渾江)까지 동서로 백여 리에서 300리 남북으로 천여 리에 이르러, 땅을 개간하고 집을 짓고 채삼하고 벌목하고 있으며, 혼강으로부터 애강까지 동서로 10리에서 300·400리 남북으로 2,000여 리에 이르러, 형편이 앞과 같고 유민들이 모여 사는 것이 더욱 많으며, 묘를 세우고 연극을 하고 단련(團練)을 조직하고 있다고 하였다.[8] 즉 동변외지역이 오랜 세월을 거치면서 안정된 유민사회를 형성하였음을 말해 준다. 봉금이 상대적으로 엄한 압록강변에도 유민들의 취락지가 생겨나기 시작하였다. 1868년 평안도 암행어사가 국왕에게 보고한 바에 의하면, 청인들이 연강에 막을 치고 변민들과 잠상을 벌이며, 폐사군으로부터 의주에 이르기까지 땅을 개간하고 방목한 것이 몇 천 호가 된다고 하였다.[9]

1864년부터 1866년까지 요녕과 길림을 휩쓴 민란이 발생하여 청조의 만주 통치에 큰 타격을 주었다. 청조는 부득불 만주에 대한 봉금책을 늦추게 되었다.

1867년 동변외지역 개간민인 하명경(河名慶) 등은 자신들이 개간한 땅에 대해 조정에서 과세할 것을 요구하였다. 이들이 올린 소에 의하면, 왕청문(旺淸門) 바깥쪽 육도하(六道河) 등지에 수십만 명에 달하는 사람이 모여 살고 수백만 상(垧)의 개간지가 있다는 것이었다.[10]

이를 계기로 청조는 동변외 개간지를 조사하게 되었다. 황지조사(査荒)라고 일컬어지는 이번 조사를 통하여, 이미 개간된 땅이 얼마이며, 계속 봉금해야 할 곳은 어떤 곳이며, 개간을 허락할 경우 조선 변경에 구애됨이 있는지 여부, 조선 변민의 월경

8) 『봉천통지』 권41.
9) 『고종실록』 권5, 고종 5년 11월 9일.
10) 『청목종실록』 권203, 동치 6년 5월 임신.

개간 상황 등을 알아보고자 하였다. 이를 위해 청조는 시랑 연후(延煦)·은석(恩錫)·혁용(奕榕) 등을 파견하여 성경장군과 함께 봉황성 변문으로부터 차례로 유조변외 지방을 조사하게 하였다.[11] 이로써 동변외지역 봉금 해제의 단초가 열렸고 유조변 연장을 둘러싼 양국간 교섭이 제기되었다.

황지조사와 함께 청조는 그 상황을 조선에 통보하였다. 1867년 예부자문에는 황제의 유지와 왕대신의 주문(奏文)이 들어 있었다. 황지에는 "유민들이 사사로이 금지(禁地)를 개간하여 승과(升科)·납조(納租)할 것을 요구하며", "형세로 보아 여론을 들어주지 않을 수 없다"고 하였다. 즉 사간지 합법화를 인정할 것임을 내비쳤다. 동시에 사간지를 인정할 경우 "동계(東界) 조선에 구애됨이 있는지 여부를 조사하고 안무하여, 조선의 의심을 없애야 한다"고 하였다. 즉 조선 변경을 회유하는 기존 정책에는 변함이 없음을 내비쳤다.

황제의 유지와는 달리 왕대신의 주문 내용은 강경한 어조를 띠었다. 예컨대 회초 시 조선 지방관이 사간지가 없다고 문서에 기록한 책임을 따지는가 하면, 조선 변민들이 사사로이 넘어와 땅을 개간하지 않았다고 말할 수 없으므로 속히 조사할 것을 제의하였다. 조선에 압력을 가함으로써 사간지 합법화에 대한 조선의 저지를 막고자 한 것이다. 이에 대해 조선은 "강과 산에 막혀 제대로 볼 수 없었으며, 회초 시 국경을 넘어가 조사할 수 없었다"는 점을 강조하고 또 조선 변민이 몰래 넘어가지 않았다고 말할 수 없지만 아직 잡힌 자가 없다고 답하였다.[12]

한편 황지조사 과정에서 압록강 북쪽에 공지를 남겨 두고 유조

---

11) 위와 같음.
12) 『동문휘고』 원편속, 강계 2, 4~9쪽.

변을 이곳까지 연장하자는 주장이 나왔다. 1867년 9월 봉황성문에서 애양문까지 변외 황지조사를 위하여 성경장군 도흥아(都興阿)와 흠차 시랑 연후(延煦)가 봉황성문을 빠져 나갔다. 조선도 병조참판 정주응(鄭周應)과 만포첨사 이의명(李義明)을 파견하여 중강에서 청사를 맞이하도록 하였다.[13] 이번 공동조사가 끝난 후 흠차시랑 연후가 애양문 바깥쪽 조선 변경 가까이에 30~50리 되는 공지를 남겨 두고 유조변을 이곳까지 연장하여 연강에서 개간하던 유민들을 안쪽으로 이동시켜 조선 변경을 침요하는 일이 없도록 하자는 이른바 유조변 연장 주장을 내놓았다. 이는 조선 변경을 회유하려는 황지의 뜻에 부합되며, 특히 공동조사에 나온 조선 조사관들의 의견을 따르는 것이라고 생각한다. 연후 등이 올린 주문을 보면, "조선에서 우려하는 것은 민(民)과 물(物)의 혼잡에 있으며, 이를 없애려면 변금을 엄히 해야 합니다"고 주청하고 있다.[14] 이로써 청조의 변강정책은 종전에 일방적으로 유민을 압제하던 데로부터, 안으로는 유민을 위무하고 밖으로는 번국을 회유하는 정책으로 변했음을 알 수 있다.

청조의 황지조사는 봉황성문에서 시작되어 북쪽으로 차례로 진행되었다. 조사과정에서 위원들은 애양문 근처에 공지를 남겨 두고 유조변을 압록강 쪽으로 이설하는 것은 현실성이 결여됨을 발견하였다. 같은 해 8월 조사 위원들은 봉황성문에서 왕청문까지 경작지 96,000여 일(日), 유민 10여만 명을 조사해 냈다. 성경장군 도흥아는 애강 서쪽의 "땅이 비좁고 인가가 조밀하여 유민을 다른 곳으로 옮길 수 없으며," "만약 형세에 국한되어 공지를

---

13) 『동문휘고』 원편속, 강계 2, 9~10쪽.

14) 『청목종실록』 권225, 동치 7년 2월 을사.
朝鮮所慮 專在民物混雜 欲除混雜之弊 在乎邊禁之嚴.

많이 남길 수 없을 경우 개간민으로 하여금 강을 한발자국도 넘지 못하게 하며, 경계를 넘어 일을 저지를 경우 조선으로 하여금 변문에 압송하여 처벌하도록 할 것"을 제의하였다.15)

그러나 청초로부터 실시되어 온 조선 변경에 대한 회유책을 하루아침에 없앨 수 없었으므로 황제는 될 수 있는 한 공지를 남겨둘 것을 명하였다. 이에 대한 황지의 내용은 다음과 같다. "유조변을 연장할 때 강에서 좀 멀리 떨어진 곳을 경계로 삼되 강 가까이에서 땅을 개간하는 유민(遊民)들을 유조변 안쪽으로 옮기도록 하며, 그대로 놔두거나 제한이 없어서는 안 된다." 이에 대해 조선은 "절벽이 있고 지형이 험한 곳은 괜찮지만 지형이 평탄한 곳일수록 (계한을) 멀리 하는 것이 좋습니다"라고 요구하였다.16)

그 후에도 조선은 중국인 월경사건을 통보하는 기회를 이용하여 공지를 남겨 둘 것을 촉구하였다. 1873년 조선 경내로 넘어온 중국 농아인 1명을 봉황성에 압송하는 자문을 통해 "책문을 세우고 초소를 설치하며, 공지를 남겨 두어 엄히 방지하며, 폐단을 없애기 바랍니다"고 요구하였다.17)

동변외지역에 유민이 폭주하고 특히 조선 사행원단이 마적의 습격을 받는 사건이 속출하자 청조는 일련의 보호조치를 취하였다. 1872년 조선의 자문에 의하면, 삼도랑두 근처 바다에 적들의 배가 둔취해 있으며, 3월 조선 상선이 습격을 받아 쌀 90포(包), 대후지(大厚紙) 2,700여 권을 약탈당했으며, 사행로가 막히고 개시 교역을 진행할 수 없다고 하였다. 이에 성경장군은 즉시 방어

15) 『청목종실록』 권264, 동치 8년 8월 계묘.
16) 『청목종실록』 권264, 동치 8년 8월 계묘; 권270, 동치 8년 11월 임신.
17) 『통문관지』 권11 기년, 금상 8년.

(防禦)를 파견하여 병사를 이끌고 변문 영쇠와 중강·삼도랑두 초소 관원과 함께 마적을 추격하게 하였다.[18] 1876년 조선 동지사행이 봉황성문 바깥쪽에서 총을 휴대한 비도들에게 약탈당한 사건이 발생하였다. 성경장군은 '조선공사과경변통방어장정(朝鮮貢使過境變通防禦章程)'을 정하여 조선 사행이 변문을 지나갈 때 미리 봉황성에 통보할 경우 성수위로 하여금 마대(馬隊)를 파견하여 호송하도록 하였다.[19]

한편 청조의 황지조사가 진행됨에 따라 애강 서쪽에 공지를 남기고 유조변을 연장하려던 계획이 포기되었다. 1871년 5월 황지조사에 나갔던 청 협령 숭실(崇實) 등은 봉황성문으로부터 애양문까지 조사를 마쳤음을 보고함과 동시에 지형도를 그려 올렸다. 이 지형도에는 유조변 연장선과 남겨 둘 공지를 표시해 놓았다. 그러나 청 조정은 유조변 연장에 신중한 태도를 보였으며 지형도를 유보하였다. 그리고 숭실 등으로 하여금 함창·왕청문에 대한 조사가 끝난 후 다시 의논하라고 명하였다.[20] 그 이유에 대해 생각해 보면 다음과 같다. 첫째, 애강 서쪽 형세는 공지를 떼어 낼 수 없게 되었다. 비옥한 땅이 전부 개간되어 유민들을 다른 곳으로 옮기려고 해도 옮길 수 없었다. 둘째, 조선의 요구대로 중국 경내에 경계를 긋고 공지를 남길 경우 영토 감축을 초래할 우려가 있었다.[21]

청조의 황지조사 사업은 괄목할 만한 성과를 거두었다. 봉황

---

18) 『통문관지』 권11 기년, 금상 9년.

19) 『통문관지』 권11 기년, 금상 11·12년.

20) 『咸豊同治兩朝上諭檔』 21책, 356조: 동치 10년 5월 24일, 廣西師範大學出版社, 1996년 영인본.

21) 위와 같음.
殊於邊境 大有關係.

성변문과 애양문뿐만 아니라 1872년 12월까지 함창문·왕청문 바깥쪽에서도 경작지 125,000여 무를 조사해 냈으며, 왕청문부터 혼강 이서지역에서 103,100여 무를 조사해 냈다. 이 두 곳 역시 봉황성문과 애양문 바깥쪽과 마찬가지로 1874년부터 과세하도록 하였다.[22] 그러나 이해에 동치제가 훙거하여 그 다음해 광서 원년부터 과세를 실시하기로 하였다. 가장 먼저 과세한 곳이 압록강 입구의 대동구(大東溝, 지금의 東港市)이다. 이곳은 토지가 비옥하고 수산자원이 풍부하여 많은 유민들이 모여 살았다. 특히 이곳에서 송삼호(宋三好)가 이끄는 벌목 노동자들의 반란이 일어났다. 청조는 직예(直隷) 마보(馬步) 관병을 파견하여 난을 탄압함과 동시에 유민 안집책으로 개간지에 대한 과세를 실시하였다.[23] 이로써 압록강 유역 동변외지역은 봉금의 해제와 개발의 시대를 맞게 되었다.

청조는 동변외지역에 행정기구를 설치하였다. 1876년 사하자(沙河子)에 안동현(安東縣)을 설치하였고, 그 다음해에 관전(寬甸)·통화(通化)·회인(懷仁)현을 설치하였다. 이 밖에 변외지역에 군대가 주둔할 수 있는 영방(營房)을 설치하였다. 1878년 안동현에 나한전(羅漢甸) 영방을 두었고, 1881년 당삼성(唐三城) 영방을 신설하였다. 이 같은 영방은 평소에는 변외를 순찰하는 관병의 거처로 삼았고 청 사신이 조선으로 갈 때는 숙소로 이용하였다.[24] 순치 초년 청의 거족적인 중원 입관으로부터 200여 년이 지난 시기에 이르러 관내지역 유민의 입주와 개간으로 인하여 청조는 압록강 유역에 대한 통치를 회복하게 되었다.

---

22) 『咸豊同治兩朝上諭檔』 22책, 296조: 동치 11년 6월 1일; 752조: 동치 11년 12월 20일.

23) 『통문관지』 권11 기년, 금상 12년.

24) 『통문관지』 권11 기년, 금상 18년.

제 7 장

가경~동치연간 조선인 월경문제

1. 가경~함풍연간 조선인 월경에 대한 교섭
2. 동치연간 조선인 월경문제
3. 『강북일기』 및 조선인의 압록강 이북 잠월상황

제7장 가경~동치연간 조선인 월경문제

1. 가경~함풍연간 조선인 월경에 대한 교섭

가경~함풍연간(1796~1861) 조선인 월경문제를 둘러싼 교섭 양상을 살펴보면, 교섭의 횟수가 줄어들고 월경 규모가 작아졌다. 월경자수는 적게는 1·2명 많게는 10명을 초과하지 않았다(표 8 참조[1]). 그리고 월경 목적도 채삼에 있지 않고 음식 구걸, 수렵, 벌목, 잠교역 등으로 나타났다. 월경문제에 대한 청 측 압력이 없었으며, 월경살인사건이더라도 조사관을 파견하지 않고 조선의 독자적인 조사와 처리에 맡겼다. 그리고 전의 경우 월경사건을 북경 예부에서 주관하던 것을 성경 예부에 넘겼다. 물론 지리적으로 가까운 곳에서 처리하는 편리함도 있겠지만 월경사건에 대한 중시도가 떨어졌음을 말해 준다.

이 시기 조선인 월경사건이 현저히 줄어든 것은 다음과 같은 몇 가지 이유에서 찾아볼 수 있다. 첫째, 강북에 자연삼이 고갈되었다. 입관 전과 순치연간에 성경지역에는 많은 자연삼이 산출되었기 때문에 중국 관내지역 한인뿐만 아니라 강을 사이에 두고 있던 조선 변민들도 넘어가 삼을 캤다. 무절제한 채취로 성경지역의 자연삼이 고갈되고 말았다. 강희 초기에 이르러 성경지역은

1) 『동문휘고』 원편속, 범월 1, 1~26쪽; 범월 2, 1~14쪽.

〈표 8〉 가경~함풍연간 조선인 월경교섭 사례

내용 연도	월경사건	청조의 교섭	조선의 처리	연강
1805년 가경 10	두도황구(頭道黃溝), 이도양차(二道陽岔)에서 6명이 수렵함	자문통보 의주에 압송함	범인을 율에 따라 처리, 강계부사·상토첨사 나포 처리, 평안도 감·병사 중추함	압록강
1817년 가경 22	월경 구걸자 1명	성경장군아문 의주에 통보함	월경자를 의주에서 효시, 평안도 감·병사 이하 혁직함	압록강
1824년 도광 4	월경 구걸자 1명(농아인)이 봉성에서 잡힘	성경 예부에서 자문통보	범인 정배, 평안도 감·병사 혁직, 의주부윤 정배함	압록강
1827년 도광 7	경흥인 2명 송강하(松江河) 일대에서 수렵함	성경 예부 자문통보	범인을 경상에 효시, 함경도 감·병사 혁직함	두만강
1831년 도광 11	2명이 채삼 수렵함	성경 예부 자문통보	범인을 경상에 효시, 함경도 감·병사 혁직함	두만강
1834년 도광 14	구걸자(농아인) 1명이 봉성에서 잡힘	성경 예부 자문통보	범인을 차율에 따라 정배, 평안도 감·병사, 의주부윤 혁직함	압록강
1841년 도광 21	경원 구걸자 1명이 영고탑에서 잡힘	성경 예부 자문통보	범인을 차율에 따라 도배(島配), 함경도 감·병사 처리함	두만강
1846년 도광 26	강계인 2명이 애강 일대에서 벌목함	성경 예부 자문통보 (처벌 면할 것)	월경자를 경상에 효시함 (압록강 연변 중국 유민들의 개간 금지 요구)	압록강
1854년 함풍 4	개성사람 1명이 중국에 입사(入仕)하고자 월경, 북경 안정문(安定門)밖에서 잡힘	북경 예부 자문통보 (해상 난민의 예에 따라 처리할 것)	범인을 경상에 효시, 함경도 감·병사 혁직, 삼수부사·인차외 변장 정배함	압록강
1857년 함풍 7	구걸자 1명이 삼성(三姓) 카룬 병정에게 잡힘	성경 예부 자문통보	월경자를 경상에 효시, 함경도 감·병사 이하 처벌함	두만강
1860년 함풍 10	수암(岫岩) 팔기병정이 조선 잠상에게 살해됨	성경 예부 자문통보 (독자적 처리 요구)	범인을 경상에 효시, 평안도 감·병사 혁직, 의주부윤·청성첨사 혁직 유 2,000리에 처함	압록강

말할 것도 없고 길림·영고탑 지역의 자연삼이 고갈되었다. 1684년 청조는 부득불 삼장을 우수리강·수분하 쪽으로 옮기기로 결정하였다.[2] 조선인의 월경교섭 사례를 보더라도 순치·강희 초기까지 월경채삼이 가장 많았고, 옹정·건륭연간에 점차 줄어들었으며, 가경 이후에는 월경채삼이 없어지고 자연재해로 인한 월경 구걸이 많아졌다.

둘째, 이 시기 월경사건이 줄어든 것은 양국의 공동금단조치와도 무관하지 않다. 양국간에 엄한 변금이 유지되었다. 조선에서는 월경자에 대한 엄벌조치를 실시하였으며, 처벌규정을 법전에 올렸다. 숙종대의 『수교집록』, 영조대의 『신보수교집록』 『속대전』 등에는 범월 주범, 종범, 소속 지방관, 월경처 지방관에 대한 처벌규정이 있으며,[3] 이러한 규정은 동치연간까지 지속되었다. 이와 동시에 양 강 일대에 방금조치를 취하여 연안에 파수를 설치하고 수시로 변민들의 동정을 살폈다. 청조 역시 만주에 대한 봉금책을 유지하고 있었으며 강변 일대가 가장 엄한 봉금지대였다. 유조변 각 변문·변대의 기찰을 강화하였을 뿐만 아니라 변외 무인지역에 카룬을 설치하였다. 변외 카룬은 강희연간에 설치되기 시작하여 건륭연간에 증설되었으며, 도광연간에 이르러서는 변외지역에 대한 통순회초제를 실시하였다. 이러한 조치는 관내 유민들이 변외지역에 나가 사사로이 채삼·수렵하고 토지를 개간하는 것을 저지하는 역할뿐만 아니라, 조선 변민들의 월경행위를 억제하고 저지하는 효과도 있었다.

---

2) 『중국동북사』 제4권, 1582쪽.

3) 「수교집록」 권5, '형전·금제'; 「신보수교집록」 '형전·금제·범월'; 「속대전」 권5, '형전·금제'(이상 3편은 『조선왕조법전집』 3, 경인문화사, 1969년에 수록됨); 「대전회통」 권5, '형전·금제'(『국역대전회통』, 고려대학교 민족문화연구소 출판부, 1982년 재판에 수록됨).

셋째, 18세기 말 19세기 초에 이르러 조선에서 압록강·두만강 상류 연안지역 개발을 허용하면서 많은 유민들이 이곳에 입주하였고 변민들의 생활이 안정되었다. 예컨대 두만강 상류에 있는 무산은 토지가 비옥하고 경작에 유리하여 17세기 말부터 유민들이 입주하기 시작하여 19세기 초에는 북도의 웅부가 되었다. 인구도 신속한 증가세를 보여, 17세기 말 새로 설읍하였을 때는 4,085명이었으나 1828년에는 38,640명에 이르렀다. 이 밖에 압록강 상류의 폐사군지역은 토지가 비옥하고 인삼 자원이 풍부하여 유민들이 입주를 원했지만, 범월의 우려가 있고 또 관방 중지라는 이유로 입주를 허락하지 않다가, 1793년에 이르러 부분적으로 개간을 허용하였고 1809년에는 개발을 전면적으로 허용하였다. 이와 동시에 부세와 형사안건을 처리하기 위하여 폐사군지역에 행정기구를 설치하였다. 1796년 후주진을 복설하였고 1823년 도호부로 승격하였으며 1869년 후창군으로 개칭하였다. 같은 해 폐사군지역에 자성군을 설치하였다. 이에 앞서 1787년 압록강 상류 장진(長津)에 도호부를 신설하였다.[4] 이와 같은 개발조치와 행정기구 설치는 유민들을 이곳에 흡수·안착시켰으며, 이는 서북변 월경사건이 줄어드는 중요한 원인이었다.

---

4) 강석화, 앞책, 135~178쪽 참조.

2. 동치연간 조선인 월경문제

1) 대규모 월경개간 및 그 원인

동치연간에 이르러 조선인이 압록강·두만강 이북으로의 대규모 월경 개간과 입주가 시작되었다. 근대 조선인이 연해주·만주지역으로 이민의 시대가 열렸다. 현재 러시아 소수민족의 하나인 고려인이나 중국 조선족의 역사가 이로부터 시작된다.

1863년 13가(家) 조선인이 러시아 지신허(棘心河)지역으로 이주해 갔다. 이것이 조선인이 러시아 연해주로의 첫 이주이다. 이를 계기로 점점 많은 조선인이 러시아 경내로 이주해 갔다. 1865년 길림장군의 보고에 의하면, 러시아 경내 지신허·얜추허(岩杵河) 일대에 조선 개간민 천여 명이 있었다.[5] 1870년에는 그 수가 더 늘어나 러시아 경내에 조선인 8,000~9,000명이 있었다. 이들의 거주지는 두만강 이북으로부터 흑룡강 동쪽 연안에 미쳤다.[6]

이와 동시에 압록강 상류 이북으로의 월경 잠입이 시작되었다. 1872년 『강북일기』에 따른 통계수치에 의하면, 압록강 상류 이북에 6,000~7,000명 조선인이 있었다.[7] 이 수치는 일본 외무성에서 펴낸 『일본침략한국사료총서』에 의해서도 입증되었다. 총서에는 같은 시기 압록강 상류 조선인수가 5,400여 명에 달하며, 이는 압록강 이북 조선인수의 80%에 해당된다고 하였다.[8] 1891년에

---

5) 『동문휘고』 원편속, 범월 2, 17쪽.

6) 曹廷杰, 『西伯利亞東編紀要』(高永一 편, 『中國朝鮮族歷史硏究參考資料彙編』 제1집, 延邊大學出版社, 1989, 21·22·29쪽).

7) 본서의 저자가 『강북일기』에 근거하여 통계한 수치이다.

8) 일본외무성 편, 『日本侵略韓國史料叢書』 總編(4), 한국출판원, 151쪽(孫春日 주편, 『中國朝鮮族社會文化發展史』, 延邊敎育出版社, 2002, 12쪽에서 재인용).

이르러 압록강 연변 9읍의 잠월자수가 10여 만 명에 이르렀다.[9)]

조선인이 두만강 이북 중국 경내로의 유입·개간은 이보다 늦게 시작되었다. 1869년 청조의 황지조사와 함께 압록강 이북에서 실시되던 통순회초제가 폐지되었지만, 두만강 이북지역에는 여전히 통순관이 파견되었다. 그러나 조선 재해민들은 곧 물밀듯이 두만강 이북으로 월경 개간하였다. 1880년 회령부사 홍남주(洪南周)가 백성들이 두만강 이북에서 개간하는 것을 허용하는 이른바 '경진개척'을 계기로 두만강 이북 중국 경내로의 대규모 월경개간이 시작되었다.[10)] 그 이듬해 길림장군 명안(銘安)의 보고에 의하면, 두만강 이북 중국 경내에 개간된 황지가 2,000상(垧)에 달하고, 조선 개간민이 수천 명에 달한다고 하였다.[11)] 1902년 청조에서 연길청을 설립하고 중일간에 간도교섭안이 일게 되었을 때 연길지역에는 조선인 5만여 호, 30만 명이 살고 있었다.[12)]

이같이 조선인이 양 강 이북으로 대규모 월경 입주하는 데는 내적인 원인과 외적인 조건이 존재한다. 내적 원인을 살펴보면, 학계에서 말하는 '기경대재(己庚大災)' 외에 조선 서북지역의 인구팽창 요소를 간과할 수 없다. 17세기 초만 하더라도 두만강 중하류 육진지역과 압록강 상류 폐사군지역에 인구가 희소하였지만, 19세기 초에 이르러 압록강·두만강 상류 남안지역이 전면적으로 개발되면서 인구가 급증하였다. 통계에 따르면, 조선 팔도 중 평안·함경 양도의 인구증가 속도가 가장 빨랐으며, 1648년의

---

9) 『고종실록』 권28, 고종 28년 5월 15일.

10) 金春善, 「1880~1890년대 청조의 '移民實邊'정책과 韓人이주민 실태 연구-북간도 지역을 중심으로-」, 『한국근현대사연구』 8집, 1998, 17쪽.

11) 朱壽朋, 『光緒朝東華錄』 권2, 광서 7년 10월 신사, '銘安等奏', 上海大東書局印本, 1198쪽.

12) 牛丸潤亮·村田懋磨, 『最近間島事情』, 1927, 68쪽.

경우 평안도 인구가 146,000명으로 전체 인구의 9.54%를 차지하였으며, 함경도 인구가 69,000명으로 전체 인구의 4.51%를 차지하였다. 1864년에 이르러, 평안도 인구가 873,000명으로 전체 인구의 12.78%를 차지하였으며, 함경도 인구가 696,000명으로 전체 인구의 10.96%를 차지하였다.[13] 함경도만 보더라도 경제가 상대적으로 발달한 남관(마천령 이남)보다는 경제가 낙후한 북관(마천령 이북) 즉 육진·삼갑의 인구증가가 더 빨랐다. 19세기 초에 이르러 무산 인구가 40,000명을 넘었으며, 회령 34,000명, 종성 25,000명, 경원 약 20,000명, 경흥 15,000명에 달했다. 인삼 산지인 삼갑의 인구도 40,000명을 넘었다.[14]

이와 같은 인구증장으로 서북 양도는 개간할 만한 땅이 별로 없었다. 특히 육진이나 삼갑의 경우 산지가 많고 기후가 한랭하여 자연재해가 발생할 경우 변민들이 쉽게 유민으로 전락하였다. 이와는 반대로 강북지역은 인구가 희소하고 토지가 비옥하여 조선 변민들에게 희망의 땅으로 꼽혔다. 이로써 조선인이 양 강 이북으로의 월경개간은 생존공간을 넓히기 위한 인간 자체의 노력이었음을 말해 준다. 이는 중국 관내지역 인구팽창으로 유민들이 만주로 유입한 것과 같은 맥락에서 이해할 수 있다.

내적 원인으로 조선의 변금 이완과 월경자에 대한 처벌제도가 붕괴된 것을 상정할 수 있다. 동치연간에 이르러 러시아 연해주 지역으로 이주해 가는 조선인이 늘어남에 따라 월경자에 대한 처벌제도가 점차 느슨해졌다. 도망자가 점점 많아지자 조선은 변민 안집책으로 월경자에 대한 처벌을 완화하였다. 1867년 3월의

---

13) 한영국, 「생산력의 증대와 사회분화」, 『한국사』 33, 국사편찬위원회, 1997, 21쪽.

14) 고승희, 「조선후기 함경도지역의 상업 연구」, 이화여대 박사논문, 2000, 35쪽.

경우 월경자 4명에 대해 호생지덕을 베풀어 처벌을 면해 주었다. 또한 지방관에 의해 월경자가 잡힐 경우 효시하며, 스스로 과오를 뉘우치고 죄를 청할 경우 풀어 주도록 하였다.[15] 또한 지방관이 월경 사실을 은폐하는 폐단을 없애기 위하여 1868년 지방관에 대한 처벌을 경감하던 데로부터 1871년에는 완전히 면해 주었다.[16] 17세기 초로부터 200여 년간 실시되어 온 월경자에 대한 처벌제도가 붕괴되고 말았다. 이로 인하여 조선의 변금이 유명무실해졌고 변민들이 강북으로의 월경유입이 더욱 거세졌다.

외적인 조건도 조선인의 월경 개간을 부추겼다. 1869년 청조의 동변외 황지조사와 함께 형식에 불과하던 통순회초제가 폐지되었다.[17] 이로 인하여 압록강 일대 변금이 이완되고 남안에 거주하던 조선 변민들이 대거 월경 잠입하게 되었다. 『강북일기』를 통해 보더라도 변민들은 청조의 관헌 세력이 미치지 못하는 압록강 상류지역으로 먼저 넘어갔다. 앞에서 언급했듯이 압록강 이북지역에 대한 청조의 변방조치가 허술하기 짝이 없었다. 봉금의 주요 장치였던 통순회초제 역시 중국 투채자나 사간자를 막기 위한 것이었으며, 이 제도가 폐지될 경우 조선 변민에 대한 방금조치가 전혀 없었다.

한편 1860년 중러간 '북경조약' 체결 후 러시아 세력이 두만강 입해구(入海口)에 이르렀다. 러시아는 인적이 드문 연해주지역을 개발하기 위하여 조선 변민들의 월경 개간을 적극 장려하였다. 처음에 건너간 자에 대해서는 구량과 함께 소·말·가구 등을 무상

---

15) 『고종실록』 권4, 고종 4년 3월 15일.

16) 『고종실록』 권6, 고종 6년 4월 8일; 권9, 고종 9년 5월 12일.

17) 1869년 봉천성에서는 1년에 네 차례 통순관을 파견하는 제도를 폐지하였지만 길림성에서는 계속 실시하였다('吉林將軍爲派巡緝輝法土門江事的奏摺', 『琿春副都統衙門檔案選編』 上, 李澍田 주편, 『長白叢書』 제5집, 吉林文史出版社, 1991, 112쪽).

으로 대여하였으며 20연간 세를 면해 주었다.[18] 이러한 우대정책은 자연재해로 시달리던 조선 변민들에게 있어 매력적이지 아닐 수 없었다. 이로 인하여 두만강 일대 조청 변금(邊禁)에 틈이 생기게 되었다. 학자들은 조선인의 월경 개간 역사를 서술할 때 유민들이 먼저 두만강 이북 중국 경내에서 개간하려 하였으나 중국 관헌의 저애로 이루어지지 않자 다시 러시아 경내로 이주해 갔다고 서술하고 있다. 그러나 실제 상황은 유민들이 러시아 경내로 이주해 감으로써 두만강 이북 월경개간의 물고가 트이게 되었고, 1880년 '경진개척'을 계기로 중국 경내에서 월경개간하게 된 것이다.

위에서 살펴본 내적인 원인과 외적인 조건 외에도 광서연간(1875~1908) 청조가 월간(越墾) 조선인에 대해 세금을 거두고 귀화입적(歸化入籍)하도록 한 정책, 양국이 토문·두만을 둘러싼 국경분쟁 시 조선에서 변민들이 두만강 이북으로 월경개간하는 것을 묵인한 것 등이 조선인의 월경개간을 부추기는 요소로 작용하였다. 이 부분에 대한 서술은 생략하기로 한다.

2) 월경사건에 대한 전통적 처리방식의 종식

동치연간에 조청 양국이 조선인 월경문제를 둘러싼 교섭에는 조선인이 러시아 경내로 입주한 것과 중국 경내로 월경한 것으로 나누어 살펴볼 수 있다. 특히 전자가 이 시기 월경교섭의 주요 대상이었다. 조선인이 러시아 경내로 넘어가기 시작한 것은 자료상으로 1863년이 처음이다. 2년 뒤 1865년 지신허지역에는

18) 聶士成, 『東遊紀程』(고영일 편찬, 앞책, 189쪽에 수록됨).

조선인 1,000여 명이 있었다. 1867년 조선은 예부에 자문을 보내 변민들이 러시아 경내로 도망간 사실을 통보하였다. 그 자세한 상황을 보면, 경원 아산진 15호, 75명이 강북으로 도망갔으며, 중국인 수백 명이 이들을 도와 짐을 운반했다는 것이었다.[19]

청조는 즉시 길림장군에 명하여 러시아 경내로 도망간 조선인의 행방을 엄밀히 조사하도록 하였다. 곧 이어 도착한 길림장군의 보고에 의하면, 두만강에서 순찰하는 관병들이 훈춘하구에서 조선인 200여 명이 러시아 경내 지신허에 가서 개간하는 것을 발견했으며, 영고탑 부도통과 훈춘협령이 조사한 데 따르면, 지신허・앤추허지역에 있는 조선인 중에 조선 의복을 입은 자, 중국 의복을 입은 자, 러시아 의복을 입은 자가 있다고 보고하였다.[20] 이는 조선 자문에서 이른바 중국인들이 짐을 운반해 주었다는 것이 조선인 스스로 변복했음을 말해 준다.

청조는 두만강 북안에 나타난 조선 유민들의 동향을 예의 주시하였다. 러시아가 '북경조약'을 통해 만주 동북부 영토를 떼어간 데 이어, 조선 유민들을 이용하여 영토를 잠식할 우려가 있다고 생각하기 때문이었다. 따라서 변민들이 러시아 경내로 도망가는 것을 엄금하며, 이미 도망간 자 1,000여 명을 즉시 쇄환할 것을 조선에 요구하였다. 이와 동시에 훈춘협령을 파견하여 러시아 지방관으로 하여금 조선 유민들을 추방할 것을 요구하였다. 그러나 러시아 지방관은 조선인이 기회를 틈타 몰래 넘어온 것이며, 인수가 너무 많아 추방하기 어려우며, 내년 봄 수분하 일대로 옮기게 되면 양국 변경에 구애됨이 없을 것이라고 하면서 청의 요구를 거부하였다. 이때까지 조선은 사태를 관망하는 태도를 취하

19) 『동문휘고』 원편속, 범월 2, 14~26쪽.
20) 『동문휘고』 원편속, 범월 2, 14~26쪽.

였다. 즉 청과 러시아간의 교섭 결과를 기다렸다가 러시아 측에서 변민들을 추방할 경우 그때 데려오려고 하였다.[21] 그러나 훈춘협령이 러시아 지방관과의 교섭에서 실패하여 유민들을 쇄환하지 못하였다. 이로 인하여 조선 유민들의 러시아 경내로의 도망과 이주가 계속 이어졌다.

중국 경내로 넘어간 월경자에 대한 교섭·처리는 전과 같이 진행되었다. 이동길(李東吉)사건이 대표적인 사례이다. 1853년 이동길은 훈춘에 넘어가 치발역복(薙髮易服)하고 처자를 거느리고 땅을 개간하면서 정착생활을 하였다. 1870년 조선에서 청 측에 정보를 제공하여 이동길 일가를 붙들어 왔으며, 일가족 8명이 모두 효시당했다.[22] 이 같은 엄벌조치로써 러시아 경내로 넘어간 조선인에 대한 청의 압력을 완화하고자 하였던 것 같다. 이동길 사건은 함풍연간 조선인이 두만강 이북 중국 경내로 넘어가 정착한 개별 사례이다.

이 밖에 1871년 의주 사람들이 중국인과 교역하다가 들켜 효시당한 일이 있었다. 조선은 전과 같이 그 결과를 북경 예부와 성경 예부에 통보하였다. 이는 조선에서 월경사건 처리결과를 주동적으로 청에 통보한 마지막 사례이다.[23] 그 이후 1876·1877·1878·1880년 월경교섭이 여러 차례 이루어졌지만, 성경 예부에서 조선에 알린 것이지 조선에서 먼저 통보한 것은 아니었다.[24] 기실 1876년 조선은 자성 월경자 정찬익(鄭贊益)을 강변에서 효시하였고 1879년 자성 월경자 윤의징(尹儀澄)·전소(田召)·사후

21) 『동문휘고』 원편속, 범월 2, 38~40쪽.
22) 『동문휘고』 원편속, 범월 2, 40~43쪽.
23) 『동문휘고』 원편속, 범월 2, 57쪽.
24) 『동문휘고』 원편속, 범월 2, 57~76쪽.

창(史厚昌)・강유천(姜有川) 등을 강변에서 효시하였지만,[25] 전과 같이 이들의 공사(供辭)와 의죄(擬罪) 결과를 청에 통보하지 않았다. 그 이후 월경살인자 외의 기타 월경자에 대해서는 아무런 처벌도 하지 않았다.

이상으로부터 광서연간에 이르러 조청 양국이 200여 년간 유지해 왔던 월경자에 대한 교섭 및 처리 방식이 종식되었음을 말해 준다. 동시에 이 시기는 양국간 전통적인 종번(宗藩)관계가 변질되는 시기이기도 하였다.

3. 『강북일기』 및 조선인의 압록강 이북 잠월상황

동치연간 조선인이 압록강 이북 중국 경내로 잠입한 상황을 자세히 읽을 수 있는 자료가 있어 주목된다. 1872년 평안도 후창군 군관 최종범(崔宗範) 등이 압록강 상류 이북을 답사하고 쓴 『강북일기(江北日記)』가 그것이다. 아래에 『강북일기』에 대한 분석을 통해 조선인의 잠월자수, 잠월자 원거주지, 그들의 생활방식 등에 대해 알아보며, 아울러 봉금 해제 직전의 압록강 이북 상황 특히 통순회초제의 제반 양상, 잠월자에 대한 조선의 태도 등에 대해 알아보고자 한다.

『강북일기』의 편찬 경위를 살펴보면, 1872년 평안도 후창군수 조위현(趙瑋顯)이 군관 최종범・김태흥(金泰興), 수향(首鄕) 임석근(林碩根) 등 3명을 압록강 이북에 파견하여 연강에 살고 있던 양국 유민들의 상황을 정찰하게 하였다. 그 전해에 후창 군수가

25) 『고종실록』 권9, 고종 9년 5월 12일; 권16, 고종 16년 4월 11일.

병사를 동원하여 폐사군과 삼갑 일대에 잠입하여 목재를 도취하던 중국 유민들을 소탕하여 여러 명을 살상시켰다. 이에 대한 보복행위를 막기 위하여 최종범 등 3명을 강북에 파견하여 동정을 살피게 한 것이다.

최종범 등은 중국 유민들에게 들키지 않기 위해 강북에서 이른바 라선동(羅善洞)·양화평(楊花坪)·옥계촌(玉鷄村) 등 별계(別界)를 찾고 있으며, 이른바 채(蔡)선생·곽(郭)장군·김진사 등 고인(高人)을 찾고 있는 것으로 가탁하였다. 그들은 압록강 상류로부터 강을 따라 강북의 임강(臨江)·집안(集安)·혼강(渾江) 일대를 정찰하고 일기체로써 견문을 적었는데 이것이『강북일기』이다.

『강북일기』에 의하면, 최종범 등 3인은 1872년 5월 30일부터 7월 11일까지 40여 일간 천 여리의 길을 걸어서 압록강 상류 이북 연안지대를 돌아보았다. 그들은 폐사군 동쪽 후창군 금창리(金昌里)에서 강을 건넜는데 맞은편이 칠도구 마록포(馬鹿浦, 臨江)였다고 한다. 여기에서 압록강을 따라 서쪽으로 파저강(巴猪江, 巴江이라고도 함, 渾江을 가리킴) 일대에 이른 후 다시 동쪽으로 돌아와 마록포에서 압록강을 건너 후창으로 돌아왔다.

최종범 등은 우선 후창군 대안에 중국 유민들이 집거하여 무기를 휴대하고 있음을 정찰하였다. 이것이야말로 이번 정찰의 주 목적이었다. 그 전해에 있었던 후창군수에 의한 습격전을 유민들은 '마록포 모임(馬鹿浦之會)'이라고 불렀다. 당시 중국 유민들이 조선 경내에 들어와 목재를 도취해 중국 내지에다가 팔았다. 근처에 많은 유민들이 이들에게 식량을 공급해줌으로써 생계를 유지하였다. 유민들은 '회상제(會上制)'라는 자치기구를 설립하였고 무기를 갖추었으며, 회두(會頭)를 뽑아 연강 수백 리를 관리하였다. 후창군과의 격전에는 중국인뿐만 아니라 조선인들도 참여하였다. 그러나 조선인들은 중국 유민들의 강요로 마지못해 참여했음을 고백하였다. 이번 격전에서 유민들이 무기의 약세로 실패하고 10여 명이 살상되었다. 『강북일기』에 보면, 중국 유민들은 후창 관병에 의해 100여 명이 죽음을 당했다고 말하고 있지만, 과장된 듯하며, 청에 보낸 조선의 자문에 의하면 9명이 죽고 10여 명이 상했다고 한다.[26] 이 사건 발생 후 중국 유민들은 조선 변경을 다시는 침범하지 않겠다고 군수에게 각서를 냈다. 이로써 사건이 끝났지만 유민들은 양국 관병에 의한 합동 공격을 크게 두려워하였다.

일기의 대부분 내용은 조선 잠월자들의 생활양상을 기록하고 있다. 잠월자들의 인수를 보면, 비교적 집중된 곳이 칠도구 일대 도회두(都會頭) 신태(辛太) 소관 조선인 193호 1,673명, 삼도구 일대 대회두 김문택(金文澤) 소관 277호 1,465명, 파저강 일대 400~500호의 강계 사람 약 2,000여 명이다. 이 밖에 각지에 분산 입주하고 있는 조선인 약 100호가 있었다. 이 수치를 합계해 보면, 1872년경 압록강 상류 이북에 잠월한 조선인수가 약 6,000~7,000명이 되었다(표 9 참조). 압록강 하류지역은 봉황성을 포함하여 중국 관헌 소재지와 가깝기 때문에 잠월자가 그렇게 많지 않았다.

위에서 살펴본 것과 같이 조선인들이 잠월한 곳이 주로 파저강(혼강) 이동 지역이었다. 이곳은 청에 있어 변외 봉금지역으로서 행정기구가 설치되지 않았으며, 유민들이 사사로이 땅을 개간하여 입주하고 마적들이 횡행하는 곳이었다. 이는 조선인들이 잠월하여 입주하는 데 유리하였다. 1868년부터 청에서 변외 황지를 조사하고 있었지만, 인력과 물력의 한계 그리고 혼강 이동의 유민의 세가 너무 강하기 때문에 봉황성 변문으로부터 왕청문까지

26) 『동문휘고』 원편속, 강계 30쪽.

〈표 9〉 『강북일기』에 반영된 압록강 이북 잠월자수

지 점	호 수	구 수	기 타
삼수 인차외부터 후창 맞은편까지	193	1,673	도회두 신태 소관
오도구	20		무산, 초산 사람
삼도구로부터 왕절로까지	277	1,456	도회두 김문택 소관, 무산사람 위주
유거어자 (榆巨於子)	27		호인에게 고용된 자들이 막(幕)마다 있고, 집에 머문 자들이 호인의 노예가 됨
파강 일대 소구(小溝)	6		호막(胡幕)이 곳곳에 있고, 우리 사람이 호인에게 고용된 것이 얼마인지 헤아릴 수 없음
삼천동			호막 20여 처, 우리 사람이 호인에게 많이 고용됨
파저평	400여		홍호적에게 약탈당함
팔두강			도회두 왕보태(王保太), 우리 사람이 고용된 것이 7·8명
육두강	조선인 6호, 강계에서 400~500호가 건너감	의주인 300여 구, 홍호적의 습격을 받아 흩어짐	1871·1872년에 넘어감
파강하류			호막 21처. 우리 사람이 많이 고용됨(선천·초산 사람)
사두강			300호. 우리 사람이 많이 고용됨
탕하(湯河)수원 (여기에서 동쪽으로 되돌아감)	무산인 4호		1869년 잠월
대영(大營)	무산인 3호, 길림 창계성(唱鷄城) 옆 30호		
시두하(始頭河)	3호		도회두 왕노대(王老大) 소관, 인정(人丁)·병기 등을 책에 기록함
총 계	약 1,500호	6,000~7,000구	

조사하고 일단 멈췄다.[27] 그 이후 광서연간에 이르러 혼강 이동

27) 『咸豊同治兩朝上諭檔』 752조: 동치 11년 12월 24일.

지역을 계속 조사하였다.

조선 잠월자들의 원주거지를 살펴보면, 폐사군 대안에 무산 사람이 많았고, 서쪽으로 혼강 일대에 남안에 사는 강계·초산·영변 사람이 많았다. 즉 다시 말하여 무산과 강계 사람이 제일 많았다.

조선인들이 잠월한 시기를 살펴보면, 가장 이르게 함풍연간이고 대부분 동치연간이었다. 즉 통순회초제가 제대로 역할하지 못하던 시기였음이 확인된다. 무산 사람들은 주로 1867년 무산부사 마행일이 환곡을 강제로 징수하자 이를 갚을 길이 없어 백두산 500리 무인지대를 돌아 폐사군 대안인 임강 일대에 이르렀다. 기타 유민들은 대부분 1869년·1870년 '기경대재' 때 넘어갔다. 함풍연간 잠월자의 경우 대부분 치발역복을 하였으며, '가호(假胡)'라고 불렸다. 각지의 회두·통수 직을 이들이 맡았다. 예컨대 앞에서 말한 신태·김문택 등이 그러하다. 이들은 통순회초제 시절에 잠월했기에 변복하지 않을 수 없었다.

조선인들의 생활양상을 살펴보면, 이들에게는 토지가 없었고 대부분 중국인들에게 품팔이를 하거나 가복(家僕)으로 있었다. 중국인들의 토지·삼포 또는 금광에서 일하거나 주인을 따라 채삼·수렵하였다. 이들은 경제적 지위가 낮았고 가난하기 짝이 없었다. "아내가 있었지만 십중팔구가 호인의 아내가 되었고, 재화가 있어 스스로 살림을 차릴 수 있는 자가 백에 한둘도 안 되었다." 이처럼 압록강 이북 잠월자들에게 토지가 없었기 때문에 두만강 이북 월간(越墾)민보다 주목받지 못하였다.

수천 명에 달하는 조선인들이 강북에 잠월하여 입주한 데 대해 조정에서 모를 리가 없었다. 1874년 1월 의주부윤 황종현(黃鐘顯)은 이들의 잠월상황을 국왕에게 다음과 같이 보고하였다.

> 잠월하는 길은 비단 압록강에 있는 것이 아니라 연강 상하에 많은 잠월처가 있으며, 실로 일일이 살피기 어렵습니다. 이는 신이 전임 여러 신(臣)들에게서 들었으며 영상(領相)도 그렇게 말했습니다.[28]

그럼에도 불구하고 조선은 이에 대한 대비책을 마련할 길이 없었고 다만 그 책임이 청조에 있음을 탓할 뿐이었다. 황종현은 이에 대해 다음과 같이 계문하였다.

> 두 나라가 경계를 접하고 있으며, 땅을 비워 둔 것이 뜻이 있는데, 지금은 도처에 마을이 생겨나고 있으니 어찌 변경의 근심이 되지 않겠습니까? 이는 중국에서 마땅히 금해야 하는 것입니다.[29]

이처럼 잠월자를 막을 방법도 없고 그 상황을 청에 통보하여 대책을 강구한 것도 아니었다. 그 이유를 따져 보면, 당시 조선은 청조와 애강 서쪽에 공지를 남겨 두고 유조변을 연장하여 중국 유민들을 그 안쪽으로 이동시키는 문제를 놓고 교섭하고 있었다. 이런 때에 교섭에 불리한 조선인의 잠월상황을 청에 알릴 리 만무하였다. 그 결과 압록강 이북 잠월자수가 점점 늘어났고 마침내 돌이킬 수 없는 상황에 이르렀다. 근대 조청간의 월경 입주한 조선인을 둘러싼 외교적 마찰이 불가피하게 되었다.

---

28) 『고종실록』 권11, 고종 11년 정월 28일.
潛越之路 非但在於鴨綠江也 沿江上下多有潛渡處 誠難一一周察云 此則臣聞諸前任諸臣 而領相亦言之矣.

29) 위와 같음.
兩國交界設置空虛之地者 自是有意所在 而今則曲曲成村云 可謂邊憂 而此則中國之所當禁者也.

결 론

결 론

월경은 범월(犯越)이라고도 칭한다. 국경을 넘어가는 죄를 범했다는 뜻이다. 월경문제에는 조선인이 압록강·두만강 이북 중국 경내로 넘어가는 것과 중국인이 양 강 이남 조선 경내로 넘어오는 것이 포함된다.

조선인이 압록강·두만강 이북으로 월경하는 주요 목적은 인삼 채취에 있었다. 따라서 조선인의 월경양상은 청조의 삼장 분포와 밀접한 관련이 있다. 청의 입관 전과 순치·강희연간 청 측 삼장이 압록강 이북 지역에 분포되었으며, 조선인의 월경사건도 이 지역에서 발생하였다. 지방관의 사주하에 수십 또는 수백 명씩 무리를 지어 월경채삼을 행하였고 청조의 관병과 충돌하는 사건이 발생하였다. 1685년 삼도구(三道溝)사건은 대표적인 사례이다. 강희 중기 이후 성경지역의 자연삼이 고갈되어 삼장이 우수리강·수분하 일대로 옮겨 갔다. 따라서 조선인의 월경채삼이 줄어든 반면, 월경 살인, 약탈, 잠교역 등이 많아졌다. 중국 내지 채렵자들의 발자취가 강변에 미치게 되면서 나타난 현상이다.

강희후·옹정초에 이르러 압록강 일대의 잠상활동이 활기를 띠게 되었다. 압록강 하류 책문 근처와 연강 일대에 양국간의 민간 무역이 번창해졌다. 특히 조선에서 한때 책문후시를 공인하면서 압록강변의 민간무역이 더욱 활기를 띠었다. 1727년 '청채사건'과 '의주사건'을 계기로 조선 측에서 강 이남지역의 잠상을 숙청함과 동시에 월경 금단을 엄히 하였다. 특히 옹정황지를 계기로 압록강변 중국 채렵자에 대한 양국의 공동금단 국면이 형성되면서 한때 번창하던 민간무역이 쇠퇴하였다.

가경~함풍연간 조선인 월경사건은 소수인에 의한 식량구걸, 수렵 또는 벌목으로 나타났고 규모도 작았다. 이는 양 강 이북에 자연삼이 고갈된 것, 특히 19세기 초 조선 서북 변경의 개발로 유민들을 흡수하여 안착시킨 것과 관련이 있다. 함풍연간(1851~1861)에 이르러 청조가 내우외환을 겪는 동안 변금이 해이해지면서 압록강 남안 변민들이 강북에 대거 잠월, 입주하게 되었다. 1872년경 압록강 상류 이북에 조선 잠월자 6,000~7,000명이 있었다.

동치연간(1862~1874)에 이르러 조선 변민들은 압록강 이북에 잠월 입주하였을 뿐만 아니라, 두만강 이북 러시아 경내로 월경 개간하였다. 그 내적 원인은 학계에서 종래 인정하던 자연재해 외에 서북지역의 인구팽창 요소를 간과할 수 없다. 이는 조선 변민들이 생존 공간을 넓히기 위한 노력의 결과였다. 외적 조건도 조선인의 월경 개간에 유리하게 작용하였다. 청조의 통순회초제 폐지로 인하여 압록강변의 방금조치가 사라졌고 북경조약 체결 후 러시아의 연해주 개간책으로 많은 조선 유민들을 흡수해 갔다.

조선인의 월경문제를 둘러싼 양국간의 교섭양상과 처리방식은 시대에 따라 달랐다. 입관 전 청(후금)은 조선에 고압적인 태도를 취했으며 월경사건 처리방식도 강압적이었다. 조선은 부득불 월경 주범은 물론, 월경자가 소속된 지방관을 효시하였다. 월경자 및 지방관에 대한 처벌제도가 이때부터 형성되어 점차 조선의 법전에 올랐다.

입관 후 청조의 조선에 대한 정책이 점차 완화되었으며, 특히 섭정왕 도르곤이 사망하고 순치제가 친정한 이후 정치적 압박이 덜해졌다. 월경사건 처리에서 지방관을 효시하는 일은 더 이상 나타나지 않았고 혁직·유배 또는 벌봉에 그쳤다. 이와 동시에 은사(恩赦)제도를 실시하여 월경자 및 지방관에 대한 처벌을 경감하였다. 한편 조청간의 조공책봉제도가 정비되는 가운데 월경사건에 대한 처리방식도 제도화되었다. 집단적인 월경채삼이나 수렵에 대해서는 사문사를 파견하여 국왕 또는 삼공·육경과 함께 범인에 대한 공동조사를 행하고 조선에 넘겨 상응한 처벌을 정한 후 청에 통보하였다. 이에 대해 청의 삼법사 또는 예부의 논의를 거쳐 황제의 최종 재가를 얻은 후 처벌이 집행되었다. 소수인에 의한 월경 벌목이나 수렵에 대해서는 사문사를 파견하지 않고 청의 자문과 조선의 회자를 통해 처리하였다.

1685년 삼도구사건은 조선인 월경문제에 대한 교섭이 중히 다뤄진 사례이자 유화적 교섭의 전환점이다. 이 사건을 계기로 조선은 변경지역에 일련의 방금조치를 취하였으며, 폐사군지역 1,000여 리 지점에 100여 개에 달하는 파수를 증설하고, 월경자에 대해 주·종을 막론하고 모두 강변에 효시하며, 특히 후주를 폐지하고 군민을 철수시키며, 30여 년간 금삼정책을 실시하였다. 조선의 보수적인 변강정책이 이로부터 시작되었다. 한편 삼번의 난 이후 청의 대조선 정책이 관용책으로 변함에 따라 조선인 월경문제에 대한 청의 유화적인 교섭이 이루어졌다. 청은 사문사 파견을 점차 줄여 오다가 아예 사문사를 파견하지 않고 조선의 독자적인 조사·처리에 맡겼다. 다만 그 결과를 청에 통보하여 황제의 최종 재가를 얻는 형식을 취하였다. 옹정연간(1723~1736)에는 감사와 병사를 조사대상에서 제외시켰다. 건륭연간(1736~

1795)에는 월경 주범에 대해 완형을 실시하여 '교감후추후처결(絞監候秋後處決)'률을 적용하여 사죄(死罪)를 면해 주고 유배에 처했다. 그러나 월경살인사건에 대해서는 양국에서 공동으로 형관을 파견하여 청 경내 봉성 또는 심양에서 회동조사를 실시하였다. 이로써 안건조사의 공정성을 기대함과 동시에 사건조사과정에 국왕을 제외시킴으로써 조선에 대한 압력을 낮출 수 있었다.

중국 내지 채렵자들이 변경 일대에 나타나게 된 것은 강희후기부터이다. 이는 관내지역 인구팽창으로 인한 유민들의 만주로의 유입, 채삼 열조의 홍기와 함께 나타난 현상이었다. 강희후기 옹정초기에 이르러 압록강 북쪽 연안에는 투채자들의 거점이 수십 처나 생겨났고 압록강 상에는 투채자들이 마상선(馬尙船)을 타고 앞뒤를 이어 강을 거슬러 올라가는 광경이 펼쳐졌다. 1714년에 이어 1727년 조선은 중국인의 월경 폐단을 금할 것을 청에 요구하였다. 청은 조선의 요구대로 월경자들을 성경 형부에 압송하여 처벌하였고 지방관에 대해서도 강직 또는 벌봉에 처했다. 이와 동시에 조선으로 하여금 변경을 소요하는 중국 투채자를 나포하고 압송하는 책임과 의무를 지도록 함으로써 압록강 이북지역에 대한 양국의 공동금단 국면이 형성되었다.

1714년 조청 양국이 두만강변 작사간전을 둘러싼 교섭, 옹정·건륭연간 압록강변 망우초설신과 유조변외 황지를 개간하는 문제를 둘러싼 교섭에서 청은 조선의 요구대로 이상의 조치를 철회하였다. 이는 변강문제에 대한 청의 회유책의 결과이며, 역으로 조선에서 청을 경계하고 방어한 결과이기도 하다. 이상의 조치는 청의 변방 군사력의 무력화를 초래하였고, 조선의 국경선 밖의 청 경내에 하나의 완충지대가 유지되었다. 한편 청에서 이 지역에 대해 봉금책을 실시하고 있었기에 가능한 것이다.

도광연간(1821~1850)에 실시된 통순회초(統巡會哨)제는 양 강 이북에 대한 봉금의 강화조치이자 조선 변경에 대한 유화책의 구현이다. 이로써 중국 투채자와 사간(私墾)자에 대한 양국의 공동금단체제가 형성되었다. 그러나 이 같은 행정조치로서 유민들의 생존 노력을 막아 낼 수는 없었다. 관내지역 유민들은 청의 봉금책을 뚫고 유조변외 무인지대에 들어가 자신들의 생활터전을 마련하였다. 이윽고 청조의 동변외(東邊外) 봉금책이 변화의 바람을 타게 되었고, 종전에 일방적으로 유민을 구축하고 압제하던 데로부터 안으로는 유민을 위무하고 밖으로는 번국을 회유하는 정책으로 바뀌게 되었다.

동치연간(1862~1874)에 청조는 조선 변경을 회유하기 위한 차원에서 애강(압록강 하류지역) 서쪽 일대에서 압록강 연안까지 30~50리 되는 공지를 떼어 내고 유조변을 이곳까지 연장한 다음, 그 안쪽에 있는 유민들을 밖으로 이동시키는 계획을 세웠으나 실천에 옮기지 못하고 사간지에 대한 과세를 실시하였다. 이로써 압록강 연안지대의 봉금이 해제되고 개발의 시대를 맞게 되었다.

강희연간(1662~1722)에 양국의 사계(査界) 교섭과 백두산 정계는 국경문제 연구에서 매우 중요한 부분이다. 1679년 청에서 오라장군과 통관을 회령에 보내 백두산으로 가는 길을 알아보게 하였는데, 이는 『성경통지』를 편찬하기 위해서였다. 이번 답사계획이 중지됨으로써 『성경통지』「성경여지전도」의 압록강·두만강·백두산 부분이 극히 소략하게 다뤄졌다. 삼번의 난이 평정된 이후 청은 『일통지』 편찬을 착수하여 1691년 조선에 사계(임신사계)를 통보하였다. 당시 조선은 영고탑패귀설의 영향으로 청의 사계를 중원에서 패하여 장차 영고탑으로 돌아가기 위한 지리조사로 보고 길이 험하다는 이유로 저지하여 사계를 무산시켰다. 1711년 청은 오라총관 목극등을 파견하여 위원사건 조사를 구실로 사계를 행하고자 하였다. 이는 경위도 실측을 통해 전국지도인 '황여전람도'를 편찬하기 위해서였다. 청에서 사계에 관한 자문을 보내지 않고 밀유의 형식을 취한 것은 조선의 저지를 막기 위한 것이었지만, 오히려 조선에 사계를 저지하는 구실을 제공해 주었으며 조선의 저지로 실패로 돌아갔다. 기실 청은 조선의 상국으로 자처하는 만큼 밀유의 형식을 취하지 않고 조선으로 하여금 미리 역참을 배설하고 길을 안내하도록 하여도 조선은 따를 수밖에 없었다. 그러나 강희제는 조선을 강요하지 않는 관용적인 방법으로 문제를 풀어 나가려 하였다. 이러한 관용책이 가능했던 것은 자신들의 통치력에 대한 신심에서 연유된 것이라고 생각된다.

1712년 백두산 정계 시 조청 양국은 압록강·두만강을 경계로 하는 사실로부터 출발하여 양 강 사이 육지가 이어지는 백두산 일대에 관심이 모아지게 되었다. 이 두 강이 백두산 천지에서 발원한다는 것은 『성경통지』 '장백산'조에 실려 있으며, 이번 정계의 근거가 되었다. 정계 결과 비(碑)를 백두산 천지 동남쪽 10여 리 되는 곳에 세웠다. 이는 당시 조선의 실제 점유선이었던 파수·진보선 북쪽에 놓여 있었다. 백두산 천지 남쪽 공한지를 조선 경내에 포함시키고자 한 것은 영토상의 이유도 있겠지만, 안전과 방어상의 고려가 더 크다고 생각된다. 백두산은 조청 국경 사이의 천연적인 장애물로서 조선의 북부 관방에 있어서 중요하기 때문이다.

백두산정계비 수립의 의의는 조청 양국이 압록강·두만강을 국경으로 하는 사실을 재확인하고 이를 비문에 기입하여 명문화하였을 뿐만 아니라, 처음으로 백두산 남쪽 경계를 획정한 데 더 큰 의미가 부여된다. 백두산 천지는 청조의 발상지로서 청에 귀속되었고 천지 남쪽 다시 말하여 분수령 이남이 조선에 귀속되었다. 백두산 남쪽 공한지가 조선 경내에 포함됨으로써 조선은 소기의 정계목표를 달성하였으며, 영토 안전을 보장받게 되었다. 이는 영고탑패귀설로 대표되는 대청 위기의식을 극복하는 데 유리할 뿐만 아니라 양국관계의 발전, 피차간의 심층적인 문화교류에 유리하였다.

백두산 정계 이후 조선의 국경의식이 일층 강화되었다. 조선은 자국민의 월경을 엄금하였을 뿐만 아니라 중국 투채자들의 변경 소요를 막기 위해 청에 금단 요구를 제기하였다. 이에 따른 양국의 공동금단 조치는 변경질서 개선에 유리할뿐더러 조선 변민들의 생활안정에도 유리하였다.

그러나 이번 정계에서 두만강 수원을 잘못 정함으로써 조선 후세의 변경 및 영토 관념에 혼란을 주었으며, 양국간의 국경 및 영토 분쟁의 불씨를 심어놓게 되었다.

부록 1. 17~18세기 조선의 대청 위기의식 및 그 극복

서 언

청에 대한 위기의식이란 청의 중원 통치능력을 의심하여 생겨나는 것으로서 조선에 피해를 줄 것임을 예상하여 그 대비책을 강구하는 것으로 나타났다. 이는 조선의 반청의식과 불가분의 관계가 있다. 최근 중국 학계에서는 『연행록(燕行錄)』에 대한 연구가 진행됨에 따라, 조선의 대청 인식문제 예컨대 조선의 화이관, 반청의식, 북학사상에 대한 연구가 진행되고 있지만,[1] 위기의식에 대한 연구는 거의 없다. 이에 관해서는 한국 학자 배우성(裵祐晟)이 『조선후기 국토관과 천하관의 변화』(1998년)에서 처음 다뤘으며, 개산지작(開山之作)이라고 할 수 있다.

본 연구는 위 기초 상에서 조선의 대청 위기의식과 조선 국내 정치와의 관련성을 살펴보며, 조선 사행원의 보고서인 '사신별단(使臣別單)'과 '역관수본(譯官手本)' 및 국왕과 회환 사신의 대화 내용을 통하여 조선의 대청 인식의 변화와 위기의식의 극복에 대해 살펴보고자 한다.

---

1) 王政堯, 「18世紀朝鮮'利用厚生'學說與淸代中國-「熱河日記」硏究之一」, 『淸史硏究』, 1999년 3기; 陳尙勝 등, 『朝鮮王朝(1392-1910)對華觀的演變』, 山東大學出版社, 1999; 白新良 주편, 『中朝關係史-明淸時期』, 世界知識出版社, 2002, 302~344쪽.

1. 숙종대 '영고탑패귀'설과 그 대비책

영고탑(寧古塔)은 여진족의 조기활동무대로서, 조선은 이를 가리켜 노소(老巢)·소굴·굴혈(窟穴) 등으로 불렀다. 청의 중원 입관 후 내란이 발생하거나 몽고의 공격을 받아 부득불 중원에서 철거할 경우 반드시 옛 소굴인 영고탑으로 돌아갈 것이며, 몽고의 협공을 받게 되어 조선 경내로 들어온 후 평안도와 함경도를 거쳐 옛 땅으로 돌아갈 것임을 예언한 것이다. 그럴 경우 조선은 재차 청 팔기의 유린의 대상이 될 것이므로 대비책을 강구해야 한다는 것이다. 이것이 영고탑패귀설의 핵심 내용이다.

영고탑패귀설이 생겨난 것은 삼번의 난 기간이었다. 이때 청에 사행 다녀온 조선 사신들이 잇따라 청의 국내 형세가 위급함을 보고하였다. 1674년 3월 사은사 김수항(金壽恒)이 오삼계가 운남·사천에서 반란을 일으켰다고 보고한 데 이어,[2] 같은 해 11월 진위사(陳慰使)가 또 청나라 "남과 북이 서로 맞서고 있으며, 여러 차례 전투에서 청병이 패하여 영고탑·심양의 병사를 징발하고 있으며, 적병이 만약 북경 근처에 다가올 경우 (청은) 반드시 붕괴할 것"이라고 보고하였다.[3]

사신의 위 보고에 근거하여 남인파 영수인 허적(許積)이 청조패귀설을 내놓았다. 1675년 3월 회환 사신이 "동팔참(東八站)으로부터 강을 따라 200리에 청에서 보(堡)를 설치하고 군사를 배치하였습니다"고 보고하자, 영의정 허적은 "지금 보를 설치한 것이 훗날 돌아갈 때 멈추기 위한 것인지 아니면 우리를 방어하기 위한 것인지 우려됩니다"라고 계문하였다.[4] 같은 해 4월 의주부

---

2) 『현종실록』 권22, 현종 15년 3월 병인.
3) 『숙종실록』 권1, 숙종 즉위년 11월 임오.

윤이 또 봉황성문이 닫혀 있으며 사람을 들여보내지 않는다고 보고하자 허적은 청의 패귀에 대처해야 함을 다음과 같이 건의하였다.

> 그들에게는 반드시 사변이 있을 것입니다. 청인들이 만약 패하여 도망가게 되면 강계(江界)가 중지입니다. 무신으로서 곤수(閫帥)를 지낸 자를 파견해야 합니다. 만포도 옛 성을 수축해야 합니다.[5]

즉 청의 패귀 시 조선에 피해를 주는 일을 막기 위하여 강계·만포 등 압록강 연변의 방비를 강화해야 한다는 것이다.

삼번의 난 기간 영의정 허적이 이처럼 청의 패귀설을 강조한 것은 조선에 피해를 줄 것이라는 여론을 조성하여 어린 국왕으로 하여금 군비를 강화하는 조치를 취하게 하고 이 기회에 군권을 장악하기 위해서였다. 그의 의도대로 얼마 후 그는 오도체찰사(五道體察使)에 임명되었다.[6]

한편 허적·윤휴(尹鑴) 등의 주도하에 서북변에 일련의 군사시설을 마련하였다. 1674년 10월 함경도 각 진보의 위치를 조절하여, 갑산진 동보(東堡)권관을 운파보에 이전하여 만호로 승급하고, 동인보(同仁堡)를 감평(甘坪)·고운총보(古雲寵堡) 사이로 옮겼으며, 어면보(魚面堡)를 후주로 옮긴 후 만호를 첨사로 승격하였다. 1676년 4월 서로에 신광(神光)·우현(牛峴)·시채(恃寨) 등 3진을 설치하였고, 백치(白峙)에 진을 설치한 후 축성하였다. 그

---

4) 『숙종실록』 권3, 숙종 원년 3월 계해.

5) 『숙종실록』 권3, 숙종 원년 4월 무술.
彼中必有事變 淸人若奔敗 則江界爲重地…要以武臣曾經閫帥者代之 滿浦亦宜修築舊城.

6) 『숙종실록』 권4, 숙종 원년 12월 무진.

리고 서로의 요충지인 개성에 대흥산성을 수축하였다. 1678년 8월 국왕은 내장(內藏) 전죽(箭竹) 10만 개를 내어 서북 양도에 보냈다. 그 다음해 9월 국왕은 전투복을 차려입고 노량에서 군사 연습을 거행하였다. 이때 윤휴가 만든 화차(火車)가 연습에 나왔다. 같은 해 11월 서달(西韃, 몽고 준갈부)이 반란을 일으켰다는 소식이 전해 오자 함경도 력산(櫟山)·풍산진에 축성하였으며, 삼갑으로부터 동해로 통하는 어염로를 폐쇄하였다. 그리고 함경도의 봉수 노선을 재조절하기도 하였다.[7]

1680년 3월 허적은 효종의 말을 인용하여 더욱 똑똑한 청의 패귀 노선도를 그려 냈다. 허적의 말에 의하면, 효종이 이르기를 "우리가 어찌 그들을 치려 하지 않겠는가? 그들이 패귀할 때 반드시 화를 입을 것이다"고 하자 신하가 그 이유를 물었다. 이에 효종이 답하기를 "그들의 형세가 그러하다. 그들의 귀로는 반드시 몽고에 막혀 의주로부터 양덕(陽德)·맹산(孟山)을 경유하여 함경도로 들어간 후 그들의 땅으로 들어갈 것이다."[8] 효종은 병자호란 때 청에 인질로 잡혀갔던 봉림대군으로서 강한 반청의식을 갖고 있는 것은 당연하였다. 그는 즉위한 후 송시열·송준길·김집(金集) 등 재야 산림을 등용하고 또 노론 영수인 송시열과 독대하여 북벌론을 제기하였다. 이상에서 허적이 청의 패귀에 관한 효종의 언급을 꺼낸 이유는 서인과의 당쟁에서 상대방을 압도하기 위해서였다. 당시 남인들이 주도하는 군비강화책에 대한 서인들의 반대가 심했다. 서로에서 병차를 만들고 축성할 경우 청에 소식이 전해져 압력이 가해질지도 모른다는 것

7) 『숙종실록』 권1, 숙종 즉위년 10월 무술; 권7, 4년 9월 경술; 권8, 5년 9월 계묘; 권8, 5년 12월 신미.

8) 『숙종실록』 권9, 숙종 6년 3월 갑오.

이었다.[9)]

허적이 모든 권력을 거머쥐고 있어 군주마저 위협을 느껴 그를 경계하였다. 1680년 6월 서인들이, 허적과 윤휴 등이 대홍산성 군인을 동원하여 역모를 꾸민다고 고하자 국왕은 즉시 이 두 사람을 처단할 것을 명하였다. 이것이 조선 역사상 '경신환국'이다. 이로써 남인이 실추되고 서인이 다시 정권을 잡게 되었다.[10)]

허적에 이어 청조 패귀설을 들고 나온 것은 숙종 본인이었다. 이는 몽고 준갈부 반란소식과 관련된다. 1688년 조선의 회환사신이 태극달자(太極韃子)가 반란을 일으켰다는 소식을 전했다.[11)] 1690년 1월 국왕은 여러 대신을 접견한 자리에서 유비무환에 대해 다음과 같이 강조하였다.

> 근래에 태극달자의 병세(兵勢)가 매우 성하다고 하며, 몇 해를 넘지 않아 중원에 필히 대란이 일어날 것이라고 한다. 그들이(청) 만약 쫓겨나게 되면 반드시 영고탑으로 돌아갈 것이다. 영고탑으로 돌아가게 되면 함관(咸關) 이북이 우리 것이 아니게 되니 어찌 우려되지 않겠는가? 지금처럼 평온할 때 음우지비를 강구하지 않을 수 없다.[12)]

이어 국왕은 보장지 경영에 관한 말을 꺼냈다. 그는 "태극달자가 반드시 사단을 일으킬 것인데, 만약 불행한 일이 일어나면 어디로 가겠는가?"고 물었다. 영의정 권대운(權大運)은 강도(江都)보다 나은 곳이 없다고 답했다. 형조판서 윤이제(尹以濟)는 병자

---

9) 『숙종실록』 권4, 숙종 원년 12월 신사.

10) 한영우, 『다시 찾는 우리 역사』, 경세원, 1998, 332쪽.

11) 『숙종실록』 권19, 숙종 14년 4월 갑진.

12) 『숙종실록』 권22, 숙종 16년 정월 을미.
近聞太極韃子兵勢甚盛 不出數年中原必大亂云 彼若見逐 則必歸寧古塔 則咸關以北非我所有 豈非大可憂乎 迨此閑暇 陰雨之備不可不熟講矣.

년(1636)에 대가(大駕)가 강도로 들어가지 못한 것은 배를 준비하지 못한 탓이므로 미리 배를 만들어 놓아야 하며, 특히 어선(御船)을 만들며, 강도에 군량을 비축해 놓아야 한다고 답했다.[13]

이상에서 국왕이 영고탑패귀설을 강조한 것은 병자호란 시 인조가 남한산성에 급히 들어가고 강도마저 함락된 역사적 교훈을 거울삼아, 수도 외에 또 다른 보장지를 경영하기 위해서였다.

같은 해 7월 몽고 황태길·청태길이 반란을 일으켰다는 소식이 전해 오자 국왕은 재차 보장지 경영의 절박함을 말하였다.

> 태극달자는 병마가 강성하여 그들(청)이 때때로 40·50만 금의 뇌물을 주어 기미하고 있다. 황태길·청태길이 또 난을 일으켰다고 하는데, 그들이(청) 만약 영고탑으로 돌아가게 되면 우리나라의 걱정은 형언할 수 없다. 우리나라는 음우(陰雨)에 대한 대비책이 없고 보장지도 믿을 만한 곳이 없으니 어찌 우려가 크지 않겠는가?[14]

강도 축성이 곧 결정되었으나 삼남지역에 큰 재해가 들어 국왕은 대신들의 권고대로 축성을 잠시 멈출 것을 명하였다. 1692년에 이르러 강도 축성이 완성되었다.[15] 이 밖에 1694년 강도 대안에 문수산성을 수축하여 수도의 방어체계를 강화하였다.[16]

숙종의 보장지 경영계획은 여기서 끝난 것이 아니었다. 1691년 11월 강도 축성을 계획하고 있을 때 청조에서 5사(使)를 파견

---

13) 위와 같음.

14) 『숙종실록』 권22, 숙종 16년 7월 임인.
太極韃子兵馬强盛 彼人每以四五十萬金賂遺爲羈縻之地 而所謂靑台吉·黃台吉者又作亂 彼人若避歸於寧古塔 則我國之憂不可勝言 我國旣無陰雨之備 保障之地亦無可恃之地 豈非可憂之甚者乎.

15) 『숙종실록』 권22, 숙종 16년 12월 경오; 권24, 18년 5월 을축.

16) 한영우, 앞책, 333~334쪽.

하여 사계를 진행할 것이라는 임신사계를 요청해 왔다. 조야 민심이 크게 들끓어 신하들은 "청조가 필히 옛 땅으로 급히 돌아가야 할 일이 생겨 산천을 그린다는 구실로 길을 탐색하려는 것"이라고 하였다. 비변사 당상관들은 북한산성을 수축할 것을 청하였다. 이는 국왕이 바라던 것이기도 하였으나, 삼남지역에 큰 재해가 들어 강도 성역이 끝난 후 다시 북한산 축성을 의논하기로 하였다.[17] 한편 조선의 저지로 청조에서 사계를 멈춤으로써 영고탑패귀설이 더욱 힘을 얻게 되었다.

1690년대에는 몽고 반란 소식과 함께 청의 국내 형세가 안정적이라는 소식이 전해 왔다. 그러나 국왕은 앞의 소식을 믿을지언정 뒤의 소식을 믿으려 하지 않았다. 1691년 2월 영의정 권대운이 "청조에서 태평연을 열고 있으며 민심이 크게 동요한 것 같지 않습니다"고 계문하자, 국왕은 "문서를 어찌 다 믿을 수 있겠는가?"고 하였다. 이에 좌의정 목내선(睦來善)이 "역관 중에 황제의 얼굴을 본 자가 있다고 합니다"고 답하여, 청조의 형세가 안정적임을 강조하였다.

같은 해 3월 동지사가 귀국한 후 보고하기를, 청조에서 비록 군사를 움직이고 있지만 "민심이 강하여 조금도 두려워하는 기색이 없습니다"고 하였다. 1693년 회환 사신이 또 보고하기를, 북경에 비록 징병하는 일이 있지만, "기상이 편안하여 태평연을 열고 있습니다"고 하였다.[18] 그럼에도 불구하고 국왕은 병자호란의 역사적 경험에 비추어 유비무환과 자강책을 강구해야 하며, 특히 보장지를 경영하기 위해, 청조의 국내형세에 대한 긴장감을 조장할 필요를 느꼈던 것 같다.

---

17) 『숙종실록』 권23, 숙종 17년 11월 정묘.
18) 『숙종실록』 권23, 숙종 17년 2월 을미, 3월 갑진; 권25, 19년 3월 경오.

1712년 백두산 정계는 영고탑패귀설의 영향이 줄어드는 계기였다. 정계 결과 조선은 백두산 천지 남쪽 공한지를 얻었을 뿐만 아니라, 비문에 "서쪽으로 압록, 동쪽으로 토문"이라고 기입하여 영토 안전을 보장받게 되었다. 정계 이후 청에 대한 호감이 더해졌으며, 특히 황제에 대한 평가가 좋아졌다. 그 이전의 사신별단이나 역관수본을 보면, 호황(胡皇)이 "교만하며 음란함이 날이 갈수록 더해진다"고 한다든가, "절제 없이 다닌다"고 하였지만, 그 이후에는 "청황(淸皇)이 절약하고 재물을 아끼며 백성에게 수취하는 것이 절제가 있다" "황제가 비록 나가는 것을 좋아하지만 백성들을 약탈하지 않는다"고 하였다.[19]

이와 동시에 지리정보 수집과 지리지식의 증대와 함께 청이 패귀 시 조선 경내를 통과할 것이라는 영고탑패귀설이 점차 설득력을 잃게 되었다. 숙종대 대신인 남구만에 이어 영조대 승지인 이일제(李日躋)가 이를 부정하였다.[20] 1731년 이일제가 북경에서 돌아온 후 국왕에게, 가령 청인이 북경에 있기 곤란하여 옛 소굴로 돌아간다 하더라도 오라의 잘 아는 길을 버리고 다른 나라의 알지 못하는 길을 택하지 않을 것이며, 청조의 관외(關外) 유민이 무리를 지어 채렵을 행하고 있어, 중원에 일이 날 경우 여말 홍건(紅巾)의 경험을 거울로 삼아야 한다고 권고하였다.[21] 즉 압록강 연안에 둔취해 있는 관내 유민들이 난을 틈타 조선 경내로 침입해 오는 것을 대비해야 함을 강조하였다. 그러나 이일제 역시 대청 위기의식에서 벗어나지 못했음을 알 수 있다.

---

19) 『숙종실록』 권53, 숙종 39년 3월 정미; 권55, 40년 3월 무진.
20) 배우성, 앞책, 70~73, 205~206쪽 참조.
21) 『영조실록』 권40, 영조 11년 5월 을축.

2. 영조대 몽고반란에 대한 대비책과 대청인식의 변화

영조대 청의 형세에 대한 우려는 몽고 준갈부가 재차 반란을 일으킨 데서 연유되었다. 1690년대 준갈부 걸단(噶爾丹)의 반란을 평정한 후 중국 서북부가 한동안 평화를 유지하였다. 그러나 18세기 초에 이르러 책왕아랍포탄(策旺阿拉布坦)을 위수하는 준갈부가 재차 반란을 일으켰다. 1714년 2,000명의 군사로써 하미(哈蜜)를 약탈하였고 1716년 티베트로 진군하였다.[22)]

조선은 청의 형세에 대해 우려하였고 사신을 통해 정보를 수집하였다. 청조의 문서는 매우 중요한 정보원으로서 역관을 시켜 예부·병부의 서반(序班)배에게 뇌물을 주고 수집하였다. 사천총독 연갱요(年羹堯)의 주문을 포함하여 여러 가지 문서를 수집하였다. 그리고 문서의 진실 여부를 알아보기 위하여 사행원들로 하여금 여러 경로를 통해 소식을 탐문하게 하였다. 전방에서 돌아온 팔기병사, 청조의 영송관, 사행로에서 우연히 만난 오삼계의 전 부하 등을 통해 몽고의 반란과 청군의 전투 상황을 알아보게 하였다.[23)]

몽고의 지리위치에 대해서도 관심을 가졌다. 1736년 조선사신은 북경에서 지도를 구입하여 몽고의 지리범위가 매우 넓으며 요동 북쪽, 영고탑 뒤쪽에 있으며, 의무려산(醫巫閭山) 뒤쪽 대막(大漠)도 몽고의 지방으로서 몽고는 48기로 나뉘어 있다는 것을 알게 되었다.[24)] 이 밖에 이 시기에 제작된 관방지도 예컨대 1750~

22) 戴逸 주편, 『簡明淸史』(下), 人民出版社, 2004, 158~164쪽 참조.

23) 『동문휘고』 보편 권3~5, 사신별단: 강희 59년 동지사별단, 강희 60년 재자관수본(賫咨官手本), 옹정 2년 사은겸진하사문견사건, 옹정 3년 재자관수본, 옹정 5년 재자관수본, 옹정 9년 사은겸동지사문견사건, 옹정 10년 사은겸진하사문견사건, 옹정 13년 진향사문견사건을 참고로 함.

1751년 『해동지도』 '요계관방도(遼薊關防圖)', 18세기 중기 『서북피아양계만리일람도(西北彼我兩界萬里一覽圖)』 『서북계도(西北界圖)』 등에는 "몽고 48부 중에서 동북의 여러 종(種)이 가장 강성하다"는 내용과 대비달자(大鼻韃子, 러시아)의 위치 등 문자 정보를 기록하고 있었다.[25] 이는 몽고와 러시아 동향을 주목하였음을 말해 준다.

위급한 상황이 벌어질 경우 몽고와의 소통을 원활하게 하기 위해 신하들은 사역원의 몽고어 교육을 강화할 것을 건의하였다. 1732년 2월 지평 남태량(南泰良)이 올린 소의 내용은 다음과 같다.

> 호운이 다 되는 것은 십 년이 지나지 않아 결판이 날 것입니다. 몽고가 강성하여 반드시 (청을) 병합할 것입니다. 근래 사역원의 몽고어가 정확하지 못하여 진실을 잃고 있습니다. 후일에 만약 위급한 상황이 벌어지게 되면 담당 신하가 문자로서 통하지 못하고 역관배들의 말이 이상하게 되면 국가의 우환이 여기에 있습니다. 즉시 변통해야 합니다.[26]

1736년 북경에 사행 갔던 역관이 몽고 사자(使者)와 접촉하여 잘못된 몽고어 발음을 바로잡았다. 그들은 또 북경에서 『청몽문감(淸蒙文鑑)』을 구입하였다. 이듬해 사역원에 '몽학총민청(蒙學聰敏廳)'을 설립하여 몽고어를 가르치기 시작하였다. 그리고 잡과시험에 몽고어를 추가하였다.[27]

---

24) 『승정원일기』 권801, 영조 11년 5월 26일(배우성, 앞책, 129쪽에서 재인용).
25) 배우성, 앞책, 83~93쪽 참조.
26) 『영조실록』 권31, 영조 8년 2월 신축.
今胡運之窮不十數年可決 而蒙古强盛 異時呑幷 必至之理也 邇來譯院蒙語 承訛襲謬 轉失本眞 使他日危機交迫 而專對之臣文字不通 譯舌之輩言語乖異 則國家之患必當在此 宜及時變通.
27) 『영조실록』 권44, 영조 13년 5월 신축.

이와 동시에 서북 양도의 관방시설을 강화하였다. 영조대는 탕평을 실시하여 당쟁이 억제되고 왕권이 강화되어 관방을 경영함에 있어서 신하들로부터 견제를 받지 않았다. 게다가 청사가 자주 나오지 않고 감시가 덜해져 마음 놓고 관방을 경영할 수 있었다. 1733년 평양 중성(中城)을 수축한 데 이어 1744년 강도 외성을 수축하였다.[28] 그리하여 1747년경에는 서로의 요해처마다 거의 다 축성하였다. 이에 관해 평안감사는 "병자 후 노인(虜人)의 압박으로 축성할 수 없었는데, 강희 이후 조금씩 수축하기 시작하여 지금은 요해처마다 거의 다 축성하였습니다."고 말하였다.[29] 또한 정묘·병자호란 시 산성을 위주로 한 방어체계의 문제점을 교훈 삼아 적로의 요충지 즉 영애(嶺隘)에 관방시설을 두었다. 압록강 연변을 따라 강변파수·연대(烟臺) → 연변진보 → 영로(嶺路)·애구(隘口) → 내지진보의 관방체계를 형성하였다. 두만강변은 압록강변처럼 그렇게 정비되어 있지 않지만, 여전히 강변파수·연대 → 연변진보 → 내지고성보의 관방체계를 이루었다.[30]

18세기 초에 이르러 청조는 몽고 준갈부의 반란을 평정하였으며 국내 형세가 더욱 안정되었다. 특히 건륭연간에 사회 경제와 문화의 신속한 발전을 이루어 전에 없던 번영을 누렸다. 따라서 청에 대한 조선의 인식이 변하기 시작하였다.

1738년 부사의 신분으로 북경에 다녀온 영의정 이광좌(李光佐)는 귀국 후 국왕에게 다음과 같이 계문하였다. "청인이 비록 호종이지만 모든 일에 있어서 극히 문명하며, 전장문한(典章文翰)이 명나라와 같으며, 단지 나라 풍습이 간소할 뿐입니다." 즉 청

28) 한영우, 앞책, 337쪽.

29) 『영조실록』 권65, 영조 23년 5월 정미.

30) 차용걸, 「양강지대의 관방체제 연구 시론-18세기 이후의 진보와 강탄파수의 배치를 중심으로-」, 『군사』 창간호, 1980. 12, 110~128쪽 참조.

의 문물제도가 명과 다름이 없음을 인정하였다. 이는 청을 이적시(夷狄視)하는 화이관을 극복하는 전제 조건이다. 이어 그는 "몽고가 강하고 사나운 것이 여진을 초과합니다. (몽고가) 중원에 들어갈 경우 우리를 대하는 것이 청보다 낫지 않을 것입니다"고 하였다. 즉 몽고가 청을 대신하여 중원에 들어가는 것을 원치 않음을 표명하였다. 이는 거꾸로 청이 조선을 잘 대해 주고 있음을 인정한 것이다. 좌의정 송인명(宋寅明)도 "청주(淸主)가 법을 세우는 것이 간이(簡易)하여 민이 원망이 없으니, 급히 망할 것 같지는 않습니다"고 하였다.[31] 이상에서 보았듯이, 조선은 청의 중원통치능력에 신심을 가졌고 청의 조선에 대한 관용책을 인정하였다.

시간이 갈수록 청의 유화책에 대한 신심이 더 컸다. 1754년 7월 심양에 문안사로 갔던 유탁기(兪拓基)가 "그들이(청인) 간혹 대보단에 대해 물어도 (명에 대한) 은혜를 잊지 못해 그랬다고 하면 잘못했다고 책하지 않을 겁니다"고 보고하자 국왕도 찬동을 표하였다.[32] 1705년 창덕궁 후원에 설치된 대보단은 군사를 파견하여 조선을 도와준 명신종(明神宗)과 명조의 마지막 황제인 숭정제(崇禎帝)를 기념하기 위해서였다. 조선의 존명대의(尊明大義)를 상징함과 동시에 반청의식의 표현이기도 하였다. 대보단이 창설되는 날부터 청에 소식이 전해질까 우려하였지만, 청나라 황제가 명 황릉에 제사 지내는 것을 보고 부담을 덜 수 있게 되었다.

1740년대 이후 청에 대한 호감이 갈수록 더해졌으며, 황제에 대한 평가에서 나타났다. 이 시기 사신별단과 역관수본을 보면 황제에 대한 찬사가 가득했다. 황제가 관대한 정치를 행한다고

31) 『영조실록』 권47, 영조 14년 2월 병신.
32) 『영조실록』 권82, 영조 30년 7월 기축.

한다든가, '영주(英主)'라고 칭송하였다.[33] 청에서 정벌을 통해 강토를 넓힌 것에 대해서도 높이 평가하였다. 1760년 동지사 별단을 보면, 청조가 "준갈과 회자(回子, 위구르족)를 평정한 후 땅을 개척하고 군현을 많이 설치했으며", "강역을 넓힌 것이 한당송(漢唐宋)대에 없었던 일"이라고 칭송하였다.[34]

3. 정조대 대청 위기의식 극복과 그 원인

정조대에 이르러 조선의 풍기가 크게 변했다. 100여 년간 존속된 화이관이 시의에 맞지 않는다는 인식이 확산되었다. 이는 젊은 군주 정조의 개명한 태도에서 기인한 것이었다. 정조는 비록 존명대의를 강조하지만 시대의 변화에 부응하여 청조의 경제·문화 발전과 번영, 그리고 조선이 상대적으로 낙후한 면을 직시하였다. 그는 북학파들의 진언에 귀를 기울였으며 개방적인 자세로서 청조의 문물과 기술을 도입하려 하였다.

정조대 대청 위기의식의 극복은 다음과 같은 면에서 나타났다. 첫째, 사신별단과 역관수본에 청조가 망할 것임을 예언하는 내용이 없어졌다. 청조에 백련교(白蓮教) 봉기와 같은 민란이 일어나고, 서정(西征)·남정(南征)과 같은 군사정벌이 진행되고, 탐관오리에 의한 부정부패가 존재하더라도 사신들은 객관적으로 서술할 뿐, 청조의 패귀와 연결시키지 않았다. 이는 조선이 평온한 마음과 객관적인 태도로써 청을 바라보고 있으며, 적대감정이 불식되었음을 말해 준다.

---

33) 『영조실록』 권49, 영조 15년 7월 임술; 『정조실록』 권6, 정조 2년 7월 기축.
34) 『동문휘고』 보편 권5, 사신별단(건륭 25년 동지사별단), 39~40쪽.

둘째, 국왕의 관심사는 청의 패귀 여부에 있지 않고 청의 문물제도와 문화사업에 있었다. 영조의 경우 사신과의 담화에서 중원에 '하청지보(河淸之報: 황하가 맑아진다는 소식)'가 없음을 개탄하였지만,[35] 정조는 청조의 성곽호지(城郭濠池), 시사(市肆)제도, 조수(漕輸)제도, 그리고 대형 문화사업인 『사고전서(四庫全書)』 편찬에 관심을 보였다.[36] 특히 '이용후생(利用厚生)'제도에 관심이 컸으며 조선에 적극 도입하고자 하였다. 1783년 3월 북학파 대표 인물인 홍양호(洪良浩)가 귀국한 후 심양·북경 일대에서 수차(水車)를 이용하여 관개한다고 보고하자 국왕은 즉시 장인더러 10대를 만들어 팔도·양도(兩都)에 보내어 보급하도록 하였다. 얼마 후 홍양호는 청조의 차제(車制), 벽돌 굽는 방법, 나귀와 양을 양육하는 방법 등 이용후생제도를 체계적으로 소개하였다.[37] 청의 문물제도와 선진기술에 대한 정조의 개방적인 태도가 있었기에 18세기 후기 북학이 크게 흥하게 되는 것이다.

대청 위기의식의 극복은 여러 면의 원인이 있다. 위에서 살펴본 정조의 개명한 태도 외에도 시간의 흐름과 더불어 정묘·병자호란에 대한 원한과 치욕감이 점차 가셔졌고 반청의식이 약화된 것이 중요한 몫을 하였다. 그리고 청조의 국내 형세가 안정되고 경제·문화가 발달하고 강희~건륭대 강토의 확장 등이 청의 중원 통치능력에 대한 신심을 실어 주었으며, "오랑캐는 백 년의 운이 없다"는 설이 설 자리를 잃게 되었다.

청조 역대 조선에 대한 유화정책은 조선의 반청감정을 불식시

35) 영조대 몽고 강성에 대한 우려가 컸으며, 몽고가 청을 대신하여 중원에 들어갈 경우, 이는 하나의 이적(夷狄)이 또 다른 이적을 대신하는 것이라고 보고, "황하가 맑아진다는 소식을 전하지 않고 있음"을 개탄하였다.

36) 『정조실록』 권3, 정조 원년 2월 경신; 권10, 4년 11월 신축.

37) 『정조실록』 권16, 정조 7년 7월 계사·정미.

켰고 호감을 증대시켰다. 입관 후 청의 대조선 정책이 점차 완화되었으며, 삼번의 난 이후 유화책이 정착되었다. 삼번의 난은 청을 놓고 보면 중원통치의 일대 위기였지만, 조선에 있어서는 청에 대한 충성도를 검증받는 기회였다. 강희·옹정·건륭대에 청은 조선의 공물수량, 변경문제, 세자책봉, 사서변무 등에 있어서 조선의 요구를 만족시켜 주었다.

건륭제의 조선에 대한 태도는 더욱 우호적이었다. 북경·심양 또는 열하 행궁에서 조선 사신을 접견할 때 여러 번 국왕의 안부를 물었고,[38] 조선 사신을 예우하였다. 1794년 북경에서 연종연과 연초연을 거행할 때 조선 사신에게 술을 하사하기도 하였다.[39] 이에 응하여 정조도 사대의 예를 다하는 태도를 보였으며, 손수 사행원들이 갖고 갈 조공품을 점검하였다.[40]

이처럼 청조의 조선에 대한 유화정책과 대국으로서 모범적인 행동에 대하여 조선도 우호적으로 대하였고 성의를 보였다. 청에 대한 위기의식의 극복은 북학이 흥기되는 사상적 기초가 되었으며, 양국간의 심층적인 문화교류를 가능하게 하였다. 특히 조선이 청을 따라 배우는 보조를 가속화하였으며, 정조대에 찬란한 조선문화의 열매를 맺게 되었다.

결 론

조선의 청에 대한 위기의식은 삼번의 난 때 발생하였으며 1690

38) 『정조실록』 권6, 정조 2년 8월 계미; 권10, 4년 9월 임진; 권11, 5년 2월 경술; 권39, 18년 2월 경진.

39) 『정조실록』 권39, 정조 18년 2월 경진(陳尙勝 주편, 앞책, 352쪽에서 재인용).

40) 『弘齋全書』 권5, "贐端揆李福源充上價赴瀋陽"(정옥자, 앞책, 120쪽에서 재인용).

년대 몽고 준갈부의 반란 시 강화되었다. 이는 청나라 국내형세의 불안에 대한 반응이자 조선의 국내정치와도 밀접한 관련이 있다. 남인파 영수인 허적이 청조패귀설을 제기한 것은 서인을 견제하고 군권을 장악하기 위해서였다. 숙종이 영고탑패귀의 위험성을 강조한 것은 보장지 경영과정에서 신하들을 견제하기 위해서였다. 1712년 백두산 정계 이후 청의 사계에 대한 조선의 의구심이 가시면서 영고탑패귀설의 영향이 약화되었다.

청에 대한 위기의식은 몽고 준갈부 반란에 대한 방어의식으로도 나타났다. 18세기 초 준갈부가 재차 반란을 일으킴에 따라 조선의 방어의식이 강화되었다. 서로를 포함하여 서북 변경에 관방시설을 설치하여 압록강·두만강 연안으로부터 내지에 이르는 강변파수·연대 → 연변진보 → 영로·애구 → 내지진보의 관방체계를 이루었다.

청에 대한 위기의식이 청조가 가장 강성했던 강희·건륭대에 나타나게 된 것은 청조의 형세가 위급하거나 이에 대한 오판에서 생긴 것이 아니라, 조선의 뿌리 깊은 관념 즉 화이관과 밀접한 관련이 있다. 다시 말하여 병자호란의 굴욕과 역사적 경험에 비추어 자강지책(自强之策)을 강구하기 위해서였다.

18세기 후기 대청 위기의식을 극복할 수 있었던 것은 시간의 흐름에 따라 정묘·병자호란의 민족적 원한과 적개심이 가셔졌고, 젊은 군주 정조의 개명적인 태도 및 자세와 관계되며, 강희·건륭대를 거치면서 청의 국력이 강성해지고 강토가 광활해짐에 따라 청의 중원 통치능력에 신심을 갖게 되고, 특히 청조의 조선에 대한 유화책과 대국으로서의 모범적인 행동이 조선의 적의를 불식시켰고 위기의식을 극복하도록 도와주었다.

반청의식과 위기의식의 극복은 북학이 흥기하는 사상적 기초가 되었으며 양국간의 심층적인 문화교류를 가능하게 하였다. 특히 조선에서 청을 따라 배우는 보조를 가속화하였다. 이는 조선의 경제·문화 발전에 유리할 뿐만 아니라 청을 중심으로 하는 동아질서가 평화적이고 안정된 방향으로 나아가는 데 유리하였다.

(余太山·李錦繡 주편, 『歐亞學刊』 제6집, 中華書局, 2006년에 수록됨)

부록 2. 조선왕조의 백두산 인식

서 언

청에서는 백두산(白頭山)을 장백산(長白山)이라고 부른다. 이 밖에 함경도 경성(鏡城)에 또 다른 장백산이 있는데 본문에서는 경성 장백산(관모봉)이라고 칭하여 백두산과 구별하였다. 학자들은 연구에서 이 두 산을 구별하지 못하고 혼동하는 경우가 많다.

주지하다시피 백두산은 청조의 발상 성지이자 조선왕조의 조종을 상징하는 산이다. 특히 근대에 들어와 조선이 국가주권을 상실하고 민족 위기에 직면함에 따라 이 산은 한(韓)민족의 독립정신을 상징하는 성산이 되었다. 1945년 광복 이후 한반도가 남북으로 분열되어 골육상잔과 이별의 아픔을 겪게 되었다. 38선 이남의 한국인들이 백두산 정상에 오르려면 반드시 중국 경내를 거쳐 올라가야 했다. 이는 남북 분열의 현실감과 아쉬움을 더해줄 뿐이었다.

백두산은 동북아 동북쪽에 위치한 해발고도가 상대적으로 높은 산에 불과하다. 이 산에 이같이 많은 상징적 의미가 부여된 것은 동북아 역사의 변천, 특히 한반도 역사의 변천과 한민족의 아픔을 목격하였기 때문이라고 생각된다.

종전에 사람들은 반도 선민이 백두산에 대한 존숭역사가 오랜 시간을 거쳤다고 여겨 왔지만, 실은 조선후기에 이르러서야 이

산에 특수한 의미가 부여되었고 조선왕조의 존숭의 대상이 되었다. 본문은 조선왕조 초기부터 후기까지 백두산에 대한 인식을 살펴보며, 초기 역외(域外)산으로부터 후기 왕조 발상을 상징하는 산으로 자리 잡게 되고, 근대에 이르러 한민족을 상징하는 산이 되는 역사적 과정에 대해 알아보고자 한다. 아울러 사람들의 인식 속의 백두산과 현실 속의 백두산의 차이점을 짚어 보고자 한다.

1. 조선 초 백두산은 역외 산으로 간주되었다

조선왕조 개창 초기 백두산은 국가의 정식 사전(祀典)에 들지 못하였다. 1414년 8월 예조에서는 당나라 예악제도와 송나라 『문헌통고』에 근거하여 경내의 명산대천과 여러 산천의 등급을 상세히 정하며, 악해독(岳海瀆)은 중사(中祀)로 여러 산천은 소사(小祀)로 정할 것을 건의하였다. 악은 삼각산·송악산·지리산·비백산(鼻白山, 영길도) 등 4악이 포함되었으며, 해는 남해·동해·서해 3면에서 해신에게 제사하였다. 독은 한강·덕진(德津)·웅진(雄津)·가야진(伽倻津)·압록강·평양강(대동강) 등 6독이 포함되었다. 이상 악해독이 중사였다. 이 밖에 경내의 여러 산천이 소사에 들었다. 여기에는 목멱산(木覓山)·오관산(五冠山)·감악산(紺岳山)·양진(楊津)·계룡산·죽령산(竹嶺山)·주흘산(主屹山)·금성산(錦城山)·치악산(雉岳山)·의관령(義館嶺)·덕진명소(德津溟所)·우이산(牛耳山)·장산곶(長山串)·아사진(阿斯津)·송곶(松串)·비류수(沸流水)·청천강·구진익수(九津溺水) 등이 포함되었다. 백두산은 중사에도 소사에도 들지 못하였으며, 경기도의 용호산(龍虎山)·화악(華岳), 경상도의 진주성황(城隍)과 함께 지방관이 스스로 행하는 제사에 들었다.[1] 이와는 대조적으로 비백산은 태조 탄생지인 영흥 북쪽의 진산(鎭山)으로서 북악에 봉해졌다.

세종대는 유교를 숭상하여 각종 문물제도가 정비되었다. 1437년 3월 예조에서는 각도 순심별감의 계본에 근거하여 악해독 산천의 단묘(壇廟)와 신패(神牌) 제도를 정하였다. 이때 소재관에서 제사를 행하던 '현덕진백두산(顯德鎭白頭山)'이 삭사(削祀)되었다. 당시 단위판(壇位版)에는 '백두산지신(白頭山之神)'과 '현덕진지신(顯德鎭之神)'이 있었는데, 이를 폐지한 것이다. 예조는 그 이유에 대해 다음과 같이 계문하였다.

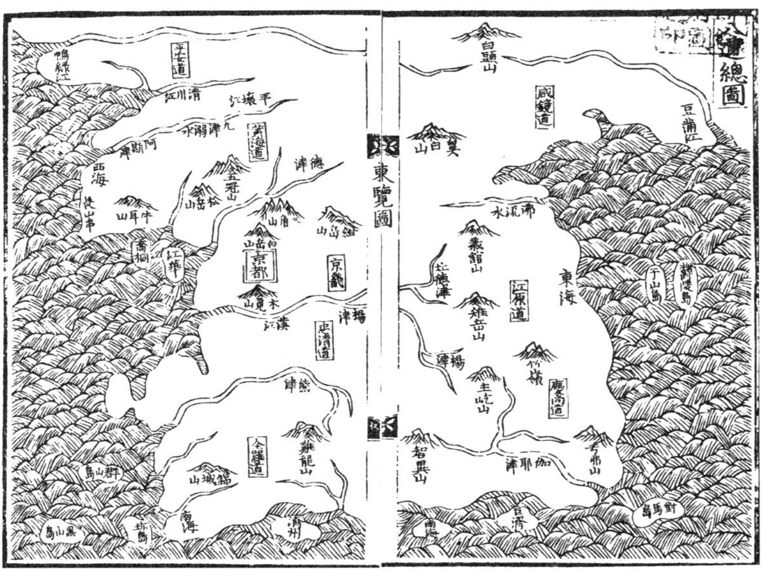

〈지도 11〉 신증동국여지승람 팔도총도

1) 『태종실록』 권28, 태종 14년 8월 신유.

우(右) 백두산은 본국 경내에 있지 않습니다. 현덕진은 고려 때 혁파되었고 영험(靈驗)함이 없으므로 함께 사전에서 삭제할 것을 청합니다.[2]

즉 백두산은 본국 경내에 있지 않고 또 현덕진은 고려 때 이미 혁파되었으므로 경내에 있지 않은 산과 존재하지 않는 진에 대해 제사를 지낼 이유가 없다는 것이다.

세종대에 백두산이 경내에 있지 않다고 본 것은 당연하였다. 당시 백두산과 압록강·두만강 일대에는 야인이라고 불리는 여진부락이 살았다. 이들이 불시에 조선 촌락을 습격하여 조선은 압록강 연변에 사군을 설치하고 두만강 연변에 육진을 설치하여 방어를 강화하였다. 조선왕조 초기 약 100년간 남도로부터 사민(徙民)하여 서북 변방을 충실히 하고자 하였다. 중종대에 편찬된 『신증동국여지승람』에는 어윤강(魚潤江)[3]·박하천(朴下川)·검천(檢天) 등을 "두만강 바깥쪽 야인 지면"이라고 기록하고 있다.[4]

『세종실록지리지』는 현존하는 조선왕조 지리지 중에서 가장 오랜 지리지이다. 그 기록을 살펴보면, 함길도 명산 중에 백두산이 들어 있지 않다. "명산으로서 비백산, 정평부 서북 백 여리에 있다. 백산은 경성군 서쪽에 있다. 오압산(烏鴨山)은 안변부 동쪽에 있다"[5]고 기록하였다. 여기서 백산이란 경성 장백산을 가리킨다. 즉 비백산, 경성 장백산, 오압산이 함길도 명산에 포함되었다.

---

2) 『세종실록』 권76, 세종 19년 3월 계묘.
右白頭山非本國境內 顯德鎭在高麗時革罷 別無靈驗 請幷削祀典.
3) 서두수·서북천이라고도 부른다. 두만강 상류 지류이다.
4) 『신증동국여지승람』 권50, '회령·백두산'조.
5) 『세종실록지리지』, 함길도.

이 시기 조선왕조의 발상지로서 태조의 탄생지인 영흥이 중요시되었다. 1431년 10월 함길도 도순문사인 유사눌(柳思訥)이 지어 올린 '용흥가(龍興歌)'에는 다음과 같은 내용이 들어 있었다.

> 산은 장백산에서 오고 물은 용흥강으로 흐른다. 산과 물이 아름답고 상서로워서 태조대왕께서 탄생하셨노라. 덕을 두텁게 하고 빛을 남기며, 동방을 차지하여 그 낙과 복을 길이길이 보전하리라.[6)]

용흥강은 영흥 경내에 있는 강으로서 '화주강(和州江)'이라고도 불렸다. 제1차 왕자의 난을 일으켜 태종을 도와 왕업의 기초를 닦은 하륜(河崙)이 이 강을 용흥강이라고 개칭하였다. 위 '용흥가'에서 말하는 '장백산'이란 영흥의 지리형세로 보아 영흥 북쪽에 있는 경성 장백산을 가리킨다. 지금은 관모봉(冠帽峰)이라고 칭하는데 당시 함길도 경내 최고 산이었다. 그리하여 "산은 장백산에서 오고 물은 용흥강으로 흐른다. 태조대왕께서 탄생하셨노라"라는 왕업의 위대함을 칭송하는 시구가 나오게 되었다.

위에서 본 것처럼 조선왕조 초창기에 백두산은 역외 산으로 간주되어 조선왕조의 정식 사전에 들지 못하였다. 그럼에도 불구하고 백두산은 동방에서 가장 높은 산으로 꼽혔으며, 조선 북도 여러 산이 백두산으로부터 기복이 시작된다는 지리인식이 존재하였다.

『세종실록지리지』에는 함길도 4경(境)에 대해 다음과 같이 기록하였다. "동쪽은 바다를 임하고, 남쪽은 철령을 경계하고, 서쪽은 황해・평안도를 접하였으며, 준령이 백두산에서 기복하여 남

---

6) 『세종실록』 권54, 세종 13년 10월 임진.
山從長白山來 水向龍興江流 山與水鐘秀儲祥 太祖大王乃生 源遠流長 德厚流光 奄有東方樂只 且傳祚無疆.

쪽으로 철령에 이르러 천여 리를 면면히 내려오며, 북쪽은 야인의 경계와 이어졌다." 여기에서 준령이 백두산에서 시작되어 남쪽으로 천여 리를 달린다는 것은 백두산에서 시작되는 산맥체계에 대한 최초 인식이다.

그 후에도 이 같은 지리인식이 계속 이어졌다. 1667년 부제학 민정중(閔鼎重)은 북도 형승에 대해 다음과 같이 계문하였다. "백두산은 우리 경내에 들어와 동쪽으로 달려 장백산(경성)을 형성하고, 육진 · 경성 · 명천 · 길주 등이 모두 그 아래에 줄지어 있습니다." 국왕이 하문하기를 "그렇다면 백두산은 우리 지방에 있지 않는가?" 민정중이 답하기를 "이는 호지(胡地)입니다"고 하였다. 영의정 홍명하(洪命夏)가 더 보충하기를 "백두산은 호지에 있지만 우리나라 산천의 조상입니다"고 하였다.[7)]

2. 1712년 정계 후 백두산은 조청 양국의 경계가 되었다

1712년 청조는 전국지도인 『황여전람도』를 편찬하기 위해 오라총관 목극등을 파견하여 압록강 · 두만강 연변 일대와 백두산 남쪽 지형을 조사하고자 하였다. 이번 정계를 계기로 백두산에 대한 조선의 관심도가 높아졌다.

청사가 사계(査界)에 나온다는 소식이 전해지자 조선은 대책마련에 여념이 없었다. 압록강 · 두만강은 자연경계로서 피차 공인하는 경계였지만, 양 강 사이 육지가 이어지는 곳의 경계가 분명하지 않았다. 여진인이 백두산 남쪽에서 철수한 지 백여 년이

7) 『승정원일기』 204책, 현종 8년 10월 3일.

지났지만 피차간에 계한이 없었다. 1694년 북도민들이 백두산 남쪽 검천(險川)과 보다회천(甫多會川) 사이에 들어가 사냥하다가 파수군에게 잡혔을 때 이들에 대해 범월(犯越)죄를 적용할 것인지를 놓고 신하들이 논쟁하였던 것은 조청 경계가 분명하지 않았기 때문이다.[8)]

이 시기 조선의 파수·진보는 모두 백두산에서 5·6일정이나 떨어진 곳에 위치해 있었으며, 조선의 실제 공제선이었다. 그러나 백두산은 북부 관방에 있어서 매우 중요하였으므로 백두산을 경계로 그 남쪽이 조선 땅이라는 정계 목표를 세우게 되었다. 비록 일부 신하들이 백두산 천지를 가로질러 계한으로 삼을 것을 주장하였지만, 더 많은 신하들은 백두산 천지가 청조에 있어서 무엇을 뜻하는지 잘 알고 있었다. 청조에서 여러 번 사람을 파견하여 백두산을 조사하고 또 치제(致祭)한 것은 그들의 조상이 백두산에서 나왔고 왕업의 발상지로 간주하기 때문이라고 생각하였다. 그리하여 역관 김지남이 후주에서 청사 목극등을 만났을 때, 백두산 "대지(大池) 남쪽이 우리나라 경계"라고 주장하였을 뿐, 천지를 가로질러 경계로 삼자는 말을 입 밖에 내지 못하였다.[9)]

정계 결과 비(碑)를 백두산 천지 남쪽 10여 리 되는 곳의 이른바 분수령에 세웠으며, 비문에는 "대청 오라총관 목극등이 황지를 받들고 변경을 조사하여 이곳에 이르니, 서쪽으로 압록이고, 동쪽으로 토문이다. 분수령 상에 돌을 새겨 이를 기록한다"고 하였다. 이를 통해 압록강·두만강 국경을 재확인하고 명문화하였을 뿐만 아니라, 전에 분명하지 못하던 백두산 남쪽

---

8) 『승정원일기』 356책, 숙종 20년 3월 23일.

9) 『숙종실록』 권51, 숙종 38년 5월 정해.

경계를 처음 획정하였다. 백두산 천지는 청조의 발상지로서 청에 귀속되었고 천지 남쪽 다시 말하여 분수령 이남이 조선에 귀속되었다.

이로써 백두산은 조청 양국의 경계가 되었다. 즉 백두산은 중국 산이기도 하고 조선 산이기도 하였다. 그리하여 조선 역관이 목극등에게 '백산도'를 요구할 때 목극등은 쾌히 승낙하면서 "대국 산천은 그려 줄 수 없지만 백산은 너희 나라 산이니 어찌 그려줄 수 없겠는가?"고 답하였다.[10] 여기서 말하는 백산이란 백두산의 약칭이다. 일부 학자들은 이를 백두산 남쪽에 있는 소백산의 약칭으로 보고, 정계비가 처음에 압록강·두만강의 진정한 분수령인 소백산에 세워졌던 것을 조선인에 의해 몰래 그 북쪽 천지 가까이로 옮겼으며, 이는 조선에서 강토를 넓히기 위해서였다고 보았다.[11] 그러나 이 같은 주장은 사료적 근거가 부족하다는 지적을 피하기 어렵다.

이번 정계를 통해 백두산이라는 천연 장애물로써 경계를 나누게 되어 조선은 영토안전을 보장받았을 뿐만 아니라, 천지 남쪽 대부분 공한지를 경내에 포함시켜 생존 공간을 넓혔다. 그 이후 조선 유민들이 이곳에 들어가 땅을 개간하고 입주하였다. 고종대 을유(1885)·정해(1887) 감계 때 양국 조사위원들은 무산 북쪽 서두수(西豆水, 어윤강) 부근이 이미 조선 내지가 되었고 집과 분묘가 오래되었음을 발견하였다. 또 그 북쪽의 홍단수와 홍토산수 사이에도 조선 민호 백여 호가 살고 있었다. 조선인의 거주지가 백두산 천지 남쪽에 바싹 다가섰음을 말해 준다.

10) 『숙종실록』 권51, 숙종 38년 5월 정유.
11) 刁書仁, 「康熙年間穆克登査邊定界考辨」, 『中國邊疆史地研究』, 2003년 제3기, 45~56쪽.

〈지도 12〉 해동지도 함경도

이번 정계를 계기로 조선의 지도 제작사업이 활발한 양상을 보였으며 국경의식이 강화되었다. 이전의 지도에는 서부·북부 변계선 표시가 모호하였지만 그 이후의 지도에는 압록강·두만강·백두산 천지가 뚜뚜히 표시되었고 양 강 이북은 역외 땅이라는 의미에서 아무런 표시도 하지 않는 경우가 많았다. 또 지도에 정계비를 그려 넣거나 정계비와 두만강 상류를 이어놓는 목책과 토돈(土墩)을 그려 넣는 등, 정계 이후 강화된 국경의식을 나타냈다.

3. 영조대 백두산 국가 사전화(祀典化)

영조대에 이르러 북부 관방에 대한 관심도가 높아지면서 백두산을 중시하게 되었다. 영조 초년에 몽고 준갈부가 재차 반란을 일으켰다는 소식이 전해오자 청에 대한 위기의식이 고조되었다. 따라서 '등등기내침(磴磴磯來侵)'설과 영고탑패귀설이 크게 떠돌았는데, 국왕은 등등기와 영고탑의 위치에 관심을 가졌고 신하들은 이 두 곳을 설명할 때 백두산을 참조물로 삼았다. 예컨대 등등기가 백두산 좌측에 있다고 한다든가, 영고탑이 백두산에서 2,000여 리 된다고 설명하였다.[12)]

1761년에 이르러 악해독에 관한 사전을 토론할 때 비백산 대신 백두산을 북악으로 정하자는 논의가 일게 되었다. 예조판서 한익모(韓翼謩)가 처음 제기하였는데, 그 이유를 북도가 왕조의 발상지이고 백두산이 북도 산수의 발원지라는 데서 찾았다. 한익

12) 『승정원일기』 822책, 영조 12년 3월 25일.

모의 말을 인용하면 다음과 같다. “우리나라 북방은 주나라의 빈기(豳岐), 한나라의 풍패(豊沛)와 같으며, 열조의 옛 터에 대해 토인들은 지금까지 어느 물 어느 언덕이라고 말하고 있으며, 열조의 능침도 모두 북로에 있습니다. 그러므로 백두산에서 발원하지 않은 물과 산이 없습니다. 이 산은 실로 우리 조정을 밝히는 발상지입니다.”[13]

백두산을 사전에 올리려는 주장은 영조의 뜻에 부합되었다. 영조는 조선 역사상 탕평 군주로서 노·소·남인 등 여러 당파간의 균형을 잡아 당쟁을 억제하고 왕권을 강화하려 하였다. 그는 조선 산의 조종으로 간주되는 백두산을 북악으로 정하는 것은 비백산보다 상징적인 의미가 더 크다고 보았다. 풍패지향으로서 함경도의 위상을 높이고 왕업이 시작되는 곳을 존숭하는 정치적 목적을 달성할 수 있기 때문이다.

그러나 많은 신하들이 논의를 기피하거나 반대하였다. 그 이유는 다음과 같았다. 첫째, 백두산은 호계(胡界)에 접해 있기 때문에 정상에 올라가 제사를 지내기 불편하며, 제후는 역내 산천에 대해 제사를 지내야 예제에 부합된다는 것이다. 둘째, 전에 없던 새로운 예제를 열 수 없다는 것이다. 예조참판 서지수(徐志修)는 백두산이 사전에서 빠지게 된 이유를 다음과 같이 분석하였다. “사전을 정하고 육진을 개척한 것이 세종대입니다.…백두산이 (사전에서) 빠지게 된 것은 예제상 뜻이 있는 것입니다. 함부로 추측할 수 없습니다.”[14] 즉 세종대에 산천 사전을 정할 때 경흥 등 육진이 모두 판도에 들어 있었지만, 백두산을 정하지 않고 영흥 북쪽에 있는 비백산을 정하게 된 것은 예제에 근거를

13) 『승정원일기』 1189책, 영조 37년 1월 30일.
14) 『승정원일기』 1191책, 영조 37년 3월 25일.

둔 것이라고 보았다.

백두산을 사전에 올릴지 여부를 놓고 약 4개월간 논쟁을 벌였지만 결론이 나지 않았다. 중앙 관리뿐만 아니라 재외 산림과 유신의 의견도 수렴하였지만 지지자가 별로 없었다. 그리하여 이 일은 잠시 유보되었다.[15] 그러나 이번 논쟁을 거쳐 백두산이 동방에서 가장 높은 산이며, 조선 산의 조종이라는 종산의식이 확대되었다.

6년 뒤인 1767년 백두산 제사에 관한 논의가 재차 일게 되었다. 이미 좌의정에 올라 있던 한익모가 이 일을 추진하였다. 국왕의 태도도 전보다 훨씬 강했다. 종전에 난제로 여겼던 정상에 올라가 제사 지내는 문제는 망사(望祀)로써 해결을 보았다. 이때는 영조 말년이었다. 그는 성공적으로 탕평을 실시하여 왕권을 강화하였으며. 미완성 사업을 추진하듯이 이 일을 강하게 밀어붙였다. 그는 신하더러 『용비어천가』 제1장 "금아시조(今我始祖) 경흥시댁(慶興是宅)"을 읽어 보도록 하고 추보(追報)의 도를 다할 것을 명하였다.

여전히 반대하는 신하가 있었다. 판부사 서지수의 반대 의견은 다음과 같았다.

> 우리 조정의 발상지는 경흥에 있으며, 백두산은 경흥에서 400~500리나 됩니다. 발상의 소재지로서는 거리가 좀 먼 듯합니다. (백두산이) (우리) 조정의 종산이라는 말은 경서에도 없고 정사(正史)에도 없으며, 수가지론(數家之論)에 불과하며 근거로 삼을 수 없습니다. 『오례의(五禮儀)』 사전이 정해진 것이 육진 개척 이후이지만, 북악에 대한 사질(祀秩)이 비백에 있지 백두에 없는 것은 그 뜻이 있습니다.

15) 『승정원일기』 1194책, 영조 37년 6월 2일.

> 지금 (이를) 가감하려고 할 경우 태상(太常) 신실(神室)에 모셔진 산천 위차에 구애됨이 있을 겁니다.[16]

즉 서지수는 백두산이 경흥과의 거리가 너무 멀다는 것, 비백산 대신 백두산을 북악으로 정하는 것은 『오례의』에 어긋난다는 것을 들어 백두산을 사전에 올리는 것을 반대하였다.

형조판서 홍중효(洪重孝)의 반대 의견은 다음과 같았다.

> 백두산이 우리나라 산맥의 조종으로서 지금 망사(望祀)를 진행하려는 논의는 실로 우연이 아닙니다. 그러나 『예기』에 이르기를 제후는 강역 내의 산천을 제사 지낸다고 하였습니다. 이 산은 과연 강역 내에 있는지 알 수 없습니다. 전에 목극등이 정계할 때 분수령에 비를 세워 경계로 삼았으며 분수령이 백두산까지 1일정이므로 (백두산이) 강역 내에 있다고 말하기 어렵습니다. 또한 설단(設壇) 장소를 어느 읍에 정해야 할지 모르겠습니다. (백두산은) 다만 무산・갑산에서 바라볼 수 있지만 이 두 읍은 일찍 얼고 늦게 해동됩니다. 추석에 눈이 내리는 것이 장(丈)을 넘고 2월에도 얼음이 녹지 않습니다. 사람을 동원하여 길을 내고 눈을 쓸고 얼음을 깬 후에야 제사를 지낼 수 있습니다. 만약 바람이 세고 비나 눈이 오게 되면, 이서(吏胥)・역졸 등이 얼어 죽는 것을 면하기 어렵습니다. 예경(禮經)을 살펴보아도 부합되지 않으며, 천시(天時) 또한 행하기 어렵습니다. 그리고 풍패지향의 민폐도 생각하지 않을 수 없으므로 행하려던 일을 그만두는 것이 좋겠습니다. 신의 얕은 소견으로는 쉽게 의논할 수 없다고 생각합니다.[17]

---

16) 『영조실록』 권109, 영조 43년 7월 신축.
我國朝發祥之地蓋在慶興 而白頭山之于慶興 爲四五百里之遠 揆以發祥毓慶之所 在或似有間 至于朝宗山之說 不見于經 又不見于正史 不過數家之論 恐非可据 五禮儀祀典之定在于六鎭開拓之後 而北岳祀秩在于鼻白 而不在于白頭者似有意義 今若有所增減 則太常神室所奉山川位次 必有掣碍之端.

17) 『영조실록』 권109, 영조 43년 7월 신축.

이상 홍중효의 반대 이유를 다음과 같은 두 가지로 요약할 수 있다. 첫째, 백두산이 강역 내에 있지 않다는 것이다. 즉 백두산에서 1일정이나 떨어진 분수령 이남이 조선 경내이기에 강역 내에 있지 않은 산에 대해 제사 지낼 필요가 없다는 것이다. 여기서 분수령을 조청 경계로 보고 백두산에서 1일정이 된다고 하였는데, 거리를 잘못 파악한 듯하며 실은 10여 리밖에 안 되었다. 둘째, 백두산에 대한 망사 장소를 무산과 갑산을 꼽을 수 있으나 기후가 한랭하여 가을과 봄에 제사 지내기 불편하며, 풍패지향의 민폐가 우려된다고 하였다.

그러나 국왕은 반대 의견을 물리치고 예조에 명하여 망사를 거행하도록 하였으며, 함경도 관찰사에게 명하여 설단(設壇) 장소를 찾도록 하였다. 함경도 관찰사 김기대(金器大)가 갑산에서 망사처를 찾아냈다. 그가 연일 노숙하면서 망사처를 찾아낸 공로가 인정되어 국왕으로부터 숙마(熟馬) 한 필을 하사받았다.[18]

국왕은 제사의 규격을 높이기 위하여 홍문관 제학으로 하여금 제문을 지어 올리도록 하였다. 그리고 비백산의 예에 따라 서울에서 제복과 제기를 보내며, 매년 정월·2월·8월에 제사 지내도록 하였다. 그 다음해인 1768년 정월부터 정식으로 제사를 지냈다.[19]

이로써 백두산은 왕조의 발상지로서 조청 양국에서 존숭의 대

白頭山爲我國山脈之宗　今此望祀之議誠非偶然　而第念禮云　諸侯祭封內山川　臣未知此山果在封域之內歟　頃年穆克登定界時立碑分水嶺以爲界　則嶺之距山殆一日程 恐未可以謂之封內也 至於設壇之所未知定於何邑 而獨茂山·甲山可以望見 兩邑之地早凍晩解 仲秋雪或袤丈 二月氷猶過甚 勢將發民治道掃雪鑿氷 而後乃可行祭 若値風寒雨雪 則人吏驛卒之能免凍死亦未可必也 考之禮經旣不合驗之 天時又難行 而豊沛民瘼之不可不顧者又如此 豈不可已而應行者耶臣之淺見 恐不可輕議也.

18) 『승정원일기』 1196책, 영조 43년 8월 18일, 26일; 1195책 44년 7월 14일.

19) 『승정원일기』 1196책, 영조 43년 8월 18일, 26일; 1195책 44년 7월 14일.

상이 되었다. 청조는 5악 외에 '장백산지신(長白山之神)'을 정하고 사전을 5악과 동일하게 하였으며, 조선은 4악에 백두산을 포함시켰다.

4. 고종대의 백두산 인식

고종대에 이르러 백두산은 조선 산으로 간주되었다. '아국백두산(我國白頭山)' '아동지백두(我東之白頭)'라고 불렸다. 백두산에 대한 제사를 행한 지 백여 년이 지난 때에 이르러 이 산은 조선과 더욱 가까워졌다. 유교적인 예의 질서하에서 국가가 명산대천에 대해 제사를 지내는 것은 왕조의 정통성을 표방함과 동시에 신하와 백성들의 충성심을 다짐받기 위한 것이었다.

그러나 현실에 있어서 백두산은 조청간의 국경이었으며, 이는 부정할 수 없는 사실이었다. 고종대에 청과의 감계 담판에 나갔던 조선대표 이중하(李重夏)는 『백두산일기』(1885년)에 다음과 같이 기록하였다.

> 백두산은 저 먼 곳으로부터 구불구불 몇 천 리를 동북을 향하여 달려와 중국의 동3성(東三省)에서 우뚝 솟았는데, 우리나라 함경도와 평안도 사이의 천리에 반거하고 있으며, 아름답고 광대하다. 동남쪽으로는 우리나라 여러 산의 으뜸 산이 되며 북쪽으로는 영고탑·오라 등지가 모두 그 지맥이 뻗어 나간 곳이다.[20]

1899년 현채(玄采)를 중심으로 하는 조선학부 편집국에서 편

---

20) 김지남 외 저, 이상태 외 역, 『조선시대 선비들의 백두산 답사기』, 혜안, 1998.

찬한 『대한지지(大韓地志)』 '함경북도'편에 백두산에 대해 다음과 같이 기록하였다.

> 백두산은 우리나라 함경도와 청국 길림성 사이에 있는 제일 높은 산이다. 산꼭대기는 사계절 흰 눈을 쓰고 있고 산허리는 삼림이 울창하며, 절벽이 가파르고 천태만상을 이루며, 풍취가 돋보이고 인적이 닿지 않으니 실로 세상 밖의 승경이다. 우리나라 여러 산이 실로 이 산에서 맥을 나눈다. 분수령(무산)・연지봉(連枝峰)(무산)・소백산(무산)・보다회산(寶多會山)(무산) 등 여러 봉우리가 백두산 아래에 줄지어 있으며 산세가 면면히 뻗어 기복을 이룬다.[21]

고종시대는 전통시대로부터 근대로 들어가는 전환점이자 내우외환이 끊이지 않는 시기였다. 특히 조선은 메이지유신 이래 점차 강대해지는 일본의 침략을 받았다. 청일전쟁 이후 1895년 4월에 체결된 '마관조약(馬關條約)'을 통해 조선은 독립국임을 인정받았다. 이로써 조청간의 200여 년간 지속된 종번관계가 청산되었다. 같은 해 8월 일본은 친러적인 민왕후 일파를 제거하고 조선을 완전 장악하기 위하여 왕후시해사건 즉 '을미사변'을 책동하였다. 그 이듬해 고종은 부득불 러시아공관으로 탈출하여 '아관파천'을 실시하였다. 이로부터 1년 뒤 1897년 2월 고종은 러시아공관을 떠나 경운궁으로 되돌아와 8월에 칭제를 선포하고 '대한제국'을 설립하였다. 고종의 칭제는 비상시기에 행한 비상조치로서 '아관파천'으로 인하여 조성된 군주권의 추락과 국체의 손상을 만회하기 위해서였다. 동시에 자력 근대화인 '광무개혁'을

---

21) 현채 편, 『대한지지』 14편, 함경북도, 1906년 재쇄판.
白頭山是聳立於我國咸鏡道與淸國吉林省的第一高山 山頂四時戴着白雪 山腰森林蓊郁 斷崖峭立 千態萬象 風趣絶塵 實爲世外勝景 我國諸山實由此山分脈 分水嶺・連枝峰・小白山・寶多會山等諸峰嶺 羅列於白頭山前 山勢延蝘起伏.

통하여 부국강병을 실현하고 국가와 민족의 위기를 넘기고자 하였다.

고종은 조선왕조 역사상 최초의 황제로서 천자만이 행하던 원구단 제천의식을 거행하였으며, 악진해독(嶽鎭海瀆)에 대해 봉호를 실시하였다. 1903년 4월 산천 사전에 관한 조칙의 내용은 다음과 같았다.

> 오직 천자만이 천하의 명산대천을 제사 지낼 수 있다. 그러나 5악·5진·4해·4독의 봉호를 아직도 거행하지 않았으니 사전이 미비하다. 장예원(掌禮院)으로 하여금 소정의 사전을 널리 살피도록 하여 짐이 예로써 신을 섬기는 뜻에 부응하라.[22]

중국 천자만이 거행하던 산천사전 즉 악진해독에 대한 예제를 갖추고자 하였다. 장예원은 고종의 뜻에 따라 별단(別單)으로 5악·5진·4해·4독의 명칭을 정하였다. 5악은 중악 삼각산(경기도), 동악 금강산(강원도 회양군), 남악 지리산(전라남도 남원군), 서악 묘향산(평안북도 영변군), 북악 백두산(함경북도 무산군)이다. 5진은 중진 백악산(경성), 동진 오대산(강원도 강릉군), 남진 속리산(충청북도 보은군), 서진 구월산(황해도 문화군), 북진 장백산(함경북도 경성군)이다. 4해는 동해·남해·서해·북해로서, 강원도·전라남도·황해도·함경북도에서 제사를 지내도록 하였다. 4독은 동독 낙동강(경상북도 상주군), 남독 한강(경성), 서독 패강(평안남도 평양, 오늘의 대동강), 북독 용흥강(함경남도 영흥군)이다.[23] 백두산과 용흥강 등 왕조 발상의 뜻이 담긴 산천이

22) 『고종실록』 권43, 고종 40년 3월 19일.
惟天子祭天下名山大川 而五嶽·五鎭·四海·四瀆之封 尙今未遑 祀典未備矣 其令掌禮院博考定祀 用稱朕以禮事神之意.

사전에 올랐음이 확인된다.

이로부터 2년 뒤 1905년 조선은 '을사조약'을 강요받고 일본의 보호국이 되었다. 1910년에는 일본의 식민지로 전락되어 국가 주권을 상실하였다. 일본의 침략으로 조선의 자력 근대화의 꿈과 노력이 좌절되고 말았다. 고종의 칭제, 대한제국의 건립, 그리고 산천 사전의 정비 등은 날로 기울어져 가는 국가의 운명을 만회하지 못하였다. 그러나 이는 필경 최후의 거창한 노력이고 투쟁이었다.

결 론

조선왕조 건립 초기 백두산은 역외 산으로 간주되었다. 세종대 『오례의』를 정할 때 백두산은 국가 사전에 들지 못하고 소정관이 스스로 행하던 산천 명록에서 삭제되었다. 이와는 대조적으로 비백산은 태조 탄생지인 영흥의 북쪽 진산으로서 중사(中祀)에 들었다.

1712년 백두산 정계를 계기로 백두산에 대한 조선의 관심도가 높아졌다. 북부 관방에 있어서 중요성이 돋보였기 때문이다. 정계 결과 천지 남쪽 10여 리 되는 곳의 분수령에 비를 세웠으며, 백두산 천지가 청에 귀속되었고 분수령 이남이 조선에 귀속되었다. 결국 백두산은 조청 양국의 경계가 되었다.

영조는 왕권 강화를 목적으로 왕실의 위상을 높이기 위하여 『용비어천가』의 "금아시조(今我始祖) 경흥시댁(慶興是宅)"을 근거

23) 『고종실록』 권43, 고종 40년 3월 19일.

로 왕조 발상지를 태조 탄생지인 영흥으로부터 목조의 탄생지인 경흥으로 옮겼으며, 비백산 대신 백두산을 북악으로 정하였다. 백두산은 동방에서 제일 높은 산으로서 풍수지리상 조선 산의 종산으로 인식되었다. 이는 백두산이 조선왕조의 발상지라는 상징적인 의미를 갖게 된 가장 중요한 원인이다.

그럼에도 불구하고 백두산 정상에 올라가 제사를 지내지 못하고 갑산에서 망사를 행하게 된 것은 기후의 한랭함에 따른 불편함도 있겠지만 백두산이 양국 국경에 위치해 있었기 때문이라고 생각한다.

고종대에 이르러 백두산은 조선 산으로 간주되었다. 그러나 현실에 있어서 백두산은 여전히 양국의 경계였다. 고종은 군주권을 강화하고 국가의 위기를 모면하기 위하여 칭제를 선포하고 백두산을 포함한 명산대천에 봉호를 실시하였지만, 일본의 침략으로 끝내 국가 주권을 잃고 말았다.

그 이후 조선인들은 국내외를 막론하고 일본의 식민 통치에 맞서 싸웠다. 백두산은 왕조의 발상지로부터 한민족의 독립정신을 상징하는 성스러운 산이 되었다. 이 점은 식민시대에 만들어진 '애국가' 가사에 잘 나타나 있다.

(『中國邊疆史地研究』, 2007년 2기에 수록됨)

부록 3. 고려 말 조선 초 공험진에 대한 역사적 기억

서 언

고려 예종 2년(1107) 12월부터 3년 3월까지 고려 원수 윤관(尹瓘)이 17만 대군을 이끌고 정평관(定平關)을 나가 여진인을 구축하고 여진지면에 웅(雄)·영(英)·복(福)·길(吉)·공험(公嶮) 등 9성을 쌓고 "공험진에 비를 세워 경계로 삼았다". 1년 뒤 여진의 군사적 압력에 못 이겨 고려는 부득불 9성을 여진에 돌려주었다. 이 과정이 비록 짧지만 고려·조선왕조 역사에 짙은 흔적을 남겼으며 여말선초의 북진정책에 영향을 주었다.

공험진 위치에 대해 종래 여러 설이 병존한다. 함흥평야설(일본학자, 池內宏·津田左右吉), 길주이남설(실학가, 한백겸·정약용·김정호 등), 경원설(『고려사』 지리지), 두만강 이북 700리설(『동국여지승람』) 등이다. 이처럼 여러 설이 병존하는 것은 공험진 위치에 관한 사료가 적고, 시대의 변천에 따라 지명이 달라졌고, 특히 부동한 민족(여진·몽고)이 이곳을 점유하면서 지명의 복잡성을 더했다. 이 밖에 고려·조선왕조의 북진정책과 더불어 그 위치가 점점 북쪽으로 이동하는 것과도 연관이 있다.

본 논고는 『금사(金史)』 『명사(明史)』 『고려사』 『조선왕조실록』 등 한중 양국 편년 사료를 통하여 공험진의 위치를 추적해 보고 여말선초 영토 개척사상에서 갖는 의미를 짚어 보며, 그 과정에서 진행된 명과의 외교투쟁의 실상을 알아보고자 한다.

1. 『금사』를 통해 본 갈라전(曷懶甸)의 위치

고려 윤관이 17만 대군을 이끌고 동여진을 공격한 것은 완안(完顔)부가 여진을 통일하기 이전이었다. 이는 고려전기 역사에서 중요할 뿐만 아니라, 동북아 세력구도 및 고려와 금 관계의 발전에 영향을 미쳤다. 『고려사』 『금사』에 이에 관한 기록이 남아 있다. 공험진 위치를 추적해 보기 위하여, 『금사』의 관련 기록을 살펴보기로 하자. 『금사』 「강종본기(康宗本紀)」에 갈라전전투에 대하여 다음과 같이 기록하고 있다.

> 고려가 흑환방석(黑歡方石)을 파견하여 습위(襲位)를 축하할 것임을 배로(盃魯)를 통해 알렸다. 고려가 도망간 자들을 돌려주겠다고 약속하였기에 아괄(阿聒)·승곤(勝昆)을 보내 데려오게 하였다. 고려가 두 사신을 죽이고 갈라전(曷懶甸)에 9성을 쌓고 수만에 달하는 군사로써 공격해 왔다. 알새(斡賽)가 그들을 격퇴시켰다. 알로(斡魯)가 9성을 쌓고 고려의 9성과 서로 대치하였다. 고려가 또 공격해 오자 알새가 그들을 또 격퇴시켰다. 고려가 도망간 자들을 되돌려 주고 9성에서 군사를 철수하며, 침범했던 옛 땅을 되돌려 주겠다고 약속하였다. 9월에 군사를 파(罷)하였다.[1)]

1) 『금사(金史)』 본기(本紀) 권1, 강종(康宗).
高麗遣黑歡方石來賀襲位 遣盃魯報之 高麗約還諸亡在彼者 乃使阿聒·勝昆 往受之 高麗背約殺二使 築九城於曷懶甸 以兵數萬來攻 斡賽敗之 斡魯亦築九城與高麗九城相對 高麗復來攻 斡賽復敗之 高麗約以還逋逃之人 退九城之軍 復所侵故地 九月乃罷兵.

『금사』 알새전(傳)에도 갈라전전투에 관한 기록이 있다.

> 고려가 행인 아괄·승곤을 죽이고 갈라전에 9성을 쌓았다. 알새가 내외 군사를 거느렸으며, 핵고활니줄(劾古活你茁)·포찰적고(蒲察狄古)가 그를 도왔다. 고려 병사 수만이 항거하였다. 알새가 군사를 10대(隊)로 나누어 출전을 거듭하여 그들을 대파하였다.…얼마 후 알새가 또 군사를 거느리고 고려군을 파하였고 그들의 성을 포위하였다. 7월 고려가 화해를 청하고 도망간 자들과 침입했던 옛 땅을 돌려주었다. 9성의 군사를 철수하고 그들의 국왕과 강화하였다.[2)]

위 기록에 9성의 명칭과 상세한 위치를 말하고 있지 않지만, 9성이 갈라전에 수축되어 있음이 확인된다. 그렇다면 갈라전은 어디에 있는 것일까?

우선, 갈라전은 고려 천리장성 부근에 위치해 있었다. 『금사』 태조본기에 다음과 같은 기록이 있다.

> 11월(천보 3년, 1119) 습니열(習泥烈) 등이 국서를 가지고 왔다. 고려는 갈라전 장성을 3척(尺)이나 증축하였다고 한다. 이에 호랄고(胡剌古)·습현(習顯)에게 명하여 영루(營壘)를 굳게 지키도록 하였다.[3)]

즉 요나라 사신 습니열(習泥烈) 등이 국서로써 고려가 장성을 증축하고 있다고 보고하자 금태조가 갈라전 병마총관 습현 등에

---

2) 『금사』 열전 권65, 알새(斡賽).
高麗殺行人阿聒·勝昆 而築九城於曷懶甸 斡賽將內外兵 劾古活你茁·蒲察狄古佐之 高麗兵數萬來拒 斡賽分兵爲十隊更出迭入 遂大破之…未幾 斡賽復至軍 再破高麗軍 進圍其城 七月高麗請和 盡歸前後亡命及所侵故地 退九城之戌 遂與之國王和.

3) 『금사』 본기 권2, 태조 천보(天輔) 3년.
十一月 習泥烈等復以國書來 曷懶甸長城高麗增築三尺 詔胡剌古·習顯愼固營壘.

게 명하여 방어를 신중하게 하도록 한 내용이다. 여기서 말하는 '갈라전 장성'이란 고려장성을 가리킨다.

고려장성은 고려 덕종(德宗) 2년(1033) 북부 여진과 요(遼)를 방어하기 위하여 평장사 유소(柳韶)를 파견하여 관방을 수축하기 시작하여, 12년에 거쳐 정종(靖宗) 10년(1044)에 완성되었다. 서쪽으로 압록강 입해구로부터 시작하여 동쪽으로 위원(威遠)·흥화(興化)·정주(靜州)·영해(寧海)·영삭(寧朔)·정융(定戎)·영원(寧遠)·평로(平虜)·삭주(朔州)·맹주(孟州, 맹산)·운주(云州, 운산)·청새(淸塞, 희천)·안수(安水, 가천)를 지나 영홍 근처에 이른 후, 요덕(耀德)·정변(靜邊)·화주(和州, 영홍)를 거쳐 바다에 이르렀다. 총 길이 1,000리에 달하며 천리장성이라고도 불렸다.[4] 장성에는 정주(定州, 정평관)·선덕(宣德)·원홍(元興) 등 3관문이 설치되었다.[5]

다음으로, 갈라전은 두만강 이남에 위치해 있었다. 『금사』 고려전에는 금목종(金穆宗, 盈哥)과 금강종(金康宗, 烏雅束)이 고려의 방애를 뚫고 갈라전에 군사를 파견하여 동여진 7성을 거둬들이는 과정을 다음과 같이 기록하였다.

> 갈라전 여러 부가 내부하고자 하였으나 고려가 소식을 듣고 내부하지 못하게 하였다. 자기 나라와 가까울 경우 불리할까 두려워하였다. 사갈(斜葛)이 고려에 있었고 갈라도(曷懶道)에 자주 왕래하였기에 그 일을 다 알고 있었다. 석적환(石適歡)을 보내 갈라전 사람들을 데려오도록 하였다. 일을 이루기 전에 목종이 몰하고 강종이 즉위하였다. 석적환을 파견하여 성현(星顯)·통문(統門)의 병사를 거느리고

---

4) 『한국민족문화사전』(http://www.koreandb.net/kodia/kodia.htm); 야후 『백과사전』 참조.

5) 『고려사』 지리지 동계(東界).

을리골령(乙離骨嶺)에 이르렀으며, 병사를 더 모집하여 활수(活水)로 향하고 갈라전에 가서 순행하여 반란을 일으킨 7성을 거둬들였다.6)

위 인용문에서 '성현(星顯)'이란 일본학자 쓰다(津田左右吉)의 고증에 의하면, 두만강 지류인 해란강을 가리키고 '통문(統門)'이란 '도문(徒門)'이라고도 하여 두만강을 가리키며, 을리골령은 마천령을 가리킨다고 한다.7) 이 밖에 을리골령을 경성(鏡城)의 옛 지명인 우롱이(于籠耳)로 보는 견해도 있다.8) 위 인용문의 뜻인즉 금강종이 석적환을 파견하여 해란강·두만강 일대의 군사를 거느리고 을리골령에 이르러 군사를 더 늘린 후 활수에 이르고 다시 갈라전에 가서 반란을 일으켰던 동여진 7성을 거둬들였다는 것이다. 이상을 통해 갈라전이 두만강 이남에 위치해 있음이 확인된다.

요컨대 갈라전은 두만강 이남에 있으며, 좀 더 명확하게 말하여 을리골령 이남에서 고려장성 이북에 위치해 있다. 아울러 본 연구는 을리골령 위치를 경성 장백산에 비정하고 싶다. 이는 일본학자 마쓰이(松井等)의 관점과 유사하다.

2.『고려사』 지리지의 공험진 위치 서술

윤관이 수축한 9성 중에서 공험진이 특별한 의미를 갖고 있었

6)『금사』 권135, 고려전.
曷懶甸諸部盡欲來附 高麗聞之不欲使來附 恐近於己而不利也 使邀止之 斜葛在高麗及往來曷懶道中 俱知其事 遂使石適歡往納曷懶甸人 未行而穆宗沒康宗嗣 遣石適歡以星顯統門之兵 往至乙離骨嶺益募兵 趨活水 徇地曷懶甸 收叛亡七城.

7) 津田左右吉,「尹瓘經略地域考」,『朝鮮歷史地理』2권, 1913.

8) 松井等,「滿洲に於ける金の疆域」,『滿洲歷史地理』2권, 1913.

는데, 이곳에 비를 세워 경계로 삼았기 때문이다. 즉 이로써 고려와 동여진 간의 경계로 삼았다.

『고려사』 지리지에는 이 비가 공험진 선춘령(先春嶺)에 세워졌다고 기록하고,[9] 공험진 위치에 대해서는 "일설에는 공주(孔州), 일설에는 광주(匡州), 일설에는 선춘령 동남 백두산 동북에 있다고 하며, 일설에는 소하강(蘇下江, 綏芬河)변에 있다고 한다"고 기록하였다.[10] 여기에서 공주・광주는 경원의 옛 지명이다. 즉 지리지는 공험진을 가깝게는 두만강변의 경원, 멀게는 두만강 이북의 수분하변에 비정하고 있다. 이를 기초로 지리지는 "서북은 당(唐) 이래로 압록강을 경계로 하며, 동북은 선춘령을 경계로 한다. 서북은 고구려에 미치지 못하였고 동북은 고구려를 넘었다"고 기록하였다.[11] 『고려사』 지리지와 동 시대 작품인 『동국여지승람』의 경우 선춘령을 두만강 이북 700리에 비정하였다.[12]

이 밖에 『고려사』 지리지는 동계(東界)의 연혁에 대해 다음과 같이 기록하였다.

> 동계는 고구려의 구지이다. 성종 14년 경내를 10도로 나누어 화주(和州)・명주(溟州) 등 군현을 삭방도(朔方道)라 칭하였다. 정종(靖宗) 2년 동계(北界와 합쳐 兩界라 함)라고 칭하였다. 문종(文宗) 원년 동북면(동면・동로・동북로・동북계라고 칭함)이라고 칭하였으나 함주(咸州) 이북이 동여진에 함몰되었다. 예종(睿宗) 2년 평장사 윤관을

---

9) 『고려사』 지리지 동계.

10) 『고려사』 지리지 함주대도독부.
一云孔州 一云匡州 一云在先春嶺東南白頭山東北 一云在蘇下江(綏芬河)邊.

11) 『고려사』 지리지 서문.
西北自唐以來以鴨綠爲界 而東北則以先春嶺爲界 蓋西北所至不及高句麗 而東北過之.

12) 『신증동국여지승람』 권50, 33쪽.

원수로 하고 지추밀원사 오연총(吳延寵)을 부원수로 하여 군사를 거느리고 여진을 쫓아내고 9성을 설치하고 공험진 선춘령에 비를 세워 경계로 삼았다. 명종(明宗) 8년 연해명주도(沿海溟州道)라 칭하였다. 고종(高宗) 45년 몽고가 침입해 왔다. 용진현(龍津縣) 사람 조휘(趙暉), 정주(定州) 사람 탁청(卓靑)이 반란을 일으켜 병마사 신집평(愼執平)을 죽이고 화주 이북으로써 몽고에 투항하였다. 몽고는 쌍성총관부를 화주에 세워 조휘를 총관으로, 탁청을 천호로 삼아 다스리게 하였다. 46년 충청도 영월(寧越)·평창(平昌)이 예속되었으나 얼마 후 귀환되었다. 원종(元宗) 4년 강릉도라 칭하였다. 충열왕 16년 영월·평창이 내속(來屬)하였다. 공민왕 5년 강릉삭방도라 칭하였다. 7월 추밀원부사 유인우(柳仁雨)를 파견하여 쌍성을 공격하여 파하였다. 그리하여 지도를 놓고 화(和)·등(登)·정(定)·장(長)·예(預)·고(高)·문(文)·의(宜)주 및 선덕(宣德)·원흥(元興)·영인(寧仁)·요덕(耀德)·정변(靜邊) 등 진(鎭)과 성을 수복하였다. 그 이전에 삭방도는 도련포를 경계로 하여 장성을 쌓고 정주·선덕·원흥 등 3관문을 설치하였는데 원나라에 함몰된 지 99년이 되어 다시 수복하였다. 수춘군(壽春君) 이수산(李壽山)을 도순문사로 삼고 강역을 정하여 동북면으로 복호하였다. 9년에 삭방강릉도라 칭하였다. 이로 보아 철령(鐵嶺) 이북이 삭방도이고 이남이 강릉도이다. 고려 때 삭방도라고 칭하거나 강릉도라 칭하였으며 또 삭방강릉도라고 합칭하거나 강릉삭방도라고 칭하거나 연해명주도라고 칭하였다. 분합을 거듭하고 또 연혁·칭호가 다르지만, 고려 초부터 말년에 이르기까지 공험 이남 삼척 이북은 동계라고 통칭하였다.[13]

---

13) 『고려사』 지리지 동계.

東界本高句麗舊地 成宗十四年分境內爲十道 以和州溟州等郡縣爲朔方道 靖宗二年稱東界(與北界爲兩界) 文宗元年稱東北面(或稱東面·東路·東北路·東北界) 後咸州迤北沒於東女眞 睿宗二年以平章事尹瓘爲元帥 知樞密院事吳延寵副之 率兵擊逐女眞置九城 立碑於公嶮鎭之先春嶺以爲界 至明宗八年稱沿海溟州道 高宗四十五年蒙古兵來侵 龍津縣人趙暉·定州人卓靑叛 殺兵馬使愼執平以和州以北附於蒙古 蒙古乃置雙城摠管府於和州 以暉爲總管 靑爲千戶 以治之 四十六年以忠淸道之寧越平昌來隷 後還其道 元宗四年稱江陵道 忠烈王十六年 以寧越平昌復來屬 恭愍王五年稱江陵朔方道 七月遣樞密院副使柳仁雨攻

위에서와 같이 고려 동계는 여러 차례의 변천이 있었고 호칭도 자주 변하였으며 동해안의 강릉도와 분합을 거듭하였다. 위 내용을 통해 동계의 변천을 아래와 같은 몇 단계로 살펴볼 수 있다. 첫째, 동계 강역을 개척하는 시기이다. 삭방도·동계·동북면이라고 칭하였고 화주(영흥)·명주(강릉) 등이 들어왔다. 둘째, 예종이 윤관·오연총을 파견하여 동여진을 구축하고 9성을 설치한 시기이다. 여기에는 1년 뒤 고려가 9성을 여진에 되돌려 준 사실이 빠졌다. 셋째, 몽고군이 고려를 침입하여 화주 이북을 잃은 시기이다. 넷째, 공민왕대 실지를 회복한 시기이다. 화주·정주·장주(장곡)·고주(고원) 등과 선덕·원흥 등 고려장성 각 관문을 수복하였다. 맨 끝에서 지리지 편찬자는 다음과 같은 총괄적인 결론을 내렸다. "고려 초부터 말년에 이르기까지 공험 이남 삼척 이북은 동계라고 통칭하였다." 즉 공험진을 동계의 가장 북쪽 계한으로 설정하고 있다.

고려시기 동북강역을 살펴보면, 공험진을 경계로 삼은 시기가 오래지 않다. 고려 초 윤관이 9성을 쌓고 공험진에 비를 세웠던 1년 남짓한 시간을 제외하고, 공민왕대에 철령 이북 실지를 수복하여 해양(海陽, 길주) 근처에 이른 것이 전부였다.[14] 대부분 시기 고려는 천리장성을 경계로 동북으로 정평·도련포 일선에 머물러 있었다. 원나라 간섭기에는 여기까지도 미치지 못하고 천리

破雙城 於是按地圖收復和·登·定·長·預·高·文·宜州及宣德·元興·寧仁·耀德·靜邊等鎭諸城 前此朔方道 以都連浦爲界 築長城 置定州·宣德·元興三關門 沒于元凡九十九年 至是始復之 以壽春君李壽山爲都巡問使 定疆域 復號東北面 九年稱朔方江陵道 或合稱爲朔方江陵道 或稱爲江陵朔方道 又或稱沿海溟州道 一分一合 雖沿革稱號不同 然自高麗初至於末年 公嶮以南三陟以北 通謂之東界云.

14) 공양왕 2년(1390) 해양(海陽)에 길주 만호부를 설치하였다(국사편찬위원회 편, 『한국사』 22, 1995, 160~161쪽).

장성 남쪽 철령(쌍성총관부 남쪽 경계)을 경계로 하였다.

위에서 살펴본 것과 같이 『고려사』 지리지 편찬자는 고려가 가장 성할 때의 경계를 고려 전 시기의 경계로 간주하였다. 특히 동계의 북쪽 한계인 공험진을 두만강변 경원 또는 두만강 이북 수분하변에 비정한 것은 고려의 실제 강역과는 거리가 먼 것이었다. 윤관의 9성이 두만강변에 이르지 못하였을 뿐만 아니라 공민왕이 구지를 수복할 때도 동북으로 길주 일대에 머물렀다. 여하튼 『고려사』 지리지의 동계 범위 서술이 실제 강역이라기보다는 조선 초기 북진정책 추진 시 확대된 강역의식의 반영이라고 하겠다.

3. 『고려사』 세가·열전을 통해 본 공험진 위치

공험진 서술에 있어서, 『고려사』 세가(世家)·열전(列傳)이 지리지와 좀 달랐다. 지리지가 조선 초기 영토 개척 시 확대된 강역의식을 반영하였다면, 세가·열전은 직접 지리를 다루지 않았기 때문에 실제 상황을 반영하였다. 『고려사』는 조선조 세종대에 편찬되었다. 당시는 고려 역대 실록 등 기본사료가 그대로 보존되어 있었기 때문에 세가·열전이 실록 등 기본사료의 원모를 반영할 수 있었다.

『고려사』 예종세가(睿宗世家)를 통해 예종이 윤관을 파견하여 9성을 쌓고 또 여진의 군사적 압력에 못 이겨 9성을 되돌려 주는 과정을 살펴보면 다음과 같다. 예종 2년(1107) 12월부터 3년 3월까지 윤관·오연총이 여진을 구축하고 전승을 거두었으며, 여진지면에 웅(雄)·영(英)·복(福)·길(吉)·함(咸)·의(宜)주 및 공험·통태(通泰)·평융(平戎) 등 9성을 쌓고, 함주대독부 및 웅·영·복·길·공험진 등 방어사를 설치하였다. 그리고 "남계(南界)민을 이사하여 신축한 9성에 채워 넣었다." 같은 해 4월 윤관·오연총이 드디어 개선하였다. 얼마 후 여진이 다시 반격하여, 7월 윤관·오연총은 부득불 여진 정벌에 나섰다. 4년 4월 동여진이 사현(史顯)·관새(款塞)를 파견하여 화해를 청하였다. 전투가 계속 진행되고 있었지만 고려군은 패배를 거듭하였다. 이와 동시에 고려 조정에서 9성을 여진에 되돌려 줄 것을 의논하기 시작하였다. 그 이유인즉 궁한리(弓漢里, 길주) 병항(瓶項)을 천험으로 생각하여 이곳을 막으면 여진의 침입 경로를 차단할 수 있는 줄로 알았는데, 궁한리 일대가 "수륙으로 통하지 않는 데가 없고, 전에 들은 것과 전연 달라" 방어하기 연간 힘들지 않았다. 이 뿐만 아니라 "국가에서 자주 군사를 징발한 결과 중외가 소요하고 기근과 질병으로 인하여," "인민 장졸이 모두 공격과 방수에 지쳐 있었다." 그리고 궁한리 여진 추장이 거란으로부터 관직을 받았기에 요나라의 군사적 간섭이 우려되었다. 이윽고 고려는 9성을 여진에 돌려주기로 하였다. 4년 6월 윤관·오연총이 길주로 진군하던 중에 조정이 이미 여진과 강화했다는 소식을 듣고 군사를 정평관 안으로 철수하였다.[15] 그 이후 완안부가 여진을 통합하였고 1115년 아골타(阿骨打)에 의해 금나라가 세워졌다. 이어 금은 요와 북송을 멸하고 송을 압박하여 남쪽으로 천도하게 하였다. 그럼에도 불구하고 금과 고려는 갈라전전투를 거친 후 천리장성을 경계로 오랫동안 평화적 관계를 유지하였다. 그 선제조건으로 고려가 금에 신하를 칭하고 공물을 바쳤다.

---

15) 『고려사』 권12, 예종세가.

『고려사』 윤관전에도 9성 수축과 공험진에 관한 기록이 있다. 그 내용은 다음과 같다.

> 윤관이 여러 장령을 파견하여 지계를 획정하였다. 동쪽으로 화곶령(火串嶺), 북쪽으로 궁한이령(弓漢伊嶺), 서쪽으로 몽라골령(蒙羅骨嶺)에 이르렀다. 또한 일관(日官) 최자호(崔資顥)를 보내 땅을 두루 살펴보게 하고 몽라골령 아래에 성곽 950간을 짓고 영주라 불렀으며, 화곶령 아래에 992간을 짓고 웅주라 불렀으며, 오림금촌(吳林金村)에 774간을 짓고 복주라 불렀으며, 궁한이촌에 670간을 짓고 길주라 불렀다.…윤관은 또 영·복·웅·길·함주 및 공험진에 축성하고 공험에 비를 세워 경계로 삼았다.[16]

위 윤관전에는 공험진의 위치에 대한 서술이 없고, 다만 윤관이 "공험에 비를 세워 경계로 삼았다"고 하였다.

『고려사』 오연총전에 공험진과 길주 관계를 밝히는 내용이 들어 있어 주목된다.

> 여진이 또 부근에 있는 여러 부를 모아 길주를 몇 달씩이나 포위하였다. 성에서 10리 떨어진 곳에 작은 성을 쌓고 6책(柵)을 세워 급하게 (길주)성을 공격하여 함락될 뻔했다. 병마부사 이관진(李冠珍) 등이 병사를 독려하여 하룻밤 사이에 중성(重城)을 쌓아 성을 지키면서 싸웠으나 역이 오래고 세가 갈수록 궁해져 사상자가 많이 났다. 연총이 이 소식을 듣고 분연히 나가려 하였다. 왕은 그에게 부월(斧鉞)을 주어 보냈다. 공험진에 이르렀을 때 적이 길을 차단하고 또 숨

---

16) 『고려사』 권96, 윤관전.
瓘又分遣諸將劃定地界 東至火串嶺 北至弓漢伊嶺 西至蒙羅骨嶺 又遣日官崔資顥相地 於蒙羅骨嶺下築城郭九百五十間 號英州 火串嶺下築九百九十二間 號雄州 吳林金村築七百七十四間 號福州 弓漢伊村築六百七十間 號吉州…瓘又城英·福·雄·吉·咸州及公嶮鎭 遂立碑於公嶮以爲界.

> 어서 공격하여 우리 군사가 대패하였다. 장졸들이 병기를 버리고 여러 성에 흩어졌으며 함몰되어 살상자가 얼마인지 헤아릴 수 없다. 연총이 장계를 올려 잘못을 뉘우치고 윤관과 함께 다시 군사를 이끌고 길주로 향하려 하였으나 적이 사신을 파견하여 화해를 청하여 되돌아오고 말았다.17)

이상 오연총전에는 윤관과 오연총이 9성을 쌓고 개선한 후 여진의 반격으로 인하여 오연총이 다시 출전하는 상황을 기록하였다. 당시 길주가 여진에 포위되어 매우 위급하였으며, 오연총은 길주로 향하던 도중에 공험진에서 적의 매복 공격을 받아 대패하였다. 이로써 공험진이 길주로 향하는 도중에 있음을 알 수 있다. 이 때문에 조선후기 실학자 정약용은 "윤관의 발자국이 길주를 한 걸음도 넘지 못했으며", 공험진은 길주 서남쪽에 있다고 하였다.18)

그렇다면 오연총전에서 말하는 길주란 후세의 길주와 같은 곳인지 따져 볼 필요가 있다. 『금사』에 이에 관한 증거가 나와 있다. 『금사』 아도한전(阿徒罕傳)에 다음과 같은 기록이 있다.

> 고려 사람들이 섬에 둔거해 있었다. 한밤중에 30명이 바다를 건너 그들의 영책(營柵)과 배에 불을 놓아 (고려군을) 대파하였다. 이윽고 길성(吉城)을 공파하였으며 이어 여덟 성을 모두 공파하였다.19)

---

17) 『고려사』 권96, 오연총전.
女眞復聚遠近諸部圍吉州數月 去城十里築小城立六柵 攻城甚急 城幾陷 兵馬副使李冠珍等訓勵士卒 一夜更築重城 且守且戰 然役久勢窮 死傷者多 延寵聞之憤然欲行 王復授斧鉞遣之 行至公嶮鎭 賊遮路掩擊 我師大敗 將卒投甲散入諸城 陷沒死傷不可勝數 延寵具狀自劾 與瓘勒兵將再赴吉州 會賊遣使請和 遂還.

18) 정약용, 『강역고』, 북로연혁속(방동인, 『한국의 국경획정연구』, 일조각, 1997, 133쪽에서 재인용).

19) 『금사』 권81, 아도한전(阿徒罕傳).
高麗有屯於海島者 三十人夜渡 焚其營柵戰艦 大破之 遂下吉城 旣而八城皆下.

즉 길성을 공파한 후 차례로 여덟 성을 공파함으로써 고려에 빼앗겼던 9성을 모두 회복하게 되었다는 것이다. 『고려사절요』에도 이와 비슷한 내용이 있다.

> 홍정(弘正, 고려 장령 崔弘正) 등이 9성에서 철수하기 시작하였다. 길주로부터 차례로 전구(戰具)·치량(輜糧) 등을 내지로 거둬들였다. 여진이 매우 기뻐하며 그들의 소와 말로 우리 민을 실어 날랐다. 남겨 두고 온 늙은이·아이, 남녀에 대해서도 한 사람도 살상하지 않았다.[20]

이상에서 보았듯이 길주는 9성 중에서 매우 중요한 위치에 있었으며, 고려와 여진 쟁탈전의 최전방에 있었다. 길주를 보유하지 못할 경우 다른 여덟 성도 보유하기 힘들었다.

이 밖에 『동국여지승람』에 길성이 윤관과 오연총이 수축한 길주임을 밝히고 있다.[21] 『동국여지승람』 「동람도(東覽圖)」를 보면, 지금의 길주 위치에 길성이 표시되어 있다(지도 13 참조). 『금사』와 『동국여지승람』의 길성에 관한 기록과 표시는 우연의 일치가 아닐 것이다.

위 사실을 통해 공험진이 반드시 길주 이남에 있다고 단정하지 못하더라도 길주 근처에 있음을 확인할 수 있다. 따라서 9성의 위치가 대체적으로 길주 이남에 있다고 해도 무방하다. 다시 말하여 공험진은 길주에서 멀리 떨어진 두만강변에 있을 수 없고 더욱이 두만강 이북 700리에 있을 수 없다.

---

20) 『고려사절요』 권7, 예종 4년 7월.
弘正等始撤九城 自吉州以次收入戰具輜糧於內地 女眞喜 以其牛馬載還吾民 遺棄老幼男女一無殺傷.

21) 『신증동국여지승람』 권50, 8쪽.

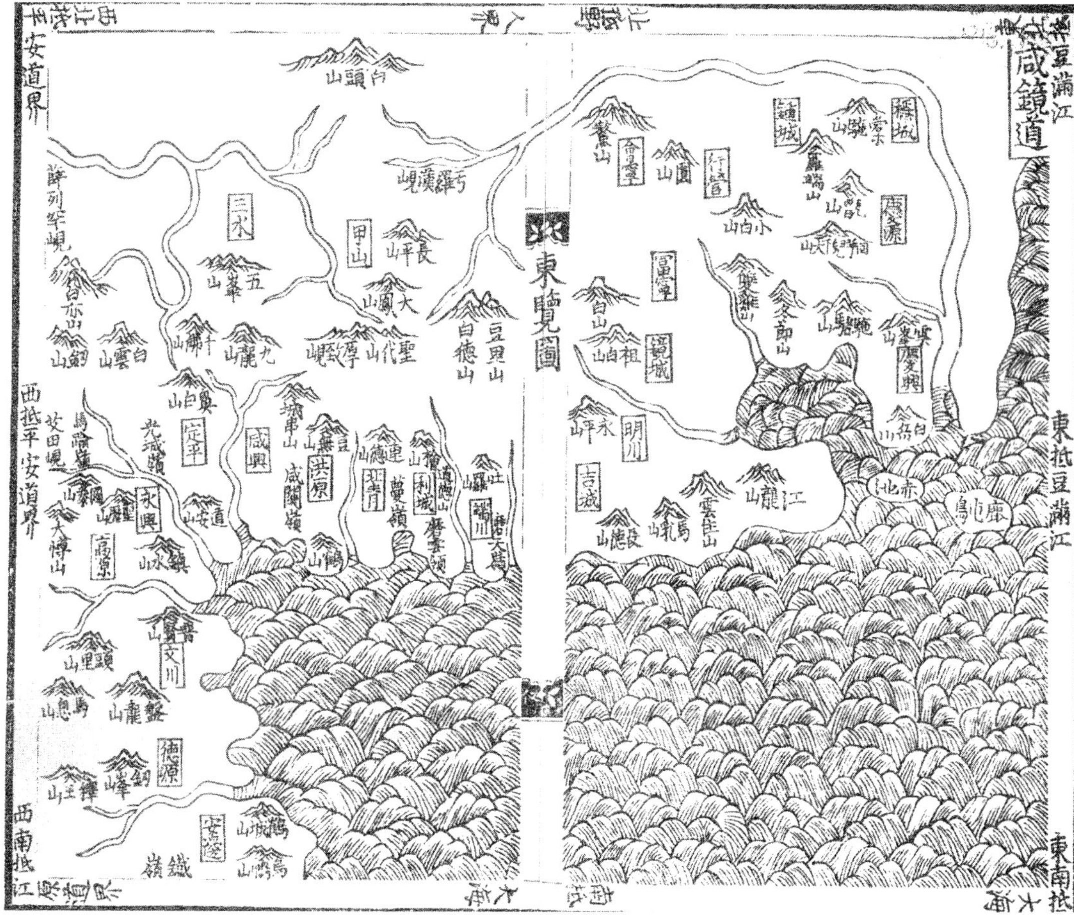

〈지도 13〉『신증동국여지승람』「함경도」

이 밖에 『고려사』 세가・열전을 보면, 선춘령에 비를 세웠다는 기록이 없고 공험진에 비를 세웠다는 기록이 있을 뿐이다. 이 점에 대해 정약용은 선춘령에 비를 세웠다는 것은 조선 초 사람들이 지어낸 말이라고 보았다. 즉 "강역을 다투는 자들이 이런 설을 내놓은 것이 계속 기술되었고 여진인이 노망(鹵莽)하여 이를 사실로 믿었다"는 것이었다.[22]

4. 고려와 명 간에 철령위 설치를 둘러싼 논쟁과 공험진

고려와 명 간에 철령위 설치를 둘러싼 논쟁에 관해서는 적지 않은 연구가 나왔다. 그중 통설에 의하면, 명태조가 처음에 반도 내에 철령위를 설치하고자 하였으나 고려의 반대로 부득불 요동으로 퇴설하게 되었다고 보았다(일본학자 和田淸 등).[23] 이 밖에 일부 학자들은 철령위가 황성(黃城, 길림성 집안, 일본 학자 池內宏)에 있다고 보고,[24] 또 어떤 학자들은 평안북도 강계(구칭 禿魯이며, 鐵嶺과 음이 비슷함. 일본 학자 稻葉岩吉)에 있다고 보았다.[25] 1960년대 한국학자 김용덕은 위 관점에 이의를 제기하였다.[26] 그는 명태조가 반도 내에 철령위를 설치하려 하였다는 관점을 부정하고, 이에 대한 고려의 과민반응과 그 후에 발생

22) 정약용, 『강역고』, 북로연혁속(방동인, 앞책, 133쪽에서 재인용).

23) 和田淸, 「三萬鐵嶺衛の建設」, 『明初の滿洲經略』(上), 東京帝國大學文學部 편, 『滿鮮地理歷史硏究報告』 14・15, 1937년; 末松保和, 「麗末鮮初に於ける對明關係」, 『史學論叢』 2, 1941년; 張杰, 「朱元璋設置鐵嶺衛於鴨綠江東始末」, 『遼寧大學學報(哲學社會科學版)』, 2004년 1기, 72~76쪽.

24) 池內宏, 「高麗辛禑朝に於ける鐵嶺問題」, 『東洋學報』 8, 1918.

25) 稻葉岩吉, 「鐵嶺衛の位置を疑ら」, 『靑丘學叢』 18, 1934.

26) 김용덕, 「鐵嶺衛考」, 『중앙대논문집』 6, 1961.

한 일들은 요동 공격파가 사실을 왜곡하여 허위 보고를 하였기 때문이라고 주장하였다. 그러나 그의 주장은 일가지언에 불과하였으며, 지금까지 와다(和田淸)를 대표로 하는 통설이 지켜지고 있다. 한국에서 영향력이 있는 통사의 경우 예외가 아니었다.[27] 본 논고는 명조와 고려 간에 철령에 대한 지리개념의 착오로부터 착수하여 이 문제에 대한 시론적인 연구를 해보고자 한다.

주지하다시피, 명조는 구원(舊元) 세력을 축출한 기초 상에서 만주지역에 위소(衛所)를 설립하여 여진인에 대한 관리를 실시하였다. 1388년(홍무 21) 3월 명조는 요동도사(遼東都司)하에 철령위를 설치하였다. 『명사』 지리지에 의하면 철령위가 처음에 봉집현(奉集縣) 구철령성에 설치되었다. 봉집현이란 심양 동남쪽에 있는 봉집보(奉集堡),[28] 또는 무순(撫順) 근처이다.[29] 『금사』 지리지에는 "봉집현이 발해의 구현(舊縣)이며, 혼하(渾河)가 있다"고 기록하고 있다. 즉 봉집현이 혼하가 흘러 지나가는 심양·무순 일대에 있음을 알 수 있다.

이처럼 봉집현 구철령성에 설치되었던 철령위가 1393년(홍무 26)에 구성 서북쪽에 있는 고은주(古嚚州)지방(지금의 요녕성 철령)[30]으로 이설되었다. 이 새로운 터에 대하여 『명사』 지리지는 "서쪽에는 요하(遼河)가 있고 남쪽에는 범하(汎河)가 있고 또 그 남쪽에는 소청하(小淸河)가 있으며 모두 요하에 흘러 들어간다"고 기록하였다.[31] 이상을 통해 철령위가 봉집현에 설치되었든지

27) 김상기, 『한국전사 2: 고려시대사』, 동국문화사, 1961; 이기백, 『한국사신론』, 일조각, 1967.
28) 孫文良·李治亭, 『明淸戰爭史略』, 江蘇敎育出版社, 2005, 80쪽.
29) 김용덕, 앞 논문.
30) 孫文良·李治亭, 앞책, 80쪽.
31) 『명사(明史)』 권41, 지 17, 요동도지휘사사.

고은주로 이설하였든지를 막론하고 요동지역을 떠나지 않았음을 알 수 있다.

철령위 설치 직전인 1387년(홍무 20) 12월 명태조는 철령 이남이 고려경과 가깝기 때문에 고려로 하여금 경계를 준수할 것을 다음과 같이 명하였다.

> 옛날에 개원(開原)에 속했던 철령 북·동·서 땅은 요동에서 관할하고, 옛날에 고려에 속했던 철령 이남 땅은 본국(고려)에서 관할하며, 각자 강역의 경계를 바로 하고 침월하는 일이 없도록 하라.[32]

여기에서 말하는 철령이란 요동 철령 즉 심양·무순 근처의 구철령성을 가리킨다. 즉 철령 이북·이동·이서의 원나라 개원로(開原路) 소속은 요동도사에서 관할하고, 철령 이남 옛 고려 구경은 여전히 고려에서 관할하라는 것이다. 말미에 "각자 강역의 경계를 바로하고 침월하는 일이 없도록 하라"는 것은 고려의 요동 침월행위에 대한 경고이다. 그 이전에 고려가 2회에 걸쳐 압록강을 넘어 요동지역으로 진군하였다. 한번은 동가강(佟佳江) 유역으로, 다른 한번은 요양(遼陽) 남쪽 나장탑(螺匠塔)지역으로 쳐들어갔다.[33] 다시 말하여 위 황지는 명조에서 요동에 있는 여진지역을 경영할 타산임을 내비친 것이다.

철령위 설치 소식이 고려에 전해진 것이 1388년 2월이다. 철령위 설치 한 달 전 일이다. 고려 사신 설장수(偰長壽)가 남경에서 돌아온 후 다음과 같은 내용의 황지를 알렸다. "철령 이북 이

32) 『명사』 권320, 조선전.
鐵嶺北東西之地 舊屬開原者 遼東統之 鐵嶺之南舊屬高麗者 本國統之 各正疆境 毋侵越.
33) 김상기, 『(신편)고려시대사』, 서울대학교출판부, 1985. 726쪽.

전에 원에 속했던 곳은 요동에 귀속시키고, 기타 개원 · 심양 · 신주(信州) 등 처의 군민은 복업하도록 하라"는 내용이다.[34]

명조에서 원나라 개원로에 철령위를 설치하려는 것은 고려와 상관없는 일이다. 그러나 위 소식은 고려에서 큰 파문을 일으켰다. 원나라가 고려에 설치했던 쌍성총관부(雙城摠管府) 남쪽 경계 역시 철령이었기 때문이다. 이 철령은 반도 동쪽 중부에 위치해 있었으며 강원도와 함경도의 경계였다. 요동의 구철령성과는 별개의 것이었지만, 고려는 명에서 원의 쌍성총관부를 포함한 철령 이북 지역을 회수하려는 줄로 알았다. 고려는 공민왕대(1351~1374)로부터 원나라 세력이 쇠퇴하는 기회를 틈타 북쪽으로 영토를 확장하여 쌍성총관부 범위를 벗어나 동북쪽으로 해양(길주) 근처에 이르렀다. 이 뿐만 아니라 서북쪽으로 압록강 상류에 이르러 만포 근처에 강계만호부(후에 지금의 강계로 옮김)를 설치하였다.[35]

명의 철령위 설치 소식은 고려 우왕(禑王)을 몹시 긴장케 하였다. 그는 5도에 성을 수축할 것을 명함과 동시에 서북변에 원수를 파견하였다. 그리고 요동 공격파 주장인 최영(崔瑩)과 함께 요동 공격에 대해 논의하였다. 또 경성 방리군(坊里軍)을 동원하여 한양과 중흥성(重興城)을 수축하였으며, 밀직제학 박의중(朴宜中)을 명나라 수도 남경에 파견하여 철령 이북 영토를 회수하지 말 것을 청하였다. 조선의 표문(表文) 내용은 다음과 같다.

> 살펴보건대, 철령 이북 문(文) · 고(高) · 정(定) · 함(咸) 등 주에서 공험진에 이르기까지 예부터 본국의 땅입니다. 요(遼)나라 건통(乾

---

34) 『고려사』 신우열전, 14년 2월 경신.
鐵嶺迤北元屬元朝 竝令歸之遼東 其餘開原 · 瀋陽 · 信州等處軍民 聽從復業.

35) 국사편찬위원회, 『한국사』 22, "사군육진의 개척", 1995.

統) 7년 동여진이 반란을 일으켜 함주 이북의 땅을 빼앗아 갔습니다. 예종이 요에 고하고 토벌할 것을 청하여 군사를 파견하여 회복하고 함주 및 공험진 등 성을 수축하였습니다. 원나라 초기 무오연간 몽고 산길대왕(散吉大王)·보지관인(普只官人) 등이 여진을 수복할 때 본국의 정주 반민(叛民) 탁청, 용진현 사람 조휘가 화주 이북 땅으로써 투항하였습니다. 이들은 금나라 요동 함주로(咸州路) 부근 심주(瀋州)에 쌍성현이 있다는 말을 듣고 또 본국의 함주 근처 화주에 작은 성이 두 개 있는 것에 근거하여 모호하게 주청하여 화주를 쌍성이라 모칭(冒稱)하였습니다. 그리하여 조휘를 쌍성총관, 탁청을 천호로 삼아 인민을 다스리게 하였습니다. 지정(至正) 16년에 이르러 원에 알려 상기 총관과 천호직을 혁파하였습니다. 그리하여 화주 이북을 본국에 환속하였으며 지금까지 주현 관원을 제수하여 인민을 관할하고 있습니다. 반란한 자들에 의해 침탈되었던 것을 대방(大邦, 큰 나라)에 고하여 회복하였습니다. 지금 철령 이북·이동·이서 원나라 개원에 속했던 군민을 여전히 요동에 속하게 하라는 칙명을 받았습니다. 철령의 산은 왕경에서 300리밖에 안 됩니다. 공험진으로써 변계를 삼은 지 한두 해가 아닙니다.…땅은 이미 판도에 들어 있으므로 미구(微軀)에게 돌려주게 되면 밝은 혜택을 받을 수 있을 겁니다. 10행의 조서를 내린 것은 일시지인(一視之仁)에서입니다. 엎드려 바라건대, 폐하께서 넓은 도량으로 덕을 도탑게 하고 편안하게 하여 여러 주의 땅을 하국(下國)의 강역으로 하기 바랍니다. 신은 더욱더 재조지은에 감사할 것이며 영원토록 만수무강을 축원할 것입니다.[36)]

---

36) 『고려사』 신우열전, 14년 2월 경신.
切照 鐵嶺迤北歷文·高·和·定·咸等諸州以至公嶮鎭 自來係是本國之地 至遼乾統七年 有東女眞等作亂 奪据咸州迤北之地 睿宗告遼請討 遣兵克復 就築咸州及公嶮鎭等城 及至元初戊午年間 蒙古散吉大王·普只官人等 領兵收附女眞之時 有本國定州叛民卓靑·龍津縣人趙暉 以和州迤北之地迎降 聞知金朝遼東咸州路附近瀋州有雙城縣 因本國咸州近處和州有舊築小城二座 朦朧奏請 遂將和州冒稱雙城 以趙暉爲雙城總管 卓靑爲千戶 管轄人民 至至正十六年間申達元朝 將上項總管千戶等職革罷 和州迤北還屬本國 至今除授州縣官員管轄人民 由叛賊而侵削 控大邦以復歸 今欽見奉鐵嶺迤北迤東迤西元屬開原所管軍民仍屬遼東 欽此 鐵嶺之山距王京僅三百里 公嶮之鎭限邊界非一二年…地旣入於

위 표문은 우선, 고려 동계의 연혁을 말하고 있다. 첫째, 철령 이북의 문·고·화·정·함주로부터 공험진에 이르기까지 예부터 고려의 영토라는 것, 둘째, 동여진의 반란으로 함주(함흥) 이북이 함몰되었던 것을 예종 때 윤관을 파견하여 수복하여 함주·공험진 등 성을 수축하였다는 것, 1년 뒤 9성을 여진에 되돌려 준 사실을 은폐하였다. 셋째, 원나라가 화주(영흥)에 쌍성총관부를 설치한 시기, 넷째, 공민왕대 화주 이북 영토를 수복하였으며 원에서 이를 인정했다는 것 등이다. 이 같은 내용은 『고려사』 지리지·동계조와 비슷하다. 이는 지리지가 고려의 위 표문의 내용을 참조했음을 말해 준다.

다음으로, 철령에서 고려 수도 개경까지 300리밖에 안 되며, 고려는 줄곧 공험진을 경계로 해 왔음을 강조하고 있다. 즉 쌍성총관부의 남쪽 경계였던 철령과 요동 철령을 혼동하고 있음을 알 수 있다.

마지막으로, 철령 이북 여러 주의 땅을 고려에 속하도록 해 줄 것을 청하였다.

이때는 우왕 13년(1387)이며, 고려 동북계가 해양(길주) 근처였다. 그러므로 위 표문에서 고려가 공험진을 경계로 하였다고 한 것은 실제 상황과 별 차이가 없다고 생각한다. 역으로 이는 윤관이 비를 세워 경계로 삼았던 공험진이 길주 부근에 있음을 말해 준다. 여하튼 철령에 대한 지리인식의 착오로 고려와 신흥 명나라 사이에 국경분쟁이 불가피하게 되었다.

그 후에도 고려의 신하들이 명에서 철령위를 설치한다는 소식을 계속 전하였다. 1388년 3월 서북면 도안무사 최원지(崔元沚)

版圖 還及微軀 優蒙睿澤 特下十行之詔 俾同一視之仁 伏望陛下度擴包容 德敦撫綏 遂使數州之地 仍爲下國之疆 臣謹當益感再造之恩 恒祝萬年之壽.

가 다음과 같이 보고하였다. “요동도사에서 지휘 2명을 파견하여 병사 천여 명을 거느리고 강계(압록강변 만포 근처)에 와서 장차 철령위를 설립한다고 하였습니다. 황제(명태조)가 본위(本衛)의 진무(鎭撫) 등관을 설치하여 요동에 이르며, 요동에서 철령까지 70참(站)을 설치하며, 1참에 백 호를 둔다고 하였습니다.”[37] 당시 고려가 강계에 만호부를 두었기에 철령위 설치에 관한 ‘강계설’이 나오게 된 것이다. 이에 대해 한국학자 김용덕은 철령위는 어디까지나 요동에 설치계획이 있었음을 주장하고, 최원지의 위 보고의 진위를 의심하여 요동 공격파인 최원지가 사실을 조작하여 반명 감정을 조장할 가능성이 크다고 보았다. 그러나 명태조가 요동에 철령위 설치를 계획하고 있었으므로 요동도사에서 압록강변의 강계에 사람을 보내 이를 알린 것은 충분히 가능하다고 생각한다. 압록강변의 여진부락을 초무함과 동시에 철령위 설치 계획을 고려에 알림으로써 고려의 요동 진공을 견제하고자 한 것이다.

최원지의 위 보고를 들은 후 우왕은 분개하여 “여러 신하들이 나의 요동공격 계획을 듣지 않아 이 지경에 이르렀다”고 하였다. 이윽고 팔도에서 정병(精兵)을 징발하여 요동공격을 준비하였다. 같은 달 명나라 후군도독부에서 요동 백호 왕득명(王得明)을 파견하여 철령위 설치 소식을 고려에 알렸다. 우왕은 칭병하고 백관더러 교영하게 하였다. 이와 동시에 우왕은 최영을 팔도도통사로, 조민수(曺敏修)를 좌군도통사로, 이성계(李成桂)를 우군도통사로 임명하고, 좌우군이 압록강을 건너 위화도에 주둔할 것을 명하였다. 이 밖에 ‘홍무’연호의 사용을 중지하고 원나라 관복(冠

37) 『고려사』 신우열전, 14년 3월 을해.

服)을 회복하도록 하였다.[38]

더 재미있는 것은 명조 역시 철령의 지리개념을 혼동하고 있었다는 사실이다. 당시 명조의 수도가 남경이었기에 북방의 지리형세, 특히 반도의 지리형세를 잘 알지 못하였다. 반도 내에 또 다른 철령이 있으며, 이 철령이 원의 쌍성총관부 남쪽 경계인 줄은 더욱 몰랐다. 『명사』 조선전에는 철령 이북 땅을 환수하지 말 것을 청한 조선의 표문을 받은 후 명태조의 반응을 다음과 같이 기록하였다.

> 홍무 21년 4월 표문에 이르기를, 철령의 땅이 그들이 대대로 지키던 땅이므로 옛날대로 할 것을 청하였다. 이에 황제(명태조)가 이르기를 "고려는 예부터 압록강을 경계로 하는데 지금 철령이라고 꾸미고 있으니 기만하고 조작함이 명백하다. 짐의 말로써 고유(告諭)하여 분수를 지키며 혼단을 일으키지 말도록 하라."[39]

즉 명태조는 고려가 종래 압록강을 경계로 하는데 지금 철령이 그들이 대대로 지키던 땅이라고 한 것은 거짓이고 조작이므로 황지로써 고려를 경고할 것을 명하였다. 명태조 역시 고려 철령과 요동 철령을 혼동하였기에 크게 성낸 것이다.

같은 해 6월 고려사신 박의중이 명 예부로부터 경고의 뜻이 담긴 자문을 받아 왔다. 그 상세한 내용은 다음과 같다.

> 고려 표문에 철령의 인호에 관하여 조상으로부터 문・화・고・정 등 주가 고려에 속한다고 하였다. 왕의 말대로라면 그 땅이 마땅히

38) 『고려사』 신우열전, 14년 3월 을해, 4월 을축, 5월 경진.

39) 『명사』 권320, 조선전.
洪武二十一年四月 表言 鐵嶺之地 實其世守 乞仍舊便 帝曰 高麗舊以鴨綠江爲界 今飾辭鐵嶺 詐僞昭然 其以朕言諭之 俾安分 勿生釁端.

고려에 속해야 하지만, 도리와 형세로 보아 여러 주의 땅은 전에 원이 통치했으므로 지금은 요동에 속해야 한다. 고려의 말을 가볍게 믿을 수 없고 반드시 상세히 조사해야 한다. 고려는 바다를 사이 두고 또 압록강을 계한으로 고대로부터 성교(聲敎)를 달리하였다. 그러나 누차 중국의 여러 조정의 정벌을 받게 된 것은 흔단을 자주 일으켰기 때문이다.…짐이 여러 조정이 고려를 정벌한 사실을 살펴보니, 한(漢)이 4차 벌한 것은 변경을 자주 노략질하였기에 멸하였다. 위(魏)가 2차 벌한 것은 몰래 두 마음을 품고 오(吳)와 통교하였기에 그들의 수도를 도살하였다. 진(晋)이 1차 벌한 것은 그들이 오만하고 무례하여 궁실을 불살랐고 남녀 5만 구를 노예로 삼았다. 수(隋)가 2차 벌한 것은 요서에서 노략질하고 번례(蕃禮)를 잘 지키지 않았기에 토벌하여 항복하게 하였다. 당(唐)이 4차 벌한 것은 그들이 시군(弑君)하고 형제간에 서로 다퉜기에 그들의 땅을 평정하고 9도독부를 세웠다. 요(遼)가 4차 벌한 것은 시군(弑君)하고 또 노략질과 반란을 거듭하여 그들의 궁실을 불사르고 난신 강조(康兆) 등 수만 명을 참하였다. 금(金)이 1차 벌한 것은 사신을 죽였기에 그들의 민을 도살하였다. 원(元)이 5차 벌한 것은 도망자를 받아들이고 사자(使者)와 조정관원을 죽였기에 군사를 일으켜 토벌하였으며 그들의 왕이 탐라로 도망간 것을 잡아 죽였다. 이처럼 흔단을 일으킨 것은 모두 고려가 자초한 것이며 중국 제왕이 땅을 차지하기 위한 것이 아니다. <u>오늘 철령의 땅에 대해 왕국은 할 말이 있어 한다.</u> 탐라의 섬이 옛날에는 원세조의 목마장이었다. 오늘 원나라 자손이 복속해 오는 것이 매우 많은데, 짐은 반드시 원의 후사를 끊으려는 생각이 없다. 그러므로 여러 왕을 섬에 두고 수만 명의 군사로써 지키게 하고, 또 양절(兩浙)의 식량으로써 도와주어 원의 후사가 끊이지 않게 하며, 그들로 하여금 바다에서 편안하고 자유롭게 지내도록 해야 한단 말인가?[40]

---

40) 『고려사』 신우열전, 14년 6월 신해.
高麗表云 鐵嶺人戶事 祖宗以來其文・和・高・定等州本隷高麗 以王所言其地合隷高麗 以理勢言之其數州之地曩爲元統 今合隷遼東 高麗所言未可輕信 必待詳察然後已 且高麗隔大海限鴨綠 始古自爲聲教 然數被中國累朝征伐者蓋爲

위 예부자문은 풍자와 위협의 뜻으로 가득 찼다. 그 내용을 분석해 보면, 첫째, 고려에서 이른바 철령 이북이 대대로 지켜 오던 땅이라고 주장한 데 대해 회의를 표했으며, "고려의 말을 가볍게 믿을 수 없고 반드시 상세히 조사해야 한다"고 하였다. 둘째, 고려가 자고로 압록강을 경계로 함을 강조하고 중국 역대의 정벌을 면치 못한 것은 흔단을 일으켰기 때문이라고 비난하고, 중국 역대 왕조가 반도를 공격한 원인과 사실을 열거하였다. 이는 고려에 대한 군사 위협의 뜻이 내포된 것이다. 셋째, "오늘 철령의 땅에 대해 왕국은 할 말이 있어 한다. 탐라의 섬은…", 이 부분의 내용을 분석해 보면, 그 뜻인즉 지금 명에서 원에 속했던 철령(요동) 이북을 점유하려고 하는데, 고려가 안 된다고 한다. 그렇다면 원세조 목마장이었던 탐라를 고려가 점유하고 있는데, 고려의 논리대로라면 명에 투항해 오는 원의 후손들을 탐라에 안치시키고 명에서 군사로써 지켜 주고 식량을 공급하여 섬에서 자유로운 생활을 누리게 해야 한단 말인가?고 반문하였다. 즉 고려의 철령 땅 요구에 대한 풍자적 수법이다.

그러나 위 예부자문이 도착하기 전에 고려 내부에서 정변이 일어나고 말았다. 5월 이성계가 반기를 들고 위화도에서 회군하여 개경을 공격하였으며 요동공격파 수뇌인 최영을 구금하고 우

能生釁端 且朕觀累朝征伐高麗者 漢伐四次 爲其數寇邊境 故滅之 魏伐二次 爲其陰懷二心 與吳通好 故屠其所都 晉伐一次 爲其侮慢無禮 故焚其宮室 俘男女五萬口奴之 隋伐二次 爲其寇遼西 缺蕃禮 故討降之 唐伐四次 爲其弑君 幷兄弟爭立 故平其地 置爲九都督府 遼伐四次 爲其弑君 幷反復寇亂 故焚其宮室 斬亂臣康兆等數萬人 金伐一次 爲其殺使臣 故屠其民 元伐五次 爲其納逋逃 殺使者及朝廷所置官 故興師往討 其王竄耽羅捕殺之 原其興端皆高麗自取之也 非中國帝王好呑幷而欲土地者也 今鐵嶺之地王國有辭 其耽羅之島昔元世祖牧馬之場 今元子孫來歸甚衆 朕必不絶元嗣 措諸王於島上 戍兵數萬以衛之 兩浙發糧以贍之 以存元之後嗣 使元子孫復优游於海中 豈不然乎.

왕을 폐하고 창왕을 세웠다. 이와 동시에 명에 사신을 파견하여 우왕과 최영 등이 요동을 공격하려던 죄를 고하였다. 얼마 후 이성계의 책동하에 창왕과 공양왕을 폐위시키고 1392년 도평의사사의 추대로 이성계가 합법적으로 왕위에 올라 조선왕조를 창립하였다.

위에서 살펴본 바와 같이 철령에 대한 지리 개념의 혼동으로 그다지 순탄하지 못하던 명·고려 관계가 더욱 악화되었으며, 고려의 군사적 모험과 정변을 유발하였고 새로운 왕조가 탄생하게 되었다. 이는 역사적 유례를 찾아보기 힘든 것이다. 그러나 문제의 관건은 철령에 대한 지리인식의 착오에만 국한된 것이 아니다. 이는 그 이후 일련의 역사사건의 도화선에 불과하다. 가장 근본적인 원인은 대륙에서 새로 흥기한 명나라에 대한 외교정책의 차이에 있다. 이성계가 성공할 수 있는 것은 원말명초 대륙 형세의 변화에 부응하여 친명외교를 택했기 때문이다. 신흥 조선왕조는 곧바로 명조의 승인을 받았고 쌍방간에 종번관계를 확립하였다. 이로써 조선왕조의 성립과 발전에 유리한 외부환경을 조성하였다.

여하튼 고려는 명과 철령위 설치를 둘러싼 논쟁에서 공험진을 경계로 함을 주장하였고 이는 당시 고려 동북계의 영토 현실과 일치하였다.

5. 조명간 여진인 귀속문제를 둘러싼 교섭과 공험진

명성조(明成祖)는 전에 연왕(燕王)이었다. 그는 '정난(靖難)의 역(役)'을 통해 황제위에 오른 후 전략적 중심을 북방으로 돌려 여진지역을 경영하고자 하였다. 1403년 명조는 동북지역에 건주위와 올자위(兀子衛)를 설치하였다.[41] 그 다음해 요동 천호 왕가인(王可仁)을 두만강 일대에 보내 두만강 이남에 거주하고 있던 삼산(參散)·독로올(禿魯兀) 등 11처 여진인을 초무하고자 하였다. 이에 앞서 왕가인을 조선에 보내 여진인 초무에 관한 황지를 전하였다. 그 상세한 내용은 다음과 같다.

삼산·독로올 등 처 여진지면의 관민인 등은 알거라. 오늘 짐이 즉위하였노라. 천하가 태평하고 4해 내외가 모두 한 집안과 같도다. 너희들이 (이를) 모를까 염려되며, 서로 통속하지 않고 강한 자가 약한 자를 능멸하고, 많은 자가 적은 자를 폭행한다면 어찌 조용하고 편안할 수 있겠는가? 오늘 짐의 말을 듣고 인신(印信)을 받아 스스로 통속하고 사냥하고 방목하며 각자 생업에 안착하고 장사하며 편하게 왕래하면서 함께 태평의 복을 누릴 것이니라. 오늘 삼산·독로올 등 11처를 초유한다. 계관(溪關) 만호 영마합(寧馬哈), 삼산 천호 이역리불화(李亦里不花), 독로올 천호 동삼합(佟參哈)·동아로(佟阿蘆), 홍긍(洪肯) 천호 왕올난(王兀難), 합란(哈蘭) 천호 주번실마(朱蹯失馬), 대신(大伸) 천호 고난도(高難都), 도부실리(都夫失里) 천호 김화실첩목(金火失帖木), 해동(海童) 천호 동귀동(董貴洞), 아사(阿沙) 천호 주인홀(朱引忽), 알합(斡合) 천호 류설열(劉薛列), 아도가(阿都歌) 천호 최교납(崔咬納)·최완(崔完)자(者).[42]

---

41) 『명성조실록』 권24, 영락 원년 11월; 권25, 영락 원년 12월.

42) 『태종실록』 권7, 태종 4년 4월 갑술.
勅諭 參散禿魯兀等處女眞地面官民人等知道 今朕卽大位 天下太平 四海內外皆同一家 恐爾等不知 不相統屬 强凌弱 衆暴寡 何有寧息之時 今聽朕言給與印信 自相統屬 打圍牧放 各安生業 經商買賣 從便往來 共享太平之福 今招諭參散禿魯兀等一十一處 溪關萬戶寧馬哈 參散千戶李亦里不花 禿魯兀千戶佟參哈佟阿蘆 洪肯千戶王兀難 哈蘭千戶朱蹯失馬 大伸千戶高難都 都夫失里千戶金火失帖木 海童千戶董貴洞 阿沙(利原)千戶朱引忽 斡合千戶劉薛列 阿都歌千戶崔咬納崔完者.

위 황지에서 말하는 여진지방이 대부분 두만강 이남에 있으며, 그중 일부 부락은 조선에서 직첩과 위계를 받고 있었다. 예컨대 삼산 천호 이역리불화는 조선 개국공신 이지란(李之蘭)의 아들로서 처음부터 끝까지 명조의 인신을 거부하였다. 그러한 이유 때문에 왕가인이 여진지면에 이르렀을 때 황지에 응하지 않는 여진부락이 많았다.[43] 물론 조선의 사전공작도 작용했을 것이다.

명성조의 두만강 이남 여진부락에 대한 초무정책은 조선 초에 추진하였던 북진정책과 서로 충돌되는 것이었다. 고려 말부터 실시된 북진정책은 조선 초에 이르러 상당한 성과를 거두었다. 1392년 왕자 이방원(뒤의 태종)을 공주(孔州, 경흥 남쪽 고읍)에 보내 덕릉(목조릉)과 안릉(목조비 이씨릉)을 조성하였다. 그 다음해 8월 동북면 안무사 이지란을 갑주(갑산)와 공주에 보내 성을 수축하고 진무하게 하였다. 1398년 2월 동북면 주부군현(州府郡縣) 명칭을 정하여, 안변(安邊) 이북 청주(青州-북청) 이남을 영흥도(永興道)라 칭하고 단주(단천) 이북 공주 이남을 길주도라 칭하였다. 그리고 동북면 도(都)·순문찰리사(巡問察理使)로 하여금 이를 통관하게 하였다. 이와 동시에 공주의 옛 토성을 석성으로 고쳐 경원도호부로 승격하였다. 또 경성군을 따로 설치하여 만호를 두었다.[44] 이는 조선의 북진 보조가 두만강변에 이르렀음을 말해 준다.

그러나 조선의 북진정책은 명조가 추진하고 있던 여진인에 대한 초무정책과 상충되는 것이기 때문에 명조의 이해를 얻지 못할 경우 군사적 충돌의 위험이 따랐다. 북진 성과를 보유하면서 명조와 우호적인 관계를 유지하는 유일한 방법은 외교 교섭을

43)『태종실록』 권7, 태종 4년 5월 을사.
44) 국사편찬위원회 편,『한국사』 22, 161~162쪽.

통해서였다. 왕가인이 조선을 떠나 여진지면으로 향한 후 조선은 명조에 주청사를 파견하기로 하였다. 이를 위해 태종은 영춘추관사 하륜(河崙)과 지춘추관사 권근(權近)을 시켜 사고(史庫)를 열어 고려 『예종실록』을 살펴보며, 윤관이 동여진을 쳐서 경상에 비를 세운 사실(史實)을 찾게 하였다.45) 이와 동시에 예문관제학 김첨(金瞻)으로 하여금 지형도본을 가지고 왕가인과 함께 남경에 가서 여진지면을 조선에서 관할하도록 할 것을 청하였다. 조선의 주문 내용은 다음과 같다.

> 살펴보건대, 본국 지방은 공험진으로부터 공주·길주·단주·영주·웅주·함주 등을 포함하여 모두 본국의 땅입니다. 요(遼)나라 건통 7년 동여진이 반란을 일으켜 함주 이북의 땅을 빼앗아 갔습니다. 고려 예왕(睿王) 왕오(王俁)가 요에 고하고 토벌할 것을 청하여 군사를 파견하여 회복하였습니다. 원나라 초 무오연간 몽고 산길대왕·보지관인 등이 여진을 수복할 때 본국의 반민 조휘와 탁청이 그 땅으로써 투항하여 조휘가 총관으로, 탁청이 천호가 되어 군민을 관할하였습니다. 이로부터 여진인민이 그곳에서 끼여 살게 되었고, 방언으로써 그들이 살고 있는 곳을 부르게 되었습니다. 길주는 해양, 단주는 독로올, 영주는 삼산(三散), 웅주는 홍긍, 함주는 합란이라고 불렀습니다. 지정(至正) 16년 공민왕 왕전(王顓)이 원나라에 신달(申達)하여 모두 혁파하였으며, 공험진 이남을 본국에 되돌려 주어 관리를 정하여 관할하게 하였습니다. 성조(聖朝, 명조) 홍무 21년 2월 호부의 자문에 이르기를 "시랑 양정(楊靖) 등 관은 태조 고황제의 성지를 공손히 받든다. 철령 이북·이동·이서는 원래 개원 소속이며, 군민은 여전히 요동의 소관으로 하라"고 하였습니다. 본국은 위 사정에 대하여 즉시 배신 밀직제학 박의중을 보내 표문을 받들고 조정에 가서 공소하게 하였습니다. 그리하여 공험진 이북을 요동에 환속하고 공

---

45) 『태종실록』 권7, 태종 4년 4월 정유.

험진 이남으로부터 철령까지 본국에 환속할 것을 요구하였습니다. 같은 해 6월 12일 박의중이 경사(京師)에서 돌아와 예부의 다음과 같은 자문을 전했습니다. "본부(예부) 상서 이원명(李原明) 등이 같은 해 4월 18일 다음과 같은 성지를 삼가 받았다. 철령의 옛 일에 대해 왕국은 할 말이 있어 한다(鐵嶺之故 王國有辭). 여전히 관리를 정하여 다스리도록 하라." 지금 흠차 동영위(東寧衛) 천호 왕수(王修, 왕가인)가 갖고 온 칙유에 또 이르기를 "삼산·독로올 등 처의 여진지면 관민인 등을 초유하라"고 하였습니다. 살펴보건대, 삼산 천호 이역리불화 등 10처 인원은 비록 여진 인민이지만 본국 지면에서 산지가 오래며, 호인 나하추(納哈出)와 왜구의 침탈을 받아 쇠잔해져 유종이 얼마 남지 않았습니다. 또한 본국 인민과 서로 통혼하여 자식을 낳고 부역에 응하였습니다. 또한 신(臣)의 조상이 동북 지면에서 살았으며, 현조 선신(先臣) 안사(安社)의 묘지가 공주에 있으며, 고조 선신 행리(行里), 조 선신 자춘(子春)의 묘지도 모두 함주에 있습니다. 소방은 성조와 조우한 뒤 누차 고황제의 화외(化外)를 구분하지 않고 일시동인한다는 유지를 받았습니다.…소방은 일시동인의 범위에 포함되며, 또한 공험진 이남은 고황제의 '왕국유사(王國有辭)'의 유지가 있습니다. 그러므로 여진 유종을 본국에서 관할하도록 하게 되면 온 나라가 다행으로 생각하겠습니다. 배신 예문관제학 김첨을 보내 주본(奏本)과 지형도본을 받들고 부경(赴京)하여 주달합니다.46)

---

46) 『태종실록』 권7, 태종 4년 5월 기미.
照得本國東北地方 自公嶮鎭 歷孔州·吉州·端州·英州·雄州·咸州等州 俱係本國之地 至遼乾統七年 東女直作亂 奪據咸州以北之地 高麗睿王王俁告遼請討 遣兵克復 及至元初戊午年間 蒙古散吉普只等官收付女直之時 本國叛民趙暉·卓靑等以其地迎降 以趙暉爲總管 卓靑爲千戶 管轄軍民 由是女直人民雜處其間 各以方言名其所居 吉州稱海陽 端州稱禿魯兀 英州稱三散 雄州稱洪肯 咸州稱哈蘭 至至正十六年間 恭愍王王顓申達元朝 竝行革罷 仍以公嶮鎭以南還屬本國 委定官吏管治 聖朝洪武二十一年二月承準戶部咨 該侍郎等官欽奉太祖高皇帝聖旨 節該 鐵嶺以北以東以西 原屬開原所管軍民 仍屬遼東所管 欽此 本國卽將上項事因 差陪臣密直提學朴宜中賫擎表文 前赴朝廷控訴 乞將公嶮鎭以北還屬遼東 公嶮鎭以南至鐵嶺還屬本國 至當年六月十二日朴宜中回自京師承準禮部咨 該本部尙書李原明等官於當年四月十八日欽奉聖旨 節該 鐵嶺之故 王國有辭 欽此 仍舊委定官吏管治 今奉欽差東寧衛千戶王修賫來勅諭內

위 주문 내용은 다음과 같이 요약할 수 있다. 첫째, 공험진 이남이 조선 땅임을 주장하였다. 여기에서 눈에 띄는 것은 조선 초에 새로 개척한 두만강변의 공주가 공험진 이남에 포함됐다는 사실이다. 이로써 공험진은 고려 말 길주 일대로부터 두만강변 또는 그 이북에 이르렀음을 알 수 있다. 김첨이 갖고 간 지형도본에도 공험진의 위치를 그렇게 표시해 놓았을 것으로 예상된다. 이는 두만강 이남을 보유하기 위한 계책에서 나온 것이라고 생각된다.

둘째, 여진 지명과 조선 지명을 일일이 대조하였다. 예컨대 길주가 해양, 단주가 독로올, 영주가 삼산, 웅주가 홍긍, 함주가 합란의 식으로 밝혀 놓아, 황지의 이른바 11처 여진지방이 고려시기부터 본국에 속했고 특히 예종 때 회복한 땅임을 강조하였다.

셋째, 홍무 21년의 이른바 "철령지고(鐵嶺之故) 왕국유사(王國有辭)"에 대한 해석에 문제가 있다. 당시 고려에서 박의중을 파견하여 공험진 이남 철령 이북의 땅을 고려에 속하도록 요구한데 대해, 명 예부는 경고와 위협의 뜻이 가득한 자문을 보냈으며, "철령지고 왕국유사"와 탐라문제를 연결시켜 조선을 풍자하였다. 그러나 위 주문에서는 명조가 공험진 이남 철령 이북 땅이 고려에 속한다고 인정한 것으로 곡해하고 있다.

넷째, 삼산 등 10처 여진지방이 매우 쇠잔하며, 조선에서 오랫

招諭參散禿魯兀等處女直地面官民人等 欽此 切詳 參散千戶李亦里不花等一十處人員 雖係女直人民 來居本國地面年代已久 累經胡人納哈出等兵及倭寇侵掠凋瘁殆盡 其遺種存者無幾 且與本國人民交相婚嫁 生長子孫 以供賦役 又臣祖上曾居東北地面 玄祖先臣安社墳墓見在孔州 高祖先臣行里・祖先臣子春墳墓皆在咸州 切念 小邦遭遇聖朝以來 累蒙高皇帝詔旨不分化外一視同仁…小邦旣在同仁之內 公嶮鎭以南 又蒙高皇帝王國有辭之旨 所据女直遺種人民 乞令本國管轄如舊 一國幸甚 爲此 今差陪臣藝文館提學金瞻賫擎奏本及地形圖本 赴京奏達.

동안 관할해 왔으며, 조선 선조의 묘지가 공주·함주 등지에 있음을 밝혔다.

요컨대 위 주문에서 조선은 동북면의 지리연혁, 여진인에 대한 관할 역사, 조선 선조의 활동지역 등으로부터 여진지역을 조선의 관할로 할 것을 요구하였다. 이로써 두만강 이남 지역을 강역으로 확보함과 동시에 명조의 남하 세력을 두만강 일선에서 차단하고자 한 것이다.

명성조는 조선의 요구를 쾌히 승낙하였다. 칙서에는 "삼산 천호 이역리불화 등 10처 인원은 청한 대로 준한다"고 하였다.[47] 명성조가 이 같은 태도를 보인 것은 명조가 여진을 초무하는 목적이 그들의 땅을 차지하기 위해서라기보다는 초유를 통해 동북 경계의 병풍역할을 하게 하기 위해서였다. 명조가 만주에 설치한 많은 위소가 기미의 성격을 띠고 있어 기미위소라고 불렸다.[48] 조선의 주문대로 10처 여진을 조선에서 관리해 온 지가 오래된 이상 조선에서 관할하는 것도 나쁠 것이 없었다. 특히 명성조가 '정난의 역'을 발동하여 황위에 올랐을 때, 조선 태종(왕자의 난을 통해 왕위에 오름)이 신속히 축하사신을 파견하였다. 이는 현재의 경우, 마치 한 나라의 지도자가 다른 나라의 정변을 통해 정권을 탈취한 지도자를 인정해 줌으로써 두 나라간의 우호관계와 신임을 증진하는 것과 같은 도리였다. 여하튼 이처럼 우호적인 분위기 속에서 11처 여진 관할권이 조선에 넘어가고 말았다.

김첨이 돌아오자 태종이 몹시 기뻐하여 그에게 전 15결을 하사하였다. 이어 중군도총제 임정(林整)을 남경에 보내 10처 인민이 조선에 환속된 것에 대해 사의를 표하였다.[49] 이를 통해 조

---

47) 『태종실록』 권7, 태종 4년 10월 기사.
48) 김한규, 앞책, 593쪽.

선은 두만강 이남 지역을 경영하고 최종적으로 두만강을 국경으로 하게 되는 기초를 닦아 놓았다.

그 이후 조명간에 여진 관할권을 놓고 논쟁이 생길 때마다 조선은 이른바 홍무 21년 "철령지고 왕국유사"의 유지와 명성조의 위 황지를 근거로 공험진 이남이 조선에 속함을 주장하였다. 예컨대 조선 세종 때에 "몽가첩목아(蒙哥帖木兒)는 공험진 이남 경성 지면에 삽니다"라고 한다든가, "회령은 공험진 내의 본국 지면입니다"라고 한다든가, "동몽가첩목아는 관하 인원을 거느리고 본국의 공험진 이남 아목하(阿木河, 회령) 지방에서 살았습니다"라고 하였다.[50]

그럼에도 불구하고 공험진 위치는 여전히 모호하였다. 1439년 8월 국왕은 함길도 도절제사 김종서(金宗瑞)에게 명하여 공험진 위치와 비를 알아보도록 하였다. 왕지의 내용은 다음과 같다.

> 동북경은 공험진을 경계로 한다고 전해 내려온 지 오래다. 그러나 확실히 어디에 있는지 알 수 없다. 본국의 땅을 살펴보면, 본진(本鎭)이 장백산(長白山, 경성 장백산) 북록(北麓)에 있는 것 같은데, 확실히 알 수 없다. 『고려사』에 이르기를 "윤관이 공험진에 비를 세워 경계로 삼았다"고 한다. 지금 듣건대, 선춘점(先春岾)에 윤관이 세운 비가 있다고 하는데, 본진이 선춘점의 어느 쪽에 있는가? 사람을 시켜 비문을 탐지할 수 있는가? 비는 지금 어떠한가? 만약 길이 막히고 사람을 보내기 어렵다면, 폐단 없이 탐지할 방법이 없는가? 경(卿, 김종서)은 잘 생각해 계문하라. 또 강 밖에 많은 고성(古城)이 있다고 하는데, 고성에 비갈이 없는가? 만약 비문이 있다면 사람을 시켜 베껴 올 수 있는지 계문하라. 그리고 윤관이 여진을 쫓고 9성을 설치했다고 하는데, 그 성이 지금의 어느 성인가? 공험진의 어느

49) 『태종실록』 권7, 태종 4년 10월 기사.
50) 『세종실록』 권77, 세종 19년 5월 정유; 권80, 20년 1월 병오.

쪽에 있는가? 거리가 얼마나 되는가? 아울러 알아보고 계문하라.[51]

즉 국왕은 공험진의 위치에 대하여 '장백산북록', 선춘점(두만강 이북, 『세종실록지리지』), 두만강 이북 고성에 있을 것으로 추측하였다. 공험진 위치에 대한 모호한 인식과 대조적으로 명에 보낸 외교문서에서는 공험진을 조선 동북경의 계한으로 삼고 있었으며, 두만강 이남의 모든 곳을 공험진 이남 본국 모모 지(地)라고 칭하였다. 결국 공험진이 두만강의 대명사가 된 셈이다.

결 어

예종 2·3년 고려는 윤관을 파견하여 동여진을 구축하고 고려장성 이북 길주 이남에 9성을 설치하고 공험진에 비를 세워 경계로 삼았다. 1년 뒤 여진의 군사압력에 못 이겨 9성을 도로 여진에 귀환하였다. 이 기간의 역사는 비록 짧지만, 고려·조선왕조 역사에 깊은 흔적을 남겼으며 여말선초 북진정책의 내재적 동력이 되었다. 그러한 역사적 기억은 조선 초에 신흥 명나라와 두만강 이남 여진 관할권을 둘러싼 투쟁에서 외교적 무기로 사용되기도 하였다. 시간의 흐름과 더불어 공험진의 위치가 더욱 모호해졌으며, 외교적 무기로 사용하기에 더욱 편리하고 자의성

51) 『세종실록』 권86, 세종 21년 8월 임오.
東北之境 以公嶮鎭爲界 傳言久矣 然未知的在何處 考之本國之地 本鎭在長白山北麓 亦未知虛實 高麗史云 尹瓘立碑於公嶮鎭以爲界至 今聞先春岾有尹瓘所立之碑 本鎭在先春岾之何面乎 其碑文可以使人探見乎 其碑今何如也 如曰路沮 未易使人 則無弊探知之策 卿當熟慮以聞 且聞江外多有古城 其古城無奈有碑碣歟 如有碑文 則亦可使人謄書與否幷啓 又尹瓘逐女眞置九城 其城今何城乎 在公嶮鎭之何面乎 相距幾何 幷聞見開寫以啓.

이 돋보였다. 따라서 공험진의 위치도 고려시기 길주 일대로부터 북쪽으로 이동되어 조선 초 두만강변에 이르렀다.

조명간에 철령위 설치를 둘러싼 영토 분쟁은 양국의 지리인식 착오에서 생긴 것이며, 고려 내부 친명파의 정변을 유발하여 신흥 조선왕조 탄생의 도화선이 되었다.

여말선초 북진정책 추진과정은 여진지면에 대한 군사 점령의 과정이기도 하고 명조와의 외교투쟁의 과정이기도 하였다. 명태조의 동북지역에 대한 경영은 요동에 한하였으나, 명성조에 이르러 두만강 이남 여진지역을 초무하고자 하였다. 그러나 조선의 교섭과 저지로 그 관할권이 조선에 넘어왔다. 이는 그 이후 세종대에 두만강 연안에 육진을 설치하고 최종적으로 두만강으로 경계를 삼게 되는 기초를 마련하였다. 이처럼 여진인은 대륙과 반도 두 개의 신흥 강국 사이에 끼어 살았다. 조선은 여진 지면에 행정기구를 설치하였을 뿐만 아니라, 남도에서 사민(徙民)하여 그들의 땅에 채워 넣음으로써 여진인의 조선화를 추진하였다. 그러나 명조는 만주지역에 기미정책 즉 느슨한 통치를 실시한 결과 그 땅에서 새로운 왕조 즉 청왕조가 탄생하게 되었다.

참고문헌

1. 기본사료

1) 중국사료

『嘉慶重修一統志』
『康熙起居注』
『康熙朝滿文朱批奏摺全譯』
『康熙朝漢文朱批奏摺』
『康熙皇輿全覽圖』(福克司 영인본, 1943)
『乾隆朝漢文朱批奏摺』
『光緒宣統兩朝上諭檔』
『宮中檔乾隆朝奏摺』
『宮中檔雍正朝奏摺』
『金史』
『大淸一統志』(1744 · 1784)
『明史』
『明實錄』
博明希哲, 『鳳城瑣錄』(『遼海叢書』 제2책, 신서원, 1987)
薩英額, 『吉林外記』
徐世昌 등, 『東三省政略』(李澍田 주편, 『長白叢書』 3집, 吉林文史出版社, 1989)
『盛京通志』(1684 · 1736)
阿 桂, 『滿洲源流考』(遼寧民族出版社, 1988)
楊 賓, 『柳邊紀略』(『遼海叢書』 제2책, 신서원, 1987)
吳祿貞, 『延吉邊務報告』(台北文海出版社, 1969)
吳振臣, 『寧古塔紀略』(中華書局, 1985)

『雍正朝漢文朱批奏摺彙編』
林 佶, 『全遼備考』(台北廣文書局, 1968)
『長白彙征錄』(李澍田 주편, 『長白叢書』 초집, 吉林文史出版社, 1987)
曹廷杰, 『西伯利亞東編紀要』(高永一 주편, 『中國朝鮮族歷史研究參考資料彙編』 제1집, 延邊大學出版社, 1989)
朱壽朋 편찬, 『光緖朝東華錄』(學苑出版社, 2000)
『淸史稿』
『淸實錄』
『淸會典事例』
『咸豊同治兩朝上諭檔』
『琿春副都統衙門檔案選編』(李澍田 주편, 『長白叢書』 5집, 吉林文史出版社, 1991)

2) 한국사료
『高麗史』
『高麗史節要』
金指南, 『北征錄』
南九萬, 『藥泉集』
『大東輿地圖』
『大典會通』
『同文彙考』
朴 權, 『北征日記』
『備邊司謄錄』
『西北界圖』
『西北彼我兩界萬里一覽之圖』
『續大典』
『受敎輯錄』
『承政院日記』
『新補受敎輯錄』

『新增東國輿地勝覽』
『輿地圖』
『邑誌』 평안도, 함경도(『한국지리지총서』, 한국학문헌연구소 · 아세아문화사, 1986)
『義州府狀啓謄錄』(李王職實錄編纂會 편, 1900)
李民寏, 『紫巖集』
田翊規 편, 『龍灣誌』(1788)
丁若鏞, 『疆域考』
鄭尙驥, 『東國地圖』
『朝鮮王朝實錄』
『靑邱圖』
崔宗範 등, 『江北日記』
『通文館志』
『海東地圖』
玄 采 편, 『大韓地誌』
洪世泰, 『白頭山記』

2. 저서

1) 중국저서

姜艶芳 · 齊春曉, 『東北史簡編』, 哈爾濱出版社, 2001.
姜龍範 · 劉子敏, 『明代中朝關係史』, 黑龍江朝鮮民族出版社, 1999.
戴 逸 주편, 『簡明淸史』, 人民出版社, 2004.
佟 冬 주편, 『中國東北史』, 吉林文史出版社, 1987.
杜 瑜, 『與地圖籍: '異域錄'與'大淸一統志'』, 遼海出版社, 1997.
馬大正 주편, 『中國邊疆經略史』, 中州古籍出版社, 2000.
孟 森, 『明淸史講義』, 中華書局, 1981.
白新良 주편, 『中朝關係史-明淸時期』, 世界知識出版社, 2002.

蕭一山, 『淸代全史』, 中華書局, 1986.
孫文良・李治亭, 『明淸戰爭史略』, 江蘇敎育出版社, 2005.
孫　喆, 『康雍乾時期輿圖繪制與疆域形成硏究』, 中國人民大學出版社, 2003.
孫春日 주편, 『中國朝鮮族社會文化發展史』, 延邊敎育出版社, 2002.
楊昭全・孫玉梅, 『中朝邊界史』, 吉林文史出版社, 1993.
楊樹森, 『淸代柳條邊』, 遼寧人民出版社, 1978.
楊餘練 등, 『淸代東北史』, 遼寧敎育出版社, 1991.
呂一燃, 『中國北部邊疆史硏究』, 黑龍江敎育出版社, 1998.
寧夢辰, 『東北地方史』, 遼寧大學出版社, 1999.
吳伯婭, 『康雍乾三帝與西學東漸』, 宗敎文化出版社, 2002.
王戎笙 등 주편, 『淸代全史』, 遼寧人民出版社, 1995.
劉永智, 『東北亞硏究-中朝關係史硏究』, 中州古籍出版社, 1995.
李健才, 『東北史地考略』, 吉林文史出版社, 1986.
李治亭 주편, 『東北通史』, 中州古籍出版社, 2003.
張博泉 등, 『東北歷代疆域史』, 吉林人民出版社, 1981.
張存武, 『淸代中韓關係論文集』, 臺灣商務印書館, 1987.
張晉藩 주편, 『淸朝法制史』, 中華書局, 1998.
中國人民大學淸史硏究所 편, 『淸史編年』, 中國人民大學出版社, 2000.
曾憲義, 『中國法制史』, 北京大學出版社, 2000.
陳尙勝 등, 『朝鮮王朝(1392~1910)對華觀的演變』, 山東大學出版社, 1999.

2) 한일저서

강석화, 『조선후기 함경도와 북방영토의식』, 경세원, 2000.
국사편찬위원회 편, 『한국사』 22~24, 30~33, 1995~1997.
김상기, 『(新編)高麗時代史』, 서울대학교출판부, 1985.
김종원, 『근세 동아시아관계사 연구-朝淸交涉과 東亞三國交易을 중심으로』, 혜안, 1999.
김한규, 『한중관계사』, 아르케, 1999.
박평식, 『朝鮮前期 商業史 硏究』, 지식산업사, 1999.

방동인, 『韓國의 國境劃定硏究』, 일조각, 1997.
배우성, 『조선후기 국토관과 천하관의 변화』, 일지사, 1998.
서정철, 『서양 고지도와 한국』, 대원사, 1994.
손춘일, 『'滿洲國'의 在滿韓人에 대한 토지정책 연구』, 백산자료원, 1999.
양태진, 『韓國國境史硏究』, 법경출판사, 1992.
오 성, 『朝鮮後期 商人 硏究』, 일조각, 1997.
유승주·이철성, 『조선후기 중국과의 무역사』, 경인문화사, 2002.
이기백, 『韓國史新論』, 일조각, 1998.
이상협, 『朝鮮前期 北方徙民 硏究』, 경인문화사, 2001.
이철성, 『朝鮮後期 對淸貿易史 硏究』, 국학자료원, 2000.
이태진, 『韓國儒敎社會史論』, 지식산업사, 1998.
이태진, 『고종시대의 재조명』, 태학사, 2000.
이태진, 『서울대 이태진 교수의 동경대생들에게 들려준 한국사』, 태학사, 2005.
이한기, 『韓國의 領土』, 서울대학교출판부, 1996.
임계순, 『淸史-만주족이 통치한 중국』, 신서원, 2000.
전해종, 『韓中關係史硏究』, 일조각, 1974.
전해종 외, 『中國의 天下思想』, 민음사, 1988.
정옥자, 『조선후기 문화운동사』, 일조각, 1997.
정옥자, 『조선후기 역사의 이해』, 일지사, 1998.
정옥자, 『조선후기 중화사상 연구』, 일지사, 1998.
최소자, 『명청시대 중한관계사연구』, 이화여자대학교출판부, 1997.
최승희, 『增補版 韓國古文書硏究』, 지식산업사, 1989.
한명기, 『임진왜란과 한중관계』, 역사비평사, 1999.
한영우, 『다시 찾는 우리 역사』, 경세원, 1998.
함경북도 편, 『咸北小史』, 1935.
篠田治策, 『白頭山定界碑』, 樂浪書院, 1938.
永井勝三, 『北鮮間島史』, 회령인쇄소출판부, 1925.

3. 논문

1) 중국논문

陶　勉,「清代封祭長白山與派員踏査長白山」,『中國邊疆史地硏究』, 1996 제3기.

陶　勉,「清代鴨綠江右岸荒地開墾經過」,『中國邊疆史地硏究』, 1999 제1기.

馬大正,「清代邊疆史硏究芻議」,『淸史硏究』, 1998 제2기.

白新良,「康熙朝奏摺和來華西方傳敎士」,『南開學報(哲社版)』, 2003 제1기.

白洪希,「康熙皇帝對東北的經略與治理」,『社會科學輯刊』, 1999 제4기.

徐德源,「長白山東南地區石堆土堆築設的眞相」,『中國邊疆史地硏究』, 1996 제2기.

徐德源,「穆克登碑的性質及其鑿立地點與位移述考-近世中朝邊界爭議的焦點」,『中國邊疆史地硏究』, 1997 제4기.

薛　篁,「從琿春副都統衙門檔案看琿春的歷史地位」,『中國邊疆史地硏究』, 1996 제4기.

成崇德,「清代前期邊疆通論(上・下)」,『淸史硏究』, 1996 제3기; 1998 제1기.

孫冬虎,「清代以來東北地區民族構成及地名的變遷」,『社會科學戰線』, 1998 제5기.

孫　喆,「'中俄尼布楚條約'與'康熙皇輿全覽圖'的繪制」,『淸史硏究』, 2003 제1기.

崇　實,「歷史上以圖們江爲東段邊界的考察-駁日帝蓄意製造的'間島'謬說」,『社會科學戰線』, 1993 제6기.

楊寄蓉,「清代東北人蔘的採掘與經營」,『遼寧大學學報』, 1996 제1기.

嚴長錄,「延邊地區明代衛所考」,『長白山地理論文集』, 延邊大學出版社, 1991.

吳强稼,「清代吉林圍場與移民屯田」,『社會科學戰線』, 1994 제6기.

王景澤,「清前期經營東北的政治戰略失誤」,『延邊大學學報(社會科學版)』, 1996 제2기.

王景澤,「對清代封禁東北政策的再認識」,『東北師大學報(哲學社會科學版)』, 1997 제2기.

王景澤,「淸前期經營東北的軍事戰略失誤」,『北方文物』, 1997 제2기.
王政堯,「18世紀朝鮮'利用厚生'學說與淸代中國-'熱河日記'硏究之一」,『淸史硏究』, 1999 제3기.
李澤權,「古代琿春地區行政機構沿革」,『長白山地理論文集』, 延邊大學出版社, 1991.
李花子,「17~18世紀中朝圍繞朝鮮人越境問題的交涉」, 北京大學韓國學硏究中心,『韓國學論文集』 제13집, 遼寧民族出版社, 2004.
李花子,「康熙年間中朝査界交涉與長白山定界」,『歐亞學刊』 제5집, 中華書局, 2005.
李花子,「淸代中朝圍繞關內流民在鴨綠江地區活動的交涉」,『登州港與中韓交流國際學術討論會論文集』, 山東大學出版社, 2005.
李花子,「17~18世紀朝鮮對淸的危机意識及其克服」,『歐亞學刊』 제6집, 中華書局, 2007.
李花子,「淸代朝鮮的迎勅礼-以國王郊迎爲中心」,『歐亞學刊』 제8집, 中華書局, 2007.
張　杰,「試論淸前期的東北封禁」,『社會科學輯刊』, 1994 제5기.
張　杰,「柳條邊, 印票與淸朝東北封禁新論」,『中國邊疆史地硏究』 1999 제1기.
張　杰,「朱元璋設置鐵嶺衛於鴨綠江東始末」,『遼寧大學學報(哲學社會科學版)』, 2004 제1기.
張璇如,「淸初封禁與招民開墾」,『社會科學戰線』, 1983.
張永江・葉子民,「略論淸代的屬國」,『淸史硏究』, 1999 제4기.
張存武,「淸代中韓邊務問題探源」,『近代史硏究所集刊』, 1971 제2기.
張存武,「淸韓陸防政策及其實施-淸季中韓界務糾紛的再解釋」,『近代史硏究所集刊』, 1972 제3기.
張存武,「朝鮮對淸外交機密費之硏究」,『近代史硏究所集刊』, 1976 제4기.
張存武,「淸入關前與朝鮮的貿易: 1627~1636」,『東方學志』 21, 1979.
張存武,「淸韓宗藩貿易1637~1894」,『中央硏究院近代史硏究所專刊』(39), 1985.

張宗海, 「淸代北部邊疆政策及其後患」, 『龍江社會科學』, 1992 제1기.

田志和, 「關于淸代東北流民」, 『社會科學輯刊』, 1983 제5기.

齊 鈞, 「淸代的邊境卡倫制度」, 『中國人民警官大學學報』, 1985 제1기.

刁書仁, 「試論康乾時期流民出關移墾與東北旗地的變化」, 『社會科學戰線』, 1990 제3기.

刁書仁, 「淸代延琿地區駐防八旗略論」, 『東疆學刊哲學社會科學版』, 1992 제4기.

刁書仁, 「論淸代東北流民的流向及對東北的開發」, 『淸史硏究』, 1995 제3기.

刁書仁, 「康熙年間穆克登查邊定界考辨」, 『中國邊疆史地硏究』, 2003.

趙 雄, 「關于淸代打牲烏拉東珠採捕業的幾個問題」, 『歷史檔案』, 1984 제4기.

趙毅・王景澤, 「對淸前期(1644~1840)開發東北經濟的檢討」, 『中國社會經濟史硏究』, 1999 제1기.

朱誠如, 「淸前期關內外人口流動及其影響」, 『遼寧師範大學學報(社科版)』, 1989 제4기.

秦國經, 「18世紀西洋人在測繪淸朝輿圖中的活動與貢獻」, 『淸史硏究』, 1995 제3기.

陳支平, 「面向21世紀的淸史硏究-部分淸史專家筆談」, 『淸史硏究』 2000 제1기.

2) 한일논문

강석화, 「1712년의 朝淸 定界와 18세기 朝鮮의 北方經營」, 『진단학보』 79, 1995.

고성훈, 「조선후기 조청 국경문제에 대한 연구사 검토-백두산정계비를 중심으로-」, 『한중관계사 연구의 성과와 과제』, 국사편찬위원회・한국사학회, 2003.

고승희, 「조선후기 함경도지역의 상업 연구」, 이화여자대학교 박사학위논문, 2001.

김경춘, 「朝鮮朝 後期 國境線에 대한 一考-無人地帶를 中心으로-」, 『백산학보』 제29호, 1984.

김경춘, 「朝淸國境問題의 一視點-犯越을 中心으로-」, 『慶州史學』 제6집, 1987.

김경춘, 「鴨綠·豆滿江 國境問題에 關한 硏究」, 국민대학교 박사학위논문, 1997.

김문식, 「조선후기 지식인의 자아인식과 타자인식」, 『대동문화연구』 제39집, 2001.

김문식, 「조선후기 지식인의 대외인식」, 『한국실학연구』 제5호, 2003.

김성균, 「朝金間犯越刷還問題應酬略考」, 『史學硏究·申博士華甲記念特輯』, 1964.

김성균, 「柵門雜考」, 『백산학보』 제12호, 1972.

김성균, 「朝鮮朝 北境關防定礎 略考」, 『白山學報』 제15호, 1973.

김성균, 「大陸關係史·朝鮮中期의 對滿關係」, 『백산학보』 제24호, 1978.

김양수, 「朝鮮肅宗代의 國防問題」, 『백산학보』 제25호, 1979.

김용국, 「白頭山考」, 『백산학보』 제8호, 1970.

김용덕, 「鐵嶺衛考」, 『중앙대논문집』 6, 1961.

김종원, 「朝鮮後期 對淸貿易에 대한 一考察-潛商의 貿易活動을 中心으로-」, 『진단학보』 43, 1977.

김춘선, 「조선후기 한인의 만주로의 '범월'과 정착과정」, 『백산학보』 제51호, 1987.

김춘선, 「1880~1890년대 청조의 '移民實邊' 정책과 한인 이주민 실태 연구-북간도 지역을 중심으로-」, 『한국근현대사연구』 제8집, 1998.

김춘선, 「조선인의 동북이주와 중·조(한) 국경문제 연구동향-중국학계의 연구성과를 중심으로-」, 『한중관계사연구의 성과와 과제』, 국사편찬위원회·한국사학회, 2003.

김혜자, 「朝鮮後期 北邊越境問題 硏究」, 『梨大史苑』 제18·19합집, 1982.

류병호, 「재만한인의 국적문제 연구(1881~1911)」, 중앙대학교 박사학위논문, 2001.

박용옥, 「백두산정계비 건립의 재검토와 간도영유권」, 『백산학보』 제30·31합집, 1998.

방동인, 「朝鮮初期의 北方 領土開拓-鴨綠江 方面을 中心으로-」, 『關東史學』 5·6합집, 1994.

송병기, 「東北·西北界의 收復」, 『한국사』 9, 국사편찬위원회 편, 1973.

양보경, 「18세기 비변사지도의 고찰-규장각 소장 도변 군현지도집을 중심으로-」, 『규장각』 15, 1992.

양보경, 「18세기 지리서·지도의 제작과 국가의 지방지배」, 『성신여자대학 응용지리』 제20집, 1997.

양보경, 「조선시대 '백두대간' 개념의 형성」, 『진단학보』 제83호 별책, 1997.

양태진, 「한국 영토문제의 현상과 대책」, 『한민족공영체』 제2호, 1974.

오종록, 「조선전기의 북방경영과 강역」, 『한중관계사 연구의 성과와 과제』, 국사편찬위원회·한국사학회, 2003.

유병화, 「國際法上 領土의 槪念 및 그 權限」, 『領土問題硏究』 창간호, 1983.

유영박, 「'北征錄' 發見을 契機로 본 國境關係 文獻資料의 國家管理와 그 內容公開의 限界點에 關하여」, 『도협월보』, 1974.

이상태, 「北方 國境線의 歷史的 考察-백두산정계비 설치를 중심으로-」, 『한민족공영체』 제2호, 1974.

이선근, 「백두산과 간도문제」, 『역사학보』 17·18합집, 1962.

이일걸, 「동서간도 지역의 귀속문제 재고」, 『한민족공영체』 제2호, 1994.

이장희, 「병자호란」, 『한국사』 29, 국사편찬위원회, 1995.

이태진, 「國際貿易의 盛行」, 『韓國史市民講座』 9, 1991.

이태진, 「小氷期(1500~1750)의 天體 現象的 원인-『朝鮮王朝實錄』의 관련기록 분석-」, 『國史館論叢』 72, 1996.

이현종, 「조선초기의 대외관계」, 『한국사』 9, 국사편찬위원회, 1973.

이홍열, 「三道溝事件과 그 善後策」, 『백산학보』 제5호, 1968.

전해종, 「'中國的 世界秩序'에 관한 學術會議」, 『역사학보』 제29집, 1965.

전해종, 「淸代 韓中關係의 一考察-朝貢制度를 통하여 본 淸의 態度의 變遷에 대하여-」, 『東洋學』 제1기, 1971.

전해종, 「朝鮮前期 韓中關係의 몇 가지 特徵的인 問題」, 『東洋學』 제14집, 1984.
조 광, 「朝鮮後期의 邊境意識」, 『백산학보』 16호, 1974.
조기준, 「人蔘貿易과 蔘政考」, 『社會科學論集(고려대정경대학)』 제4집, 1975.
차용걸, 「양강지대의 관방체제 연구 시론-18세기 이후의 진보와 강탄파수의 배치를 중심으로-」, 『軍史』 창간호, 1980.
차용걸, 「사군육진의 개척」, 『한국사』 22, 국사편찬위원회, 1995.
한명기, 「17·8세기 韓中關係와 仁祖反正-조선후기의 '仁祖反正辨誣'문제-」, 『한국사학보』 제13호, 2002.
한명기, 「丙子胡亂 패전의 정치적 파장-청의 조선 압박과 仁祖의 대응을 중심으로-」, 『東方學志』 119집, 2003.
한영국, 「생산력의 증대와 사회분화」, 『한국사』 33, 국사편찬위원회, 1997.
稻葉岩吉, 「鐵嶺衛の位置を疑ら」, 『青丘學叢』 18, 1934.
末松保和, 「麗末鮮初に於ける對明關係」, 『史學論叢』 2, 1941.
文純實, 「白頭山定界碑と十八世紀朝鮮の疆域觀」, 『朝鮮史硏究會論文集』 제40기, 2002.
松井等, 「滿洲に於ける金の疆域」, 『滿洲歷史地理』 2권, 1913.
田川孝三, 「毛文龍と朝鮮との關係について」, 『青丘學叢』 3, 1932.
田川孝三, 「瀋獄問題について」, 『青丘學叢』 17, 1934.
池內宏, 「高麗辛禑朝に於ける鐵嶺問題」, 『東洋學報』 8, 1918.
津田左右吉, 「尹瓘經略地域考」, 『朝鮮歷史地理』 2권, 1913.
和田清, 「三萬鐵嶺衛の建設」, 『明初の滿洲經略』 상편, 東京帝國大學文學部 편, 『滿鮮地理歷史硏究報告』 14·15, 1937.

찾아보기

ㄹ

ㅁ

ㅂ

ㅅ

ㅇ

ㅈ

ㅊ

ㅎ

저자: 이화자(李花子, LIHUAZI)

北京大學 역사학과 세계사 전공 졸업(1990)
延邊大學 역사학과 교수(1992)
延邊大學 中朝日三國관계사연구소 석사(1996)
서울대학교 인문대학 대학원 박사(2003)
현재 中國社會科學院 역사연구소 연구교수

조청국경문제연구

값 15,000원

2008년 7월 10일 1판 1쇄

저　　자 이 화 자
발 행 인 임 경 환
발 행 처 **집 문 당**
주　　소 413-756 경기도 파주시 교하읍 문발리 514-7(본사)
110-360 서울특별시 종로구 와룡동 95번지(서울사무소)
등　　록 1971. 3. 23. 제2-304호
영 업 부 (02)743-3192~3 팩스(02)742-4657
전자우편 sale@jipmoon.co.kr
편 집 부 (02)743-3096 팩스(02)743-3097
전자우편 edit@jipmoon.co.kr
홈페이지 www.jipmoon.co.kr

ISBN 89-303-1343-4

이 도서의 국립중앙도서관 출판시도서목록(CIP)은 e-CIP 홈페이지
(http://www.nl.go.kr/ecip)에서 이용하실 수 있습니다.(CIP제어번호: CIP2008001843)